GATES COUNTY NORTH CAROLINA

Guardian Bonds
- 1810-1836 -

Complied by:
Raymond Parker Fouts

Southern Historical Press, Inc.
Greenville, South Carolina

This volume was reproduced
from a personal copy located in
the Publishers private library

Please direct all correspondence and book orders to:
SOUTHERN HISTORICAL PRESS, Inc.
PO Box 1267
Greenville, SC   29602-1267

Copyright 2008 by: Raymond Parker Fouts
Copyright Transferred 2023 to:
　　　　　Southern Historical Press, Inc.
ISBN #978-1-63914-209-5
Printed in the United States of America

PREFACE

Children whose father had died were designated as "orphans," even though their mother was still living, and required the protection of a guardian until they came of age. Bonds were issued by the county court to responsible parties who were required to report their accounts with their wards at every February Court. Bonds were only issued during court sessions held in February, May, August and November.

Some guardian bonds were issued to fathers for their own children. This indicates a gift, or inheritance, to those children whose interests were required to be protected until they arrived at age 21. Individuals who had been determined to be unable to protect their own property, due to mental or physical disability, had guardians appointed for them by the court. Some were termed "lunatic," or "idiot," customarily by a jury of their peers, with no medical determination of their health having been made.

The printed bond form changed only slightly over time, among different printers, mainly in format and font, with the occasional misspelling, which has been ignored here. Each new form has been transcribed in its entirety only once, with the blank spaces filled in & underlined. The data contained in the bonds is recorded here in a verbatim transcription and condensed to those spaces in each bond. Upon the changes of wording, the significant portions are included in the condensations of the following bonds. The guardian and bondsmen were first bound to the County Justices, then to the Governor and finally to the State of North Carolina, as the laws changed.

The names preceding the word "Seal," are original signatures of the guardian and her/his bondsmen. The various printers' styles of the word "Seal" are represented herein by "(Seal.)"; "{Seal.}"; ⌈SEAL⌉ and "(LS)."

The handwriting in some bonds is so faint that the names at the top can only be confirmed by the signatures, where that is possible. Some bonds are nearly illegible and the certificates are even more so. The minutes of Gates County Court of Pleas and Quarter Sessions enabled salvaging of several otherwise illegibly faint names. Certification of bonds by Justices present in court on the date of the bond began with #698, in November, 1826, and continued until August, 1833, with #944. They resumed in February, 1836, with #989. The handwritten certificate appears on the back of each bond.

There are several volumes in these three reels of microfilm. Notations of volume numbers appear at the beginning of some volumes, e.g., "(N° 2)," but not all volumes are numbered. Each new volume begins with a bond number of "1." Not all dates are consecutive.

Each bond has been assigned a number, enclosed in brackets, for indexing purposes. All three indexes refer to these assigned numbers. The original bond numbers in each volume appear to the right of the assigned number and are underlined. Assigned number 679 is an apprentice indenture, instead of a guardian bond. Its appearance within the guardian bonds remains unexplained.

If a correct spelling of a name appears in the body of the bond, after a misspelled version, it is enclosed within brackets and indexed. Look-alikes are: Two=Five; David=Daniel; HINTON=HUNTER; a=o; i=e; H=K; S=L; D=H; T=F. Interlining is denoted by "/Governor &c/"; crossed-out and illegible words by "====="; words with missing letters by "guardi__"; [?] denotes doubt of accuracy of reading. Underlining denotes verbatim spelling, e.g., "Hen<u>e</u>ry." Words crossed out by the clerk are entered as "~~deceased~~."

The liberty of entering all surnames in capitals and bold print has been taken here. Some given names were written in all capital letters and have been transcribed as such. "Signed, Sealed and Delivered in the presence of" has been replaced by "[Wit:]" in this transcription. *All* names in the Decedent and Female indexes are also included in the Name Index, in all their various spellings.

Every effort has been made to avoid errors, but readers are always encouraged to consult the original document, to make their own determination of the accuracy of any transcription.

SOURCE: Microfilm C.041.50019 Gates County Guardian Bonds 1810-1823, C.041.50020, 1823-1835 and C.041.50021, 1835-1854. Original documents are conserved by the North Carolina State Archives, 109 E. Jones Street, Raleigh, NC 27601.

CONTENTS

Guardian Bonds -- 1

Decedent Index --- 117

Female Index --- 121

Name Index --- 125

GATES COUNTY, NORTH CAROLINA, GUARDIAN BONDS 1810-1836

1810-1815

[1] 1 STATE of NORTH-CAROLINA
KNOW all Men by these presents, That We <u>John **CROSS** Jesse **SAUNDERS** & Richard **RAWLS**</u> are held and firmly bound unto <u>Joseph **RIDDICK** Humpry [sic] **HUDGINS** Henry **GOODMAN**</u> Esquires, and the rest of the Justices assigned to keep the Peace for Gates County, in the full and just sum of <u>Two Hundred and fifty</u> pounds: To the which payment well and truly to be made, we bind ourselves, our Heirs, Executors and Administrators, jointly and severally, firmly by these presents. Sealed with our seals, and dated this <u>21st day of February 18<u>10</u></u>
WHEREAS the above bounden <u>John **CROSS**</u> hath been this day, by the Worshipful Court of said County, appointed guardian to <u>Richard **CROSS**</u> orphan of <u>Elisha **CROSS**</u> deceased: Now the Condition of the above obligation is such, That if the said <u>John **CROSS**</u> guardian as aforesaid, shall well and truly discharge his said guardianship, by taking care of and improving all the estate belonging to the said orphan; and shall also settle his guardianship accounts with the Court of said County, as is required by law; and that he will deliver up to the said <u>Richard **CROSS**</u> orphan, as aforesaid, when he shall attain lawful age, all such estate as he ought of right to be possessed of, or sooner if required, agreeable to the true intent and meaning of the Act of the General Assembly in such case made and provided; then this obligation to be void, otherwise to remain in full force and virtue. Jno.. **CROSS** (Seal.) <u>Jesse his ≠ mark **SAUNDERS**</u> (Seal.) Rich^d. **RAWLS** (Seal.)
Signed, Sealed and Delivered in the presence of <u>J.. **SUMNER**</u>

[2] 2 Richard **SMITH** Thomas **SMITH** and Charles **SMITH** bound unto John B **WALTON**, Timothy **WALTON** James **GATLING** Esquires, in the sum of Two Hundred pounds on 21st day of May 1810. Richard **SMITH** appointed guardian to Catharine **SMITH** orphan of Thomas **SMITH** deceased. Richard **SMITH** (Seal.) Tho. **SMITH** (Seal.) Char<u>ls</u> **SMITH** (Seal.) [Wit:] J.. **SUMNER**

[3] 3 Samuel **HARRELL** Joseph **GORDON** and James **BARNES** bound unto Kedar **BALLARD**, Hillory **WILLEY** James **GATLING** Esquires, in the sum of Four Thousand pounds on 21st day of August 1810. Samuel **HARRELL** appointed guardian to Margreat [sic] **HARRELL** orphan of Noah **HARRELL** deceased. Samuel **HARRELL** (Seal.) Jos. **GORDON** (Seal.) Jas.. **BARNES** (Seal.) [Wit:] J **SUMNER**

[4] 4 George **KITTRELL** Henry **GOODMAN** and William **GOODMAN** bound unto Kedar **BALLARD**, James **GATLING** Hillory **WILLEY** Esquires, in the sum of One Thousand pounds on 20th day of August 1810. George **KITTRELL** appointed guardian to William **MOORE** orphan of Malichi **MOORE** deceased. G **KITTRELL** (Seal.) Henry **GOODMAN** (Seal.) W^m.. **GOODMAN** (Seal.) [Wit:] J **SUMNER**

[5] 5 George **KITTRELL** Henry **GOODMAN** and William **GOODMAN** bound unto Kedar **BALLARD**, James **GATLING** Hillory **WILLEY** Esquires, in the sum of One Thousand pounds on 20th day of August 1810. George **KITTRELL** appointed guardian to John **WILLIAMS** orphan of Jethro **WILLIAMS** deceased. G **KITTRELL** (Seal.) Henry **GOODMAN** (Seal.) W^m.. **GOODMAN** (Seal.) [Wit:] J **SUMNER**

Gates County, North Carolina, Guardian Bonds 1810-1815

[6] 6 George **KITTRELL** Henry **GOODMAN** & William **GOODMAN** bound unto Kedar **BALLARD**, James **GATLING** Hillory **WILLEY** Esquires, in the sum of One Thousand pounds on 20th day of August 1810. George **KITTRELL** appointed guardian to James **WILLIAMS** orphan of Jethro **WILLIAMS** deceased. G **KITTRELL** (Seal.) Henry **GOODMAN** (Seal.) W^m.. **GOODMAN** (Seal.) [Wit:] J **SUMNER**

[7] 7 George **KITTRELL** Henry **GOODMAN** & William **GOODMAN** bound unto Kedar **BALLARD**, James **GATLING** Hillory **WILLEY** Esquires, in the sum of One Thousand pounds on 20th day of August 1810. George **KITTRELL** appointed guardian to Elizabeth **WILLIAMS** orphan of Jethro **WILLIAMS** deceased. G **KITTRELL** (Seal.) Henry **GOODMAN** (Seal.) W^m.. **GOODMAN** (Seal.) [Wit:] J **SUMNER**

[8] 8 Jesse **WIGGINS** Humphry **HUDGINS** & Richard **RAWLS** bound unto Charles W **HARVEY** Isaac **PIPKIN** Henry **GOODMAN** Esquires, in the sum of One Thousand pounds 20th day of August 1810. Jesse **WIGGINS** appointed guardian to Elizabeth **PARKER** orphan of John **PARKER** deceased. Jesse his ǂ mark **WIGGINS** (Seal.) Hy **HUDGINS** (Seal.) Rich^d.. **RAWLS** (Seal.) [Wit:] J.. **SUMNER**

[9] 9 Jesse **WIGGINS** Humphry **HUDGINS** & Richard **RAWLS** bound unto Charles W **HARVEY** James **GATLING** Isaac **PIPKIN** Esquires, in the sum of One Thousand pounds 20th day of August 1810. Jesse **WIGGINS** appointed guardian to John **PARKER** orphan of John **PARKER** deceased. Jesse his ǂ mark **WIGGINS** (Seal.) Hy **HUDGINS** (Seal.) Rich^d.. **RAWLS** (Seal.) [Wit:] J.. **SUMNER**

[10] 10 Jesse **WIGGINS** Humphry **HUDGINS** & Richard **RAWLS** bound unto Charles W **HARVEY** Isaac **PIPKIN** James **GATLING** Esquires, in the sum of One Thousand pounds 20th day of August 1810. Jesse **WIGGINS** appointed guardian to Jesse **PARKER** orphan of John **PARKER** deceased. Jesse his ǂ mark **WIGGINS** (Seal.) Hy **HUDGINS** (Seal.) Rich^d.. **RAWLS** (Seal.) [Wit:] J.. **SUMNER**

[11] 11 Thomas **FREEMAN** Timothy **FREEMAN** and Richard **RAWLS** bound unto John B. **WALTON**, William W **RIDDICK** Daniel **SOUTHALL** Esquires, in the sum of Two Thousand pounds 19th day of November 1810. Thomas **FREEMAN** appointed guardian to James **FREEMAN** orphan of William **FREEMAN** deceased. Thos. **FREEMAN** (Seal.) Timy **FREEMAN** (Seal.) Rich^d. **RAWLS** (Seal.) [Wit:] J.. **SUMNER**

[12] 12 Isaac **HUNTER** Junr. Robert **RIDDICK** and Henry **LASSITER** bound unto John B. **WALTON** Isaac **PIPKIN** James **GATLING** Esquires, in the sum of five thousand pounds 21st day of May 1811. Isaac **HUNTER** appointed guardian to Margret **HARRELL** orphan of Noah **HARRELL** deceased. Isaac **HUNTER** (Seal.) R^o. **RIDDICK** (Seal.) Henry **LASSITER** (Seal.) [Wit:] J.. **SUMNER**

[13] 13 David **HOBBS** ~~Henry WALTON~~ and /Timothy **FREEMAN**/ Nathan **RIDDICK** Joel **FOSTER** & Trotman **BAGLEY** bound unto Charles W. **HARVEY**, Daniel **SOUTHALL**, Henry **GOODMAN** Esquires, in the sum of Five Hundred pounds 22nd day of May 1811. David **HOBBS** appointed guardian to Thomas **SPIVEY** orphan of Jacob **SPIVEY** deceased. David his + mark **HOBBS** (Seal.) Timy **FREEMAN** (Seal.) Nathan **RIDDICK** (Seal.) Joel **FOSTER** (Seal.) Trotman **BAGLEY** {Seal} [Wit:] J.. **SUMNER**

[14] 14 David **HOBBS** ~~Henry WALTON~~ and /Timothy **FREEMAN**/ Nathan **RIDDICK** Joel **FOSTER** & Trotman **BAGLEY** bound unto Charles W. **HARVEY**, Daniel **SOUTHALL**, Henry **GOODMAN** Esquires, in the sum of Five Hundred pounds 22nd day of May 1811. David **HOBBS** appointed guardian to Henry **SPIVEY** orphan of Jacob **SPIVEY** deceased. David his + mark **HOBBS** (Seal.) Timy **FREEMAN** (Seal.) Nathan **RIDDICK** (Seal.) Joel **FOSTER** {Seal} Trotman **BAGLEY** {Seal} [Wit:] J.. **SUMNER**

[15] 15 David **HOBBS** ~~Henry WALTON~~ and /Timothy **FREEMAN**/ Nathan **RIDDICK** Joel **FOSTER** & Trotman **BAGLEY** bound unto Charles W. **HARVEY**, Daniel **SOUTHALL**, Henry **GOODMAN** Esquires, in the sum of Five Hundred pounds 22nd day of May 1811. David **HOBBS** appointed guardian to Polley **SPIVEY** orphan of Jacob **SPIVEY** deceased. David his + mark **HOBBS** (Seal.) Timy **FREEMAN** (Seal.) Nathan **RIDDICK** (Seal.) Joel **FOSTER** {Seal} Trotman **BAGLEY** {Seal} [Wit:] J.. **SUMNER**

[16] 16 David **HOBBS** ~~Henry WALTON~~ and /Timothy **FREEMAN**/ Nathan **RIDDICK** Joel **FOSTER** &

Gates County, North Carolina, Guardian Bonds 1810-1815

Trotman BAGLEY bound unto Charles W. HARVEY, Daniel SOUTHALL, Henry GOODMAN Esquires, in the sum of Five Hundred pounds 22nd day of May 1811. David HOBBS appointed guardian to Lydia SPIVEY orphan of Jacob SPIVEY deceased. David his + mark HOBBS (Seal.) Timy FREEMAN (Seal.) Nathan RIDDICK (Seal.) Joel FOSTER {Seal} Trotman BAGLEY {Seal} [Wit:] J.. SUMNER

[17] 17 Jonathan WILLIAMS Junr. Jonathan ROGERS & Hillory WILLEY bound unto William W. RIDDICK, Mills EURE, Joseph GORDON Esquires, in the sum of two Thousand pounds 22nd day of May 1811. Jonathan WILLIAMS appointed guardian to Betsey PARKER orphan of Elisha PARKER deceased. Jonathan WILLIAMS (Seal.) Jonathan ROGERS (Seal.) H. WILLEY (Seal.) [Wit:] J.. SUMNER

[18] 18 Jonathan WILLIAMS Junr. Jonathan ROGERS & Hillory WILLEY bound unto William W. RIDDICK, Mills EURE, Joseph GORDON Esquires, in the sum of Two thousand pounds 22nd day of May 1811. Jonathan WILLIAMS appointed guardian to Polley PARKER orphan of Elisha PARKER deceased. [No signatures, nor witness.]

[19] 19 Mills R FIELD Robert RIDDICK and Ezekiel TROTMAN bound unto Henry GOODMAN, Hillory WILLEY James GATLING Esquires, in the sum of Three hundred pounds 18th day of November 1811. Mills R. FIELD appointed guardian to Christian HOBBS orphan of Aaron HOBBS deceased. Mills R. FIELD (Seal.) Robt. RIDDICK (Seal.) Ezekiel TROTMAN (Seal.) [Wit:] J.. SUMNER

[20] 20 Mills R FIELD Robert RIDDICK and Ezekiel TROTMAN bound unto Henry GOODMAN, Hillory WILLEY James GATLING Esquires, in the sum of Three Hundred pounds 18th day of November 1811. Mills R. FIELD appointed guardian to Jacob HOBBS orphan of Aaron HOBBS deceased. Mills R. FIELD (Seal.) Robt. RIDDICK (Seal.) Ezekiel TROTMAN (Seal.) [Wit:] J.. SUMNER

[21] 21 Mills R FIELD Robert RIDDICK and Ezekiel TROTMAN bound unto Henry GOODMAN, Hillory WILLEY James GATLING Esquires, in the sum of Three Hundred pounds 18th day of November 1811. Mills R. FIELD appointed guardian to Elizabeth HOBBS orphan of Aaron HOBBS deceased. Mills R FIELD (Seal.) Robt.. RIDDICK (Seal.) Ezekiel TROTMAN (Seal.) [Wit:] J.. SUMNER

[22] 22 Thomas BARNES John GATLING and Riddick CROSS bound unto Henry GOODMAN, Hillory WILLEY James GATLING Esquires, in the sum of Three thousand pounds 18th day of November 1811. Thomas BARNES appointed guardian to Charity BARNES orphan of Benjamin BARNES deceased. Thomas BARNES (Seal.) John GATLING (Seal.) Riddick CROSS (Seal.) [Wit:] J.. SUMNER

[23] 23 Nathan CULLINS David LEWIS and Jesse TAYLOR bound unto Henry GOODMAN, Hillory WILLEY James GATLING Esquires, in the sum of One Hundred pounds 18th day of November 1811. Nathan CULLINS appointed guardian to Ruth RITTER an Illegitimate Child orphan of the wife of the said Nathan CULLINS deceased. Nathan CULLEN [sic] (Seal.) David LEWIS (Seal.) Jesse TAYLOR (Seal.) [Wit:] J.. SUMNER

[24] 24 Abraham DUKE Jesse SAVAGE and Winborne JENKINS bound unto Kedar BALLARD Timothy WALTON James GATLING Esquires, in the sum of Two thousand pounds 15th day of November 1811. Abraham DUKE appointed guardian to Rachel HINES orphan of Moses HINES deceased. Abraham DUKE (Seal.) Jesse SAVAGE (Seal.) Winburn JINKINS (Seal.) [Wit:] J.. SUMNER

[25] 25 Thomas BARNES John GATLING and Riddick CROSS bound unto Henry GOODMAN, Hillory WILLEY James GATLING Esquires, in the sum of Three thousand pounds 18th day of November 1811. Thomas BARNES appointed guardian to Milley BARNES orphan of Benjamin BARNES deceased. Thomas BARNES (Seal.) John GATLING (Seal.) Riddick CROSS (Seal.) [Wit:] J.. SUMNER

[26] 26 Thomas BARNES John GATLING and Riddick CROSS bound unto Henry GOODMAN, Hillory WILLEY James GATLING Esquires, in the sum of Three thousand pounds 18th day of November 1811. Thomas BARNES appointed guardian to Peggey BARNES orphan of Benjamin BARNES deceased. Thomas

Gates County, North Carolina, Guardian Bonds 1810-1815

BARNES (Seal.) John GATLING (Seal.) Riddick CROSS (Seal.) [Wit:] J.. SUMNER

[27] 27 Henry GOODMAN bound unto Daniel SOUTHALL, Isaac PIPKIN John B WALTON Esquires, in the sum of [blank] pounds 20th day of November 1811. Henry GOODMAN appointed guardian to Susanna CROSS orphan of Abel CROSS deceased. [No signatures, nor witness.] (Seal.) (Seal.) (Seal.)

[28] 28 John T. BENTON Jacob S. POWELL & Abraham HARRELL bound unto Kedar BALLARD, Timothy WALTON James GATLING Esquires, in the sum of One thousand pounds 18th day of February 1812. John T. BENTON appointed guardian to Lucindey BALLARD orphan of Jethro BALLARD deceased. Jn°. T. BENTON (Seal.) Jacob S. POWELL (Seal.) A.. HARRELL (Seal.) [Wit:] J.. SUMNER

[29] 29 James LASSITER Henry LASSITER and Isaac COSTEN bound unto Isaac PIPKIN, James GATLING Abraham BEEMAN Esquires, in the sum of Five thousand pounds 19th day of February 1812. James LASSITER appointed guardian to Peggey LASSITER orphan of Timothy LASSITER deceased. James LASSITER (Seal.) Henry LASSITER (Seal.) Isaac COSTEN (Seal.) [Wit:] J.. SUMNER

[30] 30 Alexander CARTER Levi EURE and Lewis CARTER bound unto Isaac PIPKIN, Daniel SOUTHALL James GATLING Esquires, in the sum of One Hundred pounds 19th day of February 1812. Alexander CARTER appointed guardian to Nansey CARTER orphan of James CARTER deceased. Alexander CARTER (Seal.) Levi EURE (Seal.) Lewis CARTER (Seal.) [Wit:] J.. SUMNER

[31] 31 Alexander CARTER Levi EURE and Lewis CARTER bound unto Isaac PIPKIN, Daniel SOUTHALL James GATLING Esquires, in the sum of One Hundred pounds 19th day of February 1812. Alexander CARTER appointed guardian to Milley CARTER orphan of James CARTER deceased. Alexander CARTER (Seal.) Levi EURE (Seal.) Lewis CARTER (Seal.) [Wit:] J.. SUMNER

[32] 32 Alexander CARTER Levi EURE and Lewis CARTER bound unto Isaac PIPKIN, Daniel SOUTHALL James GATLING Esquires, in the sum of One Hundred pounds 19th day of February 1812. Alexander CARTER appointed guardian to Henry CARTER orphan of James CARTER deceased. Alexander CARTER (Seal.) Levi EURE (Seal.) Lewis CARTER (Seal.) [Wit:] J.. SUMNER

[33] 33 Alexander CARTER Levi EURE and Lewis CARTER bound unto Isaac PIPKIN, Daniel SOUTHALL James GATLING Esquires, in the sum of One Hundred pounds 19th day of February 1812. Alexander CARTER appointed guardian to James CARTER orphan of James CARTER deceased. Alexander CARTER (Seal.) Levi EURE (Seal.) Lewis CARTER (Seal.) [Wit:] J.. SUMNER

[34] 34 John SMITH Thomas RIDDICK & Moses H SMALL bound unto James GATLING, Mills EURE Abraham BEEMAN Esquires, in the sum of two thousand pounds 18th day of August 1812. John SMITH appointed guardian to Patsey WALTERS (illegitimate child of ~~orphan of~~ Susanna SMITH now wife of John SMITH ~~deceased~~ partie to this bond &c. John SMITH (Seal.) Thos. RIDDICK (Seal.) Moses H. his /X\ mark SMALL (Seal.) [Wit:] J.. SUMNER

[35] 35 Joseph GORDON William HARRELL & Kinchen NORFLEET bound unto Joseph RIDDICK, John B WALTON Jesse B BENTON Esquires, in the sum of Five thousand pounds 20th day of February 1812. Joseph GORDON appointed guardian to Henry HARRELL orphan of Samuel HARRELL deceased. Jos. GORDON (Seal.) Kinchem NORFLEET (Seal.) William HARRELL (Seal.) [Wit:] J.. SUMNER

[36] 36 Hosea GREGORY George KITTRELL and Thomas HOFFLER & Wm BLANSHARD bound unto Kedar BALLARD, Humphry HUDGINS Timothy WALTON Esquires, in the sum of Five thousand pounds 18th day of May 1812. Hosea GREGORY appointed guardian to William WALTERS orphan of William WALTERS deceased. Hosea his *H* mark GREGORY (Seal.) George KITTRELL (Seal.) Thomas HOFLER (Seal.) William BLANSHARD {Seal} [Wit:] J.. SUMNER

[37] 37 Hosea GREGORY George KITTRELL Thomas HOFFLER & William BLANSHARD bound

Gates County, North Carolina, Guardian Bonds 1810-1815

unto Kedar **BALLARD**, Humphry **HUDGINS** Timothy **WALTON** Esquires, in the sum of Five thousand pounds 18th day of May 1812. Hosea **GREGORY** appointed guardian to Bray **WALTERS** orphan of William **WALTERS** deceased. Hosea his *H* mark **GREGORY** (Seal.) G **KITTRELL** (Seal.) Thomas **HOFLER** (Seal.) William **BLANSHARD** {Seal} [Wit:] J.. **SUMNER**

[38] 38 Trotman **BAGLEY** Timothy **FREEMAN** and Miles **HILL** bound unto Kedar **BALLARD**, Humphry **HUDGINS** Timothy **WALTON** Esquires, in the sum of One Thousand pounds 18th day of May 1812. Trotman **BAGLEY** appointed guardian to Thomas **ROUNTREE** orphan of Seth **ROUNTREE** deceased. Trotman **BAGLEY** (Seal.) Timy **FREEMAN** (Seal.) Miles **HILL** (Seal.) [Wit:] J.. **SUMNER**

[39] 39 Trotman **BAGLEY** Timothy **FREEMAN** and Miles **HILL** bound unto Kedar **BALLARD**, Humphry **HUDGINS** Timothy **WALTON** Esquires, in the sum of One thousand pounds 18th day of May 1812. Trotman **BAGLEY** appointed guardian to Noah **ROUNTREE** orphan of Seth **ROUNTREE** deceased. Trotman **BAGLEY** (Seal.) Timy **FREEMAN** (Seal.) Miles **HILL** (Seal.) [Wit:] J.. **SUMNER**

[40] 40 Trotman **BAGLEY** Timothy **FREEMAN** and Miles **HILL** bound unto Kedar **BALLARD**, Humphry **HUDGINS** Timothy **WALTON** Esquires, in the sum of One thousand pounds 18th day of May 1812. Trotman **BAGLEY** appointed guardian to James **ROUNTREE** orphan of Seth **ROUNTREE** deceased. Trotman **BAGLEY** (Seal.) Timy **FREEMAN** (Seal.) Miles **HILL** (Seal.) [Wit:] J.. **SUMNER**

[41] 41 Trotman **BAGLEY** Timothy **FREEMAN** and Miles **HILL** bound unto Kedar **BALLARD**, Humphry **HUDGINS** Timothy **WALTON** Esquires, in the sum of One thousand pounds 18th day of May 1812. Trotman **BAGLEY** appointed guardian to Leah **ROUNTREE** orphan of Seth **ROUNTREE** deceased. Trotman **BAGLEY** (Seal.) Timy **FREEMAN** (Seal.) Miles **HILL** (Seal.) [Wit:] J.. **SUMNER**

[42] 42 Trotman **BAGLEY** Timothy **FREEMAN** and Miles **HILL** bound unto Kedar **BALLARD**, Humphry **HUDGINS** Timothy **WALTON** Esquires, in the sum of One thousand pounds 18th day of May 1812. Trotman **BAGLEY** appointed guardian to Polley **ROUNTREE** orphan of Seth **ROUNTREE** deceased. Trotman **BAGLEY** (Seal.) Timy **FREEMAN** (Seal.) Miles **HILL** (Seal.) [Wit:] J.. **SUMNER**

[43] 43 Trotman **BAGLEY** Timothy **FREEMAN** and Miles **HILL** bound unto Kedar **BALLARD**, Humphry **HUDGINS** Timothy **WALTON** Esquires, in the sum of One thousand pounds 18th day of May 1812. Trotman **BAGLEY** appointed guardian to Washington **ROUNTREE** orphan of Seth **ROUNTREE** deceased. Trotman **BAGLEY** (Seal.) Timy **FREEMAN** (Seal.) Miles **HILL** (Seal.) [Wit:] J.. **SUMNER**

[44] 44 Thomas **SMITH** William W **RIDDICK** & Thomas **RIDDICK** bound unto Isaac **PIPKIN**, Henry **GOODMAN** Mills **EURE** Esquires, in the sum of Two thousand five Hundred pounds 18th day of May 1812. Thomas **SMITH** appointed guardian to Elizabeth **ODOM** orphan of Demsey **ODOM** deceased. Thos **SMITH** (Seal.) W^m W **RIDDICK** (Seal.) Thos.. **RIDDICK** (Seal.) [Wit:] J **SUMNER**

[45] 45 Thomas **SMITH** William W **RIDDICK** & Thomas **RIDDICK** bound unto Isaac **PIPKIN**, Henry **GOODMAN** Mills **EURE** Esquires, in the sum of two thousand five hundred pounds 18th day of May 1812. Thomas **SMITH** appointed guardian to Susanna **ODOM** orphan of Demsey **ODOM** deceased. Thos **SMITH** (Seal.) W^m W **RIDDICK** (Seal.) Thos.. **RIDDICK** (Seal.) [Wit:] J **SUMNER**

[46] 46 Wills **COWPER** Isaac **HUNTER** & Kedar **BALLARD** bound unto Kedar **BALLARD**, Humphry **HUDGINS** Timothy **WALTON** Esquires, in the sum of One thousand pounds 18th day of May 1812. Wills **COWPER** appointed guardian to William **COWPER** orphan of John **COWPER** deceased. Wills **COWPER** (Seal.) I **HUNTER** (Seal.) K **BALLARD** (Seal.) [Wit:] J.. **SUMNER**

[47] 47 Jesse **MATHIAS** William **BROTHERS** & John **BROTHERS** bound unto Kedar **BALLARD**, Humphry **HUDGINS** Timothy **WALTON** Esquires, in the sum of Five Hundred pounds 19th day of May 1812. Jesse **MATHIAS** appointed guardian to James **MATHIAS** orphan of William **MATHIAS** deceased. Jesse **MATHIAS** (Seal.) William **BROTHERS** (Seal.) John **BROTHERS** (Seal.) [Wit:] J.. **SUMNER**

Gates County, North Carolina, Guardian Bonds 1810-1815

[48] 48 Mary **BALLARD** Miles **ROUNTREE** and Charles **ROUNTREE** bound unto Joseph **RIDDICK**, Humphry **HUDGINS** Timothy **WALTON** Esquires, in the sum of one thousand five Hundred pounds 19th day of May 1812. Mary **BALLARD** appointed guardian to Jethro **BALLARD** orphan of Thomas W **BALLARD** deceased. Mary **BALLARD** (Seal.) Miles **ROUNTREE** (Seal.) Charles **ROUNTREE** [Wit:] J.. **SUMNER**

[49] 49 Mary **BALLARD** Miles **ROUNTREE** and Charles **ROUNTREE** bound unto Joseph **RIDDICK**, Humphry **HUDGINS** Timothy **WALTON** Esquires, in the sum of One thousand five Hundred pounds 19th day of May 1812. Mary **BALLARD** appointed guardian to James **BALLARD** orphan of Thomas W **BALLARD** deceased. Mary **BALLARD** (Seal.) Miles **ROUNTREE** (Seal.) Charles **ROUNT** [sic] [Wit:] J.. **SUMNER**

[50] 50 Mary **BALLARD** Miles **ROUNTREE** and Charles **ROUNTREE** bound unto Joseph **RIDDICK**, Humphry **HUDGINS** Timothy **WALTON** Esquires, in the sum of One thousand five hundred pounds 19th day of May 1812. Mary **BALLARD** appointed guardian to Thomas **BALLARD** orphan of Thomas W **BALLARD** deceased. Mary **BALLARD** (Seal.) Miles **ROUNTREE** (Seal.) Charles **ROUNTREE** [Wit:] J.. **SUMNER**

[51] 51 Thomas **BARNES** Lawrence **SAUNDERS** & Henry **GOODMAN** bound unto Joseph **RIDDICK**, Mills **EURE** Timothy **WALTON** Esquires, in the sum of one Hundred pounds 17th day of November 1812. Thomas **BARNES** appointed guardian to Nansey **BEASLEY** orphan of Henry **SAUNDERS** deceased. Thomas **BARNES** {Seal} Lawrence **SAUNDERS** {Seal} Henry **GOODMAN** {Seal} [Wit:] J.. **SUMNER**

[52] 52 Thomas **BARNES** Lawrence **SAUNDERS** & Henry **GOODMAN** bound unto Joseph **RIDDICK**, Mills **EURE** Timothy **WALTON** Esquires, in the sum of one Hundred pounds 17th day of November 1812. Thomas **BARNES** appointed guardian to William **BEASLEY** orphan of Henry **SAUNDERS** deceased. Thomas **BARNES** {Seal} Lawrence **SAUNDERS** {Seal} Henry **GOODMAN** {Seal} [Wit:] J.. **SUMNER**

[53] 53 Thomas **BARNES** Lawrence **SAUNDERS** & Henry **GOODMAN** bound unto Joseph **RIDDICK**, Mills **EURE** Timothy **WALTON** Esquires, in the sum of one Hundred pounds 17th day of November 1812. Thomas **B** [sic] appointed guardian to Mary **BEASLEY** orphan of Henry **SAUNDERS** deceased. Thomas **BARNES** {Seal} Lawrence **SAUNDERS** {Seal} Henry **GOODMAN** {Seal} [Wit:] J.. **SUMNER**

[54] 54 Abraham **BEEMAN** Mills **EURE** and John **GATLING** bound unto Mills **EURE**, William W. **RIDDICK** Timothy **WALTON** Esquires, in the sum of two Hundred pounds 17th day of November 1812. Abraham **BEEMAN** appointed guardian to Abraham **BEEMAN** orphan of David **BEEMAN** deceased. Am.. **BEEMAN** {Seal} Mills **EURE** {Seal} John **GATLING** {Seal} [Wit:] J.. **SUMNER**

[55] 55 Sarah **RIDDICK** Joseph **GORDON** and Thomas **RIDDICK** bound unto Kedar **BALLARD**, Timothy **WALTON**, William W **RIDDICK** Esquires, in the sum of Five thousand pounds 15th day of February 1813. Sarah **RIDDICK** appointed guardian to Robert **RIDDICK** orphan of Lassiter **RIDDICK** deceased. Sally **RIDDICK** {Seal} Jos **GORDON** {Seal} Thos. **RIDDICK** {Seal} [Wit:] J.. **SUMNER**

[56] 56 Sarah **RIDDICK** Joseph **GORDON** and Thomas **RIDDICK** bound unto Kedar **BALLARD**, Timothy **WALTON**, Wm. W **RIDDICK** Esquires, in the sum of Five thousand pounds 15th day of February 1813. Sarah **RIDDICK** appointed guardian to Thomas **RIDDICK** orphan of Lassiter **RIDDICK** deceased. Sally **RIDDICK** {Seal} Jos **GORDON** {Seal} Thos.. **RIDDICK** {Seal} [Wit:] J.. **SUMNER**

[57] 57 Sarah **RIDDICK** Joseph **GORDON** and Thomas **RIDDICK** bound unto Kedar **BALLARD**, Timothy **WALTON**, Wm W **RIDDICK** Esquires, in the sum of Five thousand pounds 15th day of February 1813. Sarah **RIDDICK** appointed guardian to Mary **RIDDICK** orphan of Lassiter **RIDDICK** deceased. Sally **RIDDICK** {Seal} Jos **GORDON** {Seal} Thos. **RIDDICK** {Seal} [Wit:] J.. **SUMNER**

[58] 58 William **LEE** William **GOODMAN** & Lawrence **SAUNDERS** bound unto Wm W. **RIDDICK**,

Gates County, North Carolina, Guardian Bonds 1810-1815

Timothy **WALTON** John B **WALTON** Esquires, in the sum of One thousand pounds 15th day of February 1813. William **LEE** appointed guardian to Hardy **PARKER** orphan of Jesse **PARKER** deceased. Willm.. **LEE** {Seal} William **GOODMAN** of Henry {Seal} Lawrence **SAUNDERS** {Seal} [Wit:] J.. **SUMNER**

[59] 59 James **BRADY** sen^r Mills B=== **LEWIS** & William **SEARS** bound unto W^m. W **RIDDICK**, Timothy **WALTON** John B **WALTON** Esquires in the sum of One thousand pounds 15th day of February 1813. James **BRADY** appointed guardian to Lovey **BRADY** wife of Mills **BRADY** orphan of Henry E **SCEARS** deceased. James his *X* mark **BRADY** {Seal} Mills **LEWIS** {Seal} W^m.. **SEARS** {Seal} [Wit:] J.. **SUMNER**

[60] 60 Elisha H **BOND** Robert **RIDDICK** & Benjamin **BLANCHARD** bound unto John B **WALTON**, Charles W **HARVEY** Kedar **BALLARD** Esquires, in the sum of Fifty pounds 17th day of May 1813. Elisha H **BOND** appointed guardian to Esther **PHELPS** orphan of Demsey **PHELPS** deceased. Elisha H. **BOND** {Seal} Robt.. **RIDDICK** {Seal} B **BLANCHARD** {Seal} [Wit:] J.. **SUMNER**

[61] 61 Elisha H **BOND** Robert **RIDDICK** & Benjamin **BLANCHARD** bound unto John B **WALTON**, Charles W **HARVEY** Kedar **BALLARD** Esquires, in the sum of Fifty pounds 17th day of May 1813. Elisha H **BOND** appointed guardian to Nansey **PHELPS** orphan of Demsey **PHELPS** deceased. Elisha H. **BOND** {Seal} Robt.. **RIDDICK** {Seal} B **BLANCHARD** {Seal} [Wit:] J.. **SUMNER**

[62] 62 Isaac **HUNTER** Junr. Thomas **BOND** & Robert **RIDDICK** bound unto Charles W. **HARVEY**, Kedar **BALLARD** John B. **WALTON** Esquires, in the sum of Five Hundred pounds 17th day of May 1813. Isaac **HUNTER** Junr. appointed guardian to Timothy **HUNTER** orphan of William **HUNTER** deceased. Isaac **HUNTER** {Seal} Thos.. **BOND** {Seal} Robt. **RIDDICK** {Seal} [Wit:] J.. **SUMNER**

[63] 63 Federick **JONES** Isaac **HUNTER** & Henry **LASSITER** bound unto Charles W. **HARVEY**, John B **WALTON** Kedar **BALLARD** Esquires, in the sum of Five Hundred pounds 17th day of May 1813. Frederick **JONES** appointed guardian to Elisha **HUNTER** orphan of William **HUNTER** deceased. Frederick **JONS** {Seal} Isaac **HUNTER** {Seal} Henry **LASSITER** {Seal} [Wit:] J.. **SUMNER**

[64] 64 Thomas **RIDDICK** Mills R **FIELD** & Kinchen **NORFLEET** bound unto Joseph **RIDDICK**, Charles W. **HARVEY** Kedar **BALLARD** Esquires, in the sum of Two thousand pounds 18th day of May 1813. Thomas **RIDDICK** appointed guardian to Lassiter **RIDDICK** orphan of Edward **RIDDICK** deceased. Thomas **RIDDICK** {Seal} Mills R **FIELD** {Seal} [No signature for Kinchen **NORFLEET**.] {Seal} [Wit:] J.. **SUMNER**

[65] 65 Thomas **RIDDICK** Mills R **FIELD** & Kinchen **NORFLEET** bound unto Joseph **RIDDICK**, Charles W. **HARVEY** Kedar **BALLARD** Esquires, in the sum of two thousand pounds 18th day of May 1813. Thomas **RIDDICK** appointed guardian to Micajah **RIDDICK** orphan of Edward **RIDDICK** deceased. Thomas **RIDDICK** {Seal} Mills R **FIELD** {Seal} Kinchen **NORFLEET** {Seal} [Wit:] J.. **SUMNER**

[66] 66 Reubin **PARKER** Abraham **BEEMAN** & Charles **EURE** bound unto Isaac **PIPKIN**, John B **WALTON** Humphry **HUDGINS** Esquires, in the sum of Five Hundred pounds 18th day of May 1813. Reubin **PARKER** appointed guardian to Abram **PARKER** orphan of John **PARKER** deceased. Reuben **PARKER** {Seal} A^m.. **BEEMAN** {Seal} Charles **EURE** {Seal} [Wit:] J.. **SUMNER**

[67] 67 Reubin **PARKER** Abraham **BEEMAN** & Charles **EURE** bound unto Isaac **PIPKIN**, John B **WALTON** Humphry **HUDGINS** Esquires, in the sum of Five Hundred pounds 18th day of May 1813. Reubin **PARKER** appointed guardian to Demsey **PARKER** orphan of John **PARKER** deceased. Reuben **PARKER** {Seal} A^m.. **BEEMAN** {Seal} Charles **EURE** {Seal} [Wit:] J. **SUMNER**

[68] 68 Reubin **PARKER** Abraham **BEEMAN** & Charles **EURE** bound unto Isaac **PIPKIN**, John B. **WALTON** Humphry **HUDGINS** Esquires, in the sum of Five Hundred pounds 18th day of May 1813. Reubin **PARKER** appointed guardian to Theresa **PARKER** orphan of John **PARKER** deceased. Reuben **PARKER**

Gates County, North Carolina, Guardian Bonds 1810-1815

{Seal} A^m.. **BEEMAN** {Seal} Charles **EURE** {Seal} [Wit:] J.. **SUMNER**

[69] 69 Solomon **VOLINTINE** Lawrence **SAUNDERS** & Henry **GOODMAN** bound unto Isaac **PIPKIN**, John B **WALTON** Kedar **BALLARD** Esquires, in the sum of Five Hundred Pounds [sic] pounds 18th day of May 1813. Solomon **VOLLINTINE** appointed guardian to Thomas **VOLLINTINE** orphan of Joseph **VOLLINTINE** deceased. Solomon K **VOLLINTINE** {Seal} Lawrence **SAUNDERS** {Seal} Henry **GOODMAN** {Seal} [Wit:] J.. **SUMNER**

[70] 70 Solomon **VOLLINTINE** Lawrence **SAUNDERS** & Henry **GOODMAN** bound unto Isaac **PIPKIN** John B **WALTON** Kedar **BALLARD** Esquires, in the sum of Five Hundred Pounds pounds 18th day of May 1813. Solomon **VOLINTINE** appointed guardian to Jonas **VOLLINTINE** orphan of Joseph **VOLLINTINE** deceased. Solomon K **VOLLINTINE** {Seal} Lawrence **SAUNDERS** {Seal} Henry **GOODMAN** {Seal} [Wit:] J.. **SUMNER**

[71] 71 Mills **RIDDICK** James **GATLING** & John **GATLING** bound unto Timothy **WALTON**, Abraham **BEEMAN** John B. **WALTON** Esquires, in the sum of five Hundred po pounds 17th day of August 1813. Mills **RIDDICK** appointed guardian to Edward **GATLING** orphan of Miles **GATLING** deceased. Mills **RIDDICK** {Seal} James **GATLING** {Seal} John **GATLING** {Seal} [Wit:] J.. **SUMNER**

[72] 72 Mills **RIDDICK** James **GATLING** & John **GATLING** bound unto John B. **WALTON**, Timothy **WALTON** Abraham **BEEMAN** Esquires, in the sum of five Hundred pounds 17th day of August 1813. Mills **RIDDICK** appointed guardian to Joseph **GATLING** orphan of Miles **GATLING** deceased. Mills **RIDDICK** {Seal} James **GATLING** {Seal} John **GATLING** {Seal} [Wit:] J.. **SUMNER**

[73] 73 Mills **RIDDICK** James **GATLING** & John **GATLING** bound unto John B. **WALTON**, Timothy **WALTON** Abraham **BEEMAN** Esquires, in the sum of five Hundred pounds 17th day of August 1813. Mills **RIDDICK** appointed guardian to Arthur **GATLING** orphan of Miles **GATLING** deceased. Mills **RIDDICK** {Seal} James **GATLING** {Seal} John **GATLING** {Seal} [Wit:] J.. **SUMNER**

[74] 74 Mills **RIDDICK** James **GATLING** & John **GATLING** bound unto John B. **WALTON**, Timothy **WALTON** Abraham **BEEMAN** Esquires, in the sum of five Hundred pounds 17th day of August 1813. Mills **RIDDICK** appointed guardian to Zelia **GATLING** orphan of Miles **GATLING** deceased. Mills **RIDDICK** {Seal} James **GATLING** {Seal} John **GATLING** {Seal} [Wit:] J.. **SUMNER**

[75] 75 Mills **RIDDICK** James **GATLING** & John **GATLING** bound unto John B. **WALTON**, Timothy **WALTON** Abraham **BEEMAN** Esquires, in the sum of five Hundred pounds 17th. day of August 1813. Mills **RIDDICK** appointed guardian to Miles **GATLING** orphan of Miles **GATLING** deceased. Mills **RIDDICK** {Seal} James **GATLING** {Seal} John **GATLING** {Seal} [Wit:] J.. **SUMNER**

[76] 76 Charles **ROUNTREE** Thomas **BOND** & Timothy **FREEMAN** bound unto Timothy **WALTON**, Jesse B. **BENTON** Abraham **BEEMAN** Esquires, in the sum of Two thousand pounds 16th day of November 1813. Charles **ROUNTREE** appointed guardian to Charles **ROUNTREE** orphan of Miles **ROUNTREE** deceased. Chas **ROUNTREE** {Seal} Thos.. **BOND** {Seal} Timy **FREEMAN** {Seal} [Wit:] J **SUMNER**

[77] 77 Henry **LASSITER** Noah **HARRELL** and James **LASSITER** bound unto Humphry **HUDGINS** Richard **BARNES** John B **WALTON** in the sum of One thousand pounds 21st day of February 1814. Henry **LASSITER** appointed guardian to Henry **COSTEN** orphan of James **COSTEN** deceased. Henry **LASSITER** {Seal} Noah **HARRELL** {Seal} Ja^s. **LASSITER** {Seal} [Wit:] J.. **SUMNER**

[78] 78 Henry **LASSITER** Noah **HARRELL** and James **LASSITER** bound unto Humphry **HUDGINS**, Richard **BARNES** John B. **WALTON** in the sum of One thousand pounds 21st day of February 1814. Henry **LASSITER** appointed guardian to James **COSTEN** orphan of James **COSTEN** deceased. Henry **LASSITER** {Seal} Noah **HARRELL** {Seal} Ja^s. **LASSITER** {Seal} [Wit:] J.. **SUMNER**

Gates County, North Carolina, Guardian Bonds 1810-1815

[79] 79 Henry LASSITER Noah HARRELL and James LASSITER bound unto Humphry HUDGINS Richard BARNES John B. WALTON in the sum of one thousand pounds 21st day of February 1814. Henry LASSITER appointed guardian to Polley COSTEN orphan of James COSTEN deceased. Henry LASSITER {Seal} Noah HARRELL {Seal} Ja^s. LASSITER {Seal} [Wit:] J.. SUMNER

[80] 80 Henry LASSITER Noah HARRELL and James LASSITER bound unto Humphry HUDGINS Richard BARNES John B. WALTON in the sum of one thousand pounds 21st day of February 1814. Henry LASSITER appointed guardian to Pleasant COSTEN orphan of James COSTEN deceased. Henry LASSITER {Seal} Noah HARRELL {Seal} Ja^s. LASSITER {Seal} [Wit:] J.. SUMNER

[81] 81 Henry LASSITER Noah HARRELL and James LASSITER bound unto Humphry HUDGINS Richard BARNES John B. WALTON in the sum of one thousand pounds 21st day of February 1814. Henry LASSITER appointed guardian to Nansey COSTEN orphan of James COSTEN deceased. Henry LASSITER {Seal} Noah HARRELL {Seal} Ja^s. LASSITER {Seal} [Wit:] J.. SUMNER

[82] 82 Henry LASSITER Noah HARRELL and James LASSITER bound unto Humphry HUDGINS, Richard BARNES John B. WALTON in the sum of one thousand pounds 21st day of February 1814. Henry LASSITER appointed guardian to Marmaduke COSTEN orphan of James COSTEN deceased. Henry LASSITER {Seal} Noah HARRELL {Seal} Ja^s. LASSITER {Seal} [Wit:] J.. SUMNER

[83] 83 Timothy WALTON Junr. Nathan RIDDICK and James BRINKLEY bound unto Humphry HUDGINS, John B. WALTON Richard BARNES Esquires, in the sum of five Hundred pounds 17th day of November 1813. [sic] Timothy WALTON appointed guardian to Thomas SPIVEY orphan of Jacob SPIVEY deceased. Tim WALTON J^{ur} {Seal} Nathan RIDDICK {Seal} James BRINKLY {Seal} [Wit:] J.. SUMNER

[84] 84 Mills R FIELD Timothy FREEMAN & William W. RIDDICK bound unto Humphry HUDGINS, Timothy WALTON Richard BARNES Esquires, in the sum of one thousand pounds 23rd day of February 1814. Mills R. FIELD appointed guardian to Levi SUMNER orphan of Jacob SUMNER deceased. Mills R FIELD {Seal} Timy FREEMAN {Seal} W^m W RIDDICK {Seal} [Wit:] J.. SUMNER

[85] 85 Timothy SPIVEY Isaac RIDDICK, Isaiah RIDDICK & Charles ROUNTREE bound unto Richard BARNES, James GATLING, Timothy WALTON Esquires, in the sum of Two Hundred and fifty pounds 15th day of August 1814. Timothy SPIVEY appointed guardian to Abraham SPIVEY orphan of Abraham SPIVEY deceased. Timothy SPIVY {Seal} Isaac RIDDICK {Seal} Isaiah RIDDICK {Seal} Chas ROUNTREE {Seal} [Wit:] J.. SUMNER

[86] 86 Timothy SPIVEY Isaac RIDDICK, Isaiah RIDDICK & Charles ROUNTREE bound unto Richard BARNES, James GATLING Timothy WALTON Esquires, in the sum of Two Hundred and fifty pounds 16th day of August 1814. Timothy SPIVEY appointed guardian to Jesse SPIVEY orphan of Abraham SPIVEY deceased. Timothy SPIVY {Seal} Isaac RIDDICK {Seal} Isaiah RIDDICK {Seal} Chas ROUNTREE {Seal} [Wit:] J.. SUMNER

[87] 87 William BRINKLEY Joseph GORDON and Jacob S. POWELL bound unto Richard BARNES, James GATLING Timothy WALTON Esquires, in the sum of Fifteen Hundred pounds 15th day of August 1814. William BRINKLEY appointed guardian to Miley BRINKLEY orphan of John BRINKLEY deceased. W^m. BRINKLEY {Seal} Jos GORDON {Seal} Jacob S POWELL {Seal} [Wit:] J SUMNER

[88] 88 Thomas LANK Timothy WALTON & Jeremiah WHITE bound unto Richard BARNES Henry GOODMAN & Timothy WALTON Esquires, in the sum of one Hundred pounds 15th day of August 1814. [blank] appointed guardian to Robert PARKER orphan of John Swan PARKER deceased. [Thomas LANK guardian.] Thomas LANK {Seal} Tim WALTON {Seal} Jeremiah his \ mark WHITE {Seal} [Wit:] J.. SUMNER B^n. SUMNER

Gates County, North Carolina, Guardian Bonds 1810-1815

[89] 89 Thomas **LANK** Timothy **WALTON** & Jeremiah **WHITE** bound unto Richd **BARNES** Henry **GOODMAN** & Timothy **WALTON** Esquires, in the sum of one Hundred pounds 15th day of August 1814. Thomas **LANK** appointed guardian to Nancy **PARKER** orphan of John Swan **PARKER** deceased. Thomas **LANK** {Seal} Tim **WALTON** {Seal} Jeremiah his ⅄ mark **WHITE** {Seal} [Wit:] J.. **SUMNER** B^n. **SUMNER**

[90] 90 Thomas **LANK** Timothy **WALTON** & Jeremiah **WHITE** bound unto Richd **BARNES**, Henry **GOODMAN** & Timothy **WALTON** Esquires, in the sum of one Hundred pounds 15th day of August 1814. Thomas **LANK** appointed guardian to Rachel **PARKER** orphan of John Swan **PARKER** deceased. Thomas **LANK** {Seal} Tim **WALTON** {Seal} Jeremiah his + mark **WHITE** {Seal} [Wit:] J.. **SUMNER** B^n. **SUMNER**

[91] 91 Prissilla **BRINKLEY** Jesse **MATHIAS** & William **BRINKLEY** bound unto Henry **GOODMAN**, James **GATLING** Richard **BARNES** Esquires, in the sum of one Thousand pounds 15th day of August 1814. Prissilla **BRINKLEY** appointed guardian to Jethro **BRINKLEY** orphan of John **BRINKLEY** deceased. Prissilla her + mark **BRINKLEY** {Seal} Jesse **MATHIAS** {Seal} W^m. **BRINKLEY** {Seal} [Wit:] J.. **SUMNER** B^n. **SUMNER**

[92] 92 Prissilla **BRINKLEY** Jesse **MATHIAS** & William **BRINKLEY** bound unto Henry **GOODMAN**, James **GATLING** Richard **BARNES** Esquires, in the sum of one Thousand pounds 15th day of August 1814. Prissilla **BRINKLEY** appointed guardian to Julia **BRINKLEY** orphan of John **BRINKLEY** deceased. Prissilla her + mark **BRINKLEY** {Seal} Jesse **MATHIAS** {Seal} W^m. **BRINKLEY** {Seal} [Wit:] J.. **SUMNER**

[93] 93 Prissilla **BRINKLEY** Jesse **MATHIAS** & William **BRINKLEY** bound unto Henry **GOODMAN**, James **GATLING** & Rich^d. **BARNES** Esquires, in the sum of one Thousand pounds 15th day of August 1814. Prissilla **BRINKLEY** appointed guardian to Armesa **BRINKLEY** orphan of John **BRINKLEY** deceased. Prissilla her + mark **BRINKLEY** {Seal} Jesse **MATHIAS** {Seal} W^m. **BRINKLEY** {Seal} [Wit:] J.. **SUMNER**

[94] 94 Prissilla **BRINKLEY** Jesse **MATHIAS** & William **BRINKLEY** bound unto Henry **GOODMAN**, James **GATLING** & Ric^d **BARNES** Esquires, in the sum of one Thousand pounds 15th day of August 1814. Prissilla **BRINKLEY** appointed guardian to Benjamin **BRINKLEY** orphan of John **BRINKLEY** deceased. Prissilla her + mark **BRINKLEY** {Seal} Jesse **MATHIAS** {Seal} W^m. **BRINKLEY** {Seal} [Wit:] J.. **SUMNER**

[95] 95 Prissilla **BRINKLEY** Jesse **MATHIAS** & William **BRINKLEY** bound unto Henry **GOODMAN**, James **GATLING** R. **BARNES** Esquires, in the sum of one Thousand pounds 15th day of August 1814. Prissilla **BRINKLEY** appointed guardian to Arthur **BRINKLEY** orphan of John **BRINKLEY** deceased. Prissilla her + mark **BRINKLEY** {Seal} Jesse **MATHIAS** {Seal} W^m. **BRINKY** [sic] {Seal} [Wit:] J.. **SUMNER** Ben: **SUMNER**

[96] 96 Timothy **WALTON** jun^r. Thomas **BOND** and Noah **TROTMAN** bound unto Charles W. **HARVEY**, Hillory **WILLEY** & Isaac **PIPKIN** Esquires, in the sum of one Thousand pounds 21st day of November 1814. Timothy **WALTON** jun^r. appointed guardian to Henry **SPIVEY** orphan of Jacob **SPIVEY** deceased. Tim **WALTON** {Seal} Thos **BOND** {Seal} Noah **TROTMAN** {Seal} [Wit:] Benjn. **SUMNER** J: **SUMNER**.

[97] 97 Timothy **WALTON** jr Thomas **BOND** and Noah **TROTMAN** bound unto Charles W. **HARVEY**, Hillory **WILLEY** & Isaac **PIPKIN** Esquires, in the sum of One thousand pounds 21st day of November 1814. Timothy **WALTON** jun^r. appointed guardian to Polly **SPIVEY** orphan of Jacob **SPIVEY** deceased. Tim **WALTON** {Seal} Thos **BOND** {Seal} Noah **TROTMAN** {Seal} [Wit:] Benjn. **SUMNER** J.. **SUMNER**.

[98] 98 Timothy **WALTON** jun^r. Thomas **BOND** and Noah **TROTMAN** bound unto Charles W. **HARVEY**, Hillory **WILLEY** & Isaac **PIPKIN** Esquires, in the sum of one thousand pounds 21st day of November 1814.

Gates County, North Carolina, Guardian Bonds 1810-1815

Timothy WALTON j^r. appointed guardian to Lydia SPIVEY orphan of Jacob SPIVEY deceased. Tim WALTON {Seal} Thos BOND {Seal} Noah TROTMAN {Seal} [Wit:] Benjamin SUMNER J.. SUMNER.

[99] 99 William BYRD, William GOODMAN and William LEE bound unto Charles W HARVEY, Henry GOODMAN and James GATLING Esquires, in the sum of one Hundred pounds 22nd day of November 1814. William BYRD appointed guardian to James AUSTIN orphan of Richard AUSTIN deceased. William BYRD {Seal} Wm GOODMAN {Seal} W^M LEE {Seal} [Wit:] Benjamin SUMNER

[100] 100 James BOOTH sen^r. Philip ROGERS and William BYRD bound unto Charles W HARVEY Humphrey HUDGINGS & Hillory WILLEY Esquires, in the sum of one Hundred pounds 20th day of February 1815. James BOOTH sen^r. appointed guardian to Nancy AUSTIN orphan of Richard AUSTIN deceased. James BOOTHE {Seal} Philip ROGERS {Seal} William B BYRD {Seal} [Wit:] Benjn SUMNER J.. SUMNER

[101] 101 William BRINKLEY, Dempsey KNIGHT and William BARNS bound unto Kedar BALLARD, Timothy WALTON & Hy HUDGINGS Esquires, in the sum of fifteen Hundred pounds 20th day of February 1815. William BRINKLEY appointed guardian to Edward ARNOLD orphan of William ARNOLD deceased. W^m. BRINKLEY {Seal} Demsey KNIGHT {Seal} W^m. S BARNES {Seal} [Wit:] Benjn SUMNER

[102] 102 William BRINKLEY, Dempsey KNIGHT and Wm BARNES bound unto Kedar BALLARD, Timothy WALTON & Hy HUDGINGS Esquires, in the sum of fifteen Hundred pounds 20th day of February 1815. William BRINKLEY appointed guardian to John ARNOLD orphan of William ARNOLD deceased. W^m. BRINKLEY {Seal} Demsey KNIGHT {Seal} W^m. S BARNES {Seal} [Wit:] Benjamin SUMNER

[103] 103 William BRINKLEY, Dempsey KNIGHT and William BARNES bound unto Kedar BALLARD, Timothy WALTON & Hy. HUDGINGS Esquires, in the sum of one thousand five hundred pounds 20th day of February 1815. William BRINKLEY appointed guardian to William ARNOLD orphan of William ARNOLD deceased. William BRINK___ {Seal} Demsey KNIGHT {Seal} W S BARNES {Seal} [Wit:] Ben SUMNER

[104] 104 John MARCH, William LEE & Richard LEE bound unto Timothy WALTON, Jesse B. BENTON & W^m W RIDDICK Esquires in the sum of two thousand pounds 20th day of February 1815. John MARCH appointed guardian to James SAUNDERS orphan of Briant SAUNDERS deceased. J.. MARCH ju^r {Seal} W^M.. LEE {Seal} Richard H. LEE {Seal} [Wit:] Benjamin SUMNER

[105] 105 John MARCH, William LEE & Richard LEE bound unto Timothy WALTON, Jesse B. BENTON & W^m. W. RIDDICK Esquires in the sum of two thousand pounds 20th day of February 1815. John MARCH appointed guardian to Benjamin SAUNDERS orphan of Briant SAUNDERS deceased. J.. MARCH ju^r {Seal} W^M.. LEE {Seal} Richard H. LEE {Seal} [Wit:] B. SUMNER

[106] 106 Jesse SAVAGE Lewis EURE and George WILLIAMS bound unto Humphrey HUDGINGS, Timothy WALTON & James GATLING Esquires, in the sum of two Hundred pounds 21st day of February 1815. Jesse SAVAGE appointed guardian to Lovey BRADY wife of Mills BRADY orphan of Henry E. SCEARS [sic] deceased. Jesse SAVAGE {Seal} Lewis EURE {Seal} George WILLIAMS {Seal} [Wit:] B. SUMNER

[107] 107 Lewis SPARKMAN Samuel EURE & Jesse TAYLOR bound unto Humphry HUDGINS, Timothy WALTON Abraham BEEMAN Esquires, in the sum of two hundred and fifty pounds 20th day of February 1815. Lewis SPARKMAN appointed guardian to Nansey ELLIS orphan of Shadrick ELLIS deceased. Lewis SPARKMAN {Seal} Samuell EURE {Seal} Jesse TAYLOR {Seal} [Wit:] Benjamin SUMNER

[108] 108 Riddick CROSS David E. SUMNER & John GATLING bound unto Charles W HARVEY,

Gates County, North Carolina, Guardian Bonds 1810-1815

Humphrey **HUDGINGS** & Abraham **BEEMAN** Esquires, in the sum of two thousand five hundred pounds 21st day of February 1815. Riddick **CROSS** appointed guardian to Sally **SPEIGHT** orphan of Francis **SPEIGHT** deceased. Riddick **CROSS** {Seal} David E^d. **SUMNER** {Seal} John **GATLING** {Seal} [Wit:] Benjamin **SUMNER**

[109] 109 Riddick **CROSS** David E. **SUMNER** & John **GATLING** bound unto Charles W **HARVEY**, Humphrey **HUDGINGS** & Abraham **BEEMAN** Esquires, in the sum of two thousand five Hundred pounds 21st day of February 1815. Riddick **CROSS** appointed guardian to Frances **SPEIGHT** orphan of Francis **SPEIGHT** deceased. Riddick **CROSS** {Seal} David E^d. **SUMNER** {Seal} John **GATLING** {Seal} [Wit:] Ben. **SUMNER**.

[110] 110 John **GATLING** Riddick **CROSS** & Thomas **RIDDICK** bound unto Charles W **HARVEY**, Daniel **SOUTHALL** & Humphry **HUDGINGS** Esquires, in the sum of One thousand pounds 21st day of February 1815. John **GATLING** appointed guardian to Oda **CRAFFORD** orphan of William **CRAFFORD** s^r. . John **GATLING** {Seal} Riddick **CROSS** {Seal} Thos.. **RIDDICK** {Seal} [Wit:] Benjamin **SUMNER**.

[111] [blank] Abraham **CROSS** Humphrey **HUDGINGS** & Riddick **CROSS** bound unto Henry **GOODMAN**, Timothy **WALTON** & Daniel **SOUTHALL** Esquires, in the sum of Five Hundred pounds 22nd day of February 1815. Abraham **CROSS** appointed guardian to John O **CRAFFORD** orphan of William **CRAFFORD** jun^r deceased. Ab^m.. **CROSS** {Seal} Hy **HUDGINS** {Seal} Riddick **CROSS** {Seal} [Wit:] Ben. **SUMNER**.

[112] 111 Taylor **CROSS** Henry **GOODMAN** and Abraham **CROSS** bound unto Humphrey **HUDGINS** Timothy **WALTON** and Daniel **SOUTHALL** Esquires, in the sum of two thousand pounds 22nd day of February 1815. Taylor **CROSS** appointed guardian to Milley **BARNES** orphan of Benjamin **BARNES** deceased. Taylor C. R **CROSS** {Seal} Henry **GOODMAN** {Seal} Ab^m.. **CROSS** {Seal} [Wit:] Bn. **SUMNER**

[113] 112 Taylor **CROSS** Henry **GOODMAN** and Abraham **CROSS** bound unto Humphrey **HUDGINGS** Timothy **WALTON** and Daniel **SOUTHALL** Esquires, in the sum of two hundred pounds 22nd day of February 1815. Taylor **CROSS** appointed guardian to Peggy **BARNES** orphan of Benjamin **BARNES** deceased. Taylor C. R. **CROSS** {Seal} Henry **GOODMAN** {Seal} Ab^m.. **CROSS** {Seal} [Wit:] B^{en}. **SUMNER**

[114] 113 Joseph **GORDON** Abraham **HARRELL** and Kinchen **NORFLEET** bound unto Isaac **PIPKIN**, Kedar **BALLARD** and James **GATLING** Esquires, in the sum of Seven Hundred pounds 16th day of May 1815. Joseph **GORDON** appointed guardian to Joseph **BARNES** orphan of James **BARNES** deceased. Jos **GORDON** {Seal} Kinchen **NORFLEET** {Seal} A. **HARRELL** {Seal} [Wit:] B^n. **SUMNER**

[115] 114 Joseph **GORDON** Abraham **HARRELL** and Kinchen **NORFLEET** bound unto Isaac **PIPKIN**, Kedar **BALLARD** and James **GATLING** Esquires, in the sum of Seven Hundred pounds 16th day of May 1815. Joseph **GORDON** appointed guardian to Benjamin **BARNES** orphan of James **BARNES** deceased. Jos **GORDON** {Seal} Kinchen **NORFLEET** {Seal} A. **HARRELL** {Seal} [Wit:] Ben **SUMNER**

[116] 115 Joseph **GORDON** Abraham **HARRELL** and Kinchen **NORFLEET** bound unto Isaac **PIPKIN**, Kedar **BALLARD** and James **GATLING** Esquires, in the sum of Seven hundred pounds 16th day of May 1815. Joseph **GORDON** appointed guardian to Elizabeth **BARNES** orphan of James **BARNES** deceased. Jos **GORDON** {Seal} Kinchen **NORFLEET** {Seal} A. **HARRELL** {Seal} [Wit:] B^n. **SUMNER**

[117] 116 Samuel **DARDEN** James **GATLING** & Isaac **LEE** bound unto Humphry **HUDGINS**, John B. **WALTON** Abraham **BEEMAN** Esquires, in the sum of one thousand pounds 22nd day of August 1815. Samuel **DARDEN** appointed guardian to Jason **SAUNDERS** orphan of Robert **SAUNDERS** deceased. Saml **DARDEN** {Seal} James **GATLING** {Seal} Isaac **LEE** {Seal} [Wit:] J. V.[?] **SUMNER**

[118] 117 Samuel **DARDEN** James **GATLING** & Isaac **LEE** bound unto Humphrey **HUDGINS**, John B. **WALTON** & Abraham **BEEMAN** Esquires, in the sum of one thousand pounds 22nd day of August 1815. Samuel **DARDEN** appointed guardian to ~~Jason~~ Robert **SAUNDERS** orphan of Robert **SAUNDERS** deceased.

Gates County, North Carolina, Guardian Bonds 1810-1815

Saml DARDEN {Seal} James GATLING {Seal} Isaac LEE {Seal} [Wit:] J. V. SUMNER

[119] [blank] Samuel DARDEN James GATLING & Isaac LEE bound unto Humphrey HUDGINS, John B. WALTON Abraham BEEMAN Esquires, in the sum of One thousand pounds 22nd day of August 1815. Samuel DARDEN appointed guardian to Drew SAUNDERS orphan of Robert SAUNDERS deceased. Saml DARDEN {Seal} Jas.. GATLING {Seal} Isaac LEE {Seal} [Wit:] J. V. SUMNER

[120] 118 Samuel DARDEN James GATLING & Isaac LEE bound unto Humprey HUDGINS, John B. WALTON Abraham BEEMAN Esquires, in the sum of One thousand pounds 22nd day of August 1815. Samuel DARDEN appointed guardian to Gilbert SAUNDERS orphan of Robert SAUNDERS deceased. Saml DARDEN {Seal} Jas.. GATLING {Seal} Isaac LEE {Seal} [Wit:] J.V. SUMNER

[121] 119 Noah ODOM, Abraham CROSS and Elisha CROSS bound unto Charles W. HARVEY, Kedar BALLARD, Isaac PIPKIN Esquires, in the sum of two thousand pounds 20th day of November 1815. Noah ODOM appointed guardian to Richard ODOM orphan of John ODOM deceased. Noah ODOM {Seal} Ab^{m}.. CROSS {Seal} Elisha CROSS {Seal} [Wit:] B SUMNER

[122] 120 Noah ODOM, Abraham CROSS and Elisha CROSS bound unto Charles W. HARVEY, Kedar BALLARD, Isaac PIPKIN Esquires, in the sum of two thousand pounds 20th day of November 1815. Noah ODOM appointed guardian to Jacob ODOM orphan of John ODOM deceased. Noah ODOM {Seal} Ab^{m}.. CROSS {Seal} Elisha CROSS {Seal} [Wit:] B SUMNER.

[123] 121 William BARNES, Isaac PIPKIN and Lewis WALTERS bound unto Charles W. HARVEY, Kedar BALLARD, Isaac PIPKIN Esquires, in the sum of four thousand pounds 20th day of November 1815. [blank] appointed guardian to Pipkin BARNES orphan of Richard BARNES deceased. [William BARNES guardian.] W. BARNES {Seal} Isaac PIPKIN {Seal} Lewis WALTERS {Seal} [Wit:] B. SUMNER.

[124] 122 William BARNES, Isaac PIPKIN and Lewis WALTERS bound unto Charles W. HARVEY, Kedar BALLARD, Isaac PIPKIN Esquires, in the sum of four thousand pounds 20th day of November 1815. William BARNES appointed guardian to James BARNES orphan of Richard BARNES deceased. W. BARNES {Seal} Isaac PIPKIN {Seal} Lewis WALTERS {Seal} [Wit:] Ben. SUMNER.

[125] 123 William BARNES, Isaac PIPKIN and Lewis WALTERS bound unto Charles W. HARVEY, Kedar BALLARD, Isaac PIPKIN Esquires, in the sum of four thousand pounds 20th day of November 1815. William BARNES appointed guardian to Nancy BARNES orphan of Richard BARNES deceased. W. BARNES {Seal} Isaac PIPKIN {Seal} Lewis WALTERS {Seal} [Wit:] Ben. SUMNER.

[126] 124 William BARNES, Isaac PIPKIN and Lewis WALTERS bound unto Charles W. HARVEY, Kedar BALLARD Isaac PIPKIN Esquires, in the sum of four thousand pounds 20th day of November 1815. William BARNES appointed guardian to Sarah BARNES orphan of Richard BARNES deceased. W. BARNES {Seal} Isaac PIPKIN {Seal} Lewis WALTERS {Seal} [Wit:] B. SUMNER.

[127] 125 Thomas POWELL, Richard RAWLS and Charles ROUNTREE bound unto Kedar BALLARD, Isaac PIPKIN, Abraham BEEMAN Esquires, in the sum of two hundred pounds 20th day of November 1815. Thomas POWELL appointed guardian to Patrick POWELL orphan of Charles POWELL deceased. Thomas POWELL {Seal} Rich^{d}. RAWLS {Seal} Chas ROUNTREE {Seal} [Wit:] B. SUMNER.

[128] 126 Thomas POWELL, Richard RAWLS and Charles ROUNTREE bound unto Kedar BALLARD, Isaac PIPKIN, Abraham BEEMAN Esquires, in the sum of two hundred pounds 20th day of November 1815. Thomas POWELL appointed guardian to John POWELL orphan of Charles POWELL deceased. Thomas POWELL {Seal} Rich^{d}. RAWLS {Seal} Chas ROUNTREE {Seal} [Wit:] B SUMNER

[129] 127 Abraham CROSS, Abraham BEEMAN, and Riddick CROSS bound unto Charles W. HARVEY, Kedar BALLARD, Isaac PIPKIN Esquires in the sum of five hundred pounds 20th day of November 1815.

Gates County, North Carolina, Guardian Bonds 1810-1815

Abraham CROSS appointed guardian to Philip LEWIS orphan of Luten LEWIS deceased. Ab^m.. CROSS {Seal} A^m. BEEMAN {Seal} Ridk.. CROSS {Seal} [Wit:] B SUMNER

[130] 128 Abraham CROSS, Abraham BEEMAN and Riddick CROSS bound unto Charles W. HARVEY, Kedar BALLARD, Isaac PIPKIN Esquires in the sum of five hundred pounds [blank] 181_ Abraham CROSS appointed guardian to Nancy LEWIS orphan of Luten LEWIS deceased. Ab^m.. CROSS {Seal} A^m. BEEMAN {Seal} Ridk.. CROSS {Seal} [Wit:] B SUMNER.

[131] 129 Jesse SAVAGE, Benjamin ODOM and Levi EURE bound unto Charles W. HARVEY, Kedar BALLARD, Abraham BEEMAN Esquires, in the sum of One hundred pounds 21st day of November 1815. Jesse SAVAGE appointed guardian to Henry SAVAGE orphan of his son deceased. Jesse SAVAGE {Seal} Bengamin ODOM {Seal} Levi EURE {Seal} [Wit:] B. SUMNER

[132] 130 Jesse SAVAGE, Benjamin ODOM, and Levi EURE bound unto Charles W. HARVEY, Kedar BALLARD, Abraham BEEMAN Esquires, in the sum of One hundred pounds 21st day of November 1815. Jesse SAVAGE appointed guardian to James SAVAGE orphan of his son deceased. Jesse SAVAGE {Seal} Bengamin ODOM {Seal} Levi EURE {Seal} [Wit:] B. SUMNER

[133] 131 Jesse SAVAGE, Benjamin ODOM, and Levi EURE bound unto Charles W. HARVEY, Kedar BALLARD, Abraham BEEMAN Esquires, in the sum of One hundred pounds 21st day of November 1815. Jesse SAVAGE appointed guardian to Jesse M. SAVAGE orphan of his son deceased. Jesse SAVAGE {Seal} Bengamin ODOM {Seal} Levi EURE {Seal} [Wit:] B. SUMNER

[134] 132 Jesse SAVAGE, Benjamin ODOM and Levi EURE bound unto Charles W. HARVEY, Kedar BALLARD, Abraham BEEMAN Esquires, in the sum of One hundred pounds 21st day of November 1815. Jesse SAVAGE appointed guardian to John SAVAGE orphan of his son deceased. Jesse SAVAGE {Seal} Bengamin ODOM {Seal} Levi EURE {Seal} [Wit:] B. SUMNER.

[135] 133 William GOODMAN, Lewis EURE and George KITTRELL bound unto Charles W. HARVEY, Isaac PIPKIN, Kedar BALLARD Esquires, in the sum of two hundred pounds 20th day of November 1815. William GOODMAN appointed guardian to Richard CROSS orphan of John CROSS deceased. William GOODMAN {Seal} Lewis EURE {Seal} George KITTRELL {Seal} [Wit:] B SUMNER

[136] 134 William GOODMAN, Lewis EURE and George KITTRELL bound unto Charles W. HARVEY, Isaac PIPKIN, Kedar BALLARD Esquires, in the sum of two hundred pounds 20th day of November 1815. William GOODMAN appointed guardian to Hardy CROSS orphan of John CROSS deceased. William GOODMAN {Seal} Lewis EURE {Seal} George KITTRELL {Seal} [Wit:] B. SUMNER.

[137] 135 William GOODMAN, Lewis EURE and George KITTRELL bound unto Charles W. HARVEY, Isaac PIPKIN Kedar BALLARD Esquires, in the sum of two hundred pounds 20th day of November 1815. William GOODMAN appointed guardian to Parmela CROSS orphan of John CROSS deceased. William GOODMAN {Seal} Lewis EURE {Seal} George KITTRELL {Seal} [Wit:] B SUMNER

[138] 136 William GOODMAN, Lewis EURE and George KITTRELL bound unto Charles W. HARVEY, Isaac PIPKIN, Kedar BALLARD Esquires, in the sum of two hundred pounds 20th day of November 1815. William GOODMAN appointed guardian to William CROSS orphan of John CROSS deceased. William GOODMAN {Seal} Lewis EURE {Seal} George KITTRELL {Seal} [Wit:] B SUMNER

[139] 137 William GOODMAN, Lewis EURE and George KITTRELL bound unto Charles W. HARVEY, Isaac PIPKIN, Kedar BALLARD Esquires, in the sum of two hundred pounds 20th day of November 1815. William GOODMAN appointed guardian to Polley CROSS orphan of John CROSS deceased. William GOODMAN {Seal} Lewis EURE {Seal} G KITTRELL {Seal} [Wit:] B SUMNER

[140] 138 William GOODMAN, Lewis EURE and George KITTRELL bound unto Charles W. HARVEY,

Gates County, North Carolina, Guardian Bonds 1810-1815

Isaac **PIPKIN**, Kedar **BALLARD** Esquires, in the sum of two Hundred pounds 20th day of November 1815. William **GOODMAN** appointed guardian to John **CROSS** orphan of John **CROSS** deceased. William **GOODMAN** {Seal} Lewis **EURE** {Seal} G **KITTRELL** {Seal} [Wit:] B **SUMNER**.

[141] 139 William **GOODMAN**, Lewis **EURE** and George **KITTRELL** bound unto Charles W. **HARVEY**, Isaac **PIPKIN**, Kedar **BALLARD** Esquires, in the sum of two hundred pounds 20th day of November 1815. William **GOODMAN** appointed guardian to Margaret **CROSS** orphan of John **CROSS** deceased. William **GOODMAN** {Seal} Lewis **EURE** {Seal} George **KITTRELL** {Seal} [Wit:] B **SUMNER**.

1816-1819

[142] 1 Robert **MOORE** Noah **TROTMAN** and William **BOYCE** bound unto Henry **GOODMAN**, Humphry **HUDGINS** John B. **WALTON** Esquires in the sum of five Hundred pounds 19th day of February 1816. Robert **MOORE** appointed guardian to Charles **POWELL** orphan of Charles **POWELL** deceased. Robert **MOORE** {Seal} Noah **TROTMAN** {Seal} William his X mark **BOYCE** {Seal} [Wit:] J.. **SUMNER**.

[143] 2 William **HINTON**, Riddick **CROSS** & John **GATLING** bound unto Humphrey **HUDGINS**, Tim **WALTON** sen^r. Abraham **BEEMAN** Esquires, in the sum of five hundred pounds 21st day of November 1815. William **HINTON** appointed guardian to Ody **CRAFFORD** orphan of William **CRAFFORD** senr deceased. Wm **HINTON** {Seal} Ridk.. **CROSS** {Seal} Jno.. **GATLING** {Seal} [Wit:] Ben. **SUMNER**

[144] 3 William **LEE**, George **WILLIAMS** and William **GOODMAN** (of Joel) bound unto Humprey **HUDGINS**, Tim **WALTON**, John B. **WALTON** Esquires, in the sum of one hundred pounds 20th day of February 1816. William **LEE** appointed guardian to Richard **AUSTINE** orphan of Richard **AUSTINE** deceased. WILL<u>IM</u> **LEE** {Seal} George **WILLIAMS** {Seal} W^m.. **GOODMAN** {Seal} [Wit:] Ben. **SUMNER**

[145] 4 James **CROSS**, Thomas **PARKER** and Elisha **CROSS** bound unto Charles W. **HARVEY**, Humphrey **HUDGINS** & Abraham **BEEMAN** Esquires, in the sum of Five hundred pounds 20th day of May 1816. James **CROSS** appointed guardian to Richard **CROSS** ~~orphan of~~ his son deceased.[sic] James **CROSS** {Seal} Thomas **PARKER** {Seal} Elisha **CROSS** {Seal} [Wit:] J.. **SUMNER**

[146] 5 John **SHERRAD** James **BOOTH** and Jesse **ARLINE** bound unto Charles W. **HARVEY**, Humphry **HUDGINS** Timothy **WALTON** Esquires, in the sum of one thousand five hundred pounds 20th day of May 1816. John **SHERRAD** appointed guardian to John **ELLEN** a lunitick [sic] ~~orphan of~~ son of Thomas **ELLEN** deceased. John **SHERRAD** {Seal} James **BOOTHE** {Seal} Jesse **ARLINE** {Seal} [Wit:] Ben **SUMNER** W^m. **BIRD** appointed in **SHERRAD**s room

[147] 6 Joseph **GORDON**. [sic] bound unto Isaac **PIPKIN**, James **GATLING**, Humphrey **HUDGINS** Esquires, in the sum of Four thousand pounds 21st day of May 1816. Joseph **GORDON** appointed guardian to Robert **RIDDICK** orphan of Lassiter **RIDDICK** deceased. Jos **GORDON** {Seal} W^m. **BRINKLEY** {Seal} Geo. A. **HARVEY** {Seal} [Wit:] Ben. **SUMNER**

[148] 7 Joseph **GORDON**. bound unto Isaac **PIPKIN**, James **GATLING**, Humphrey **HUDGINS** Esquires, in the sum of Four thousand pounds 21st day of May 1816. Joseph **GORDON** appointed guardian to Thomas **RIDDICK** orphan of Lassiter **RIDDICK** deceased. Jos **GORDON** {Seal} W^m. **BRINKLEY** {Seal} Geo A **HARVEY** {Seal} [Wit:] Ben. **SUMNER**

[149] 8 Charles W. **HARVEY**, Kedar **BALLARD** and William M **HARVEY** bound unto Isaac **PIPKIN**, James **GATLING**, Humphrey **HUDGINS** Esquires, in the sum of Four thousand pounds 21st day of May 1816. Charles W. **HARVEY** appointed guardian to Mary E. **RIDDICK** orphan of Lassiter **RIDDICK** deceased. Chas W **HARVEY** {Seal} K. **BALLARD** {Seal} W^m. W. **HARVEY** {Seal} [Wit:] Ben. **SUMNER** not p^d.

Gates County, North Carolina, Guardian Bonds 1816-1819

[150] 9 William **BRINKLEY**, Joseph **GORDON** and Moses H. **SMALL** bound unto Charles W. **HARVEY**, Isaac **PIPKIN**, Kedar **BALLARD** Esquires, in the sum of Five hundred pounds 21st day of May 1816. William **BRINKLEY** appointed guardian to Agatha **BRINKLEY** orphan of William **BRINKLEY** Senr deceased. W^m. **BRINKLEY** {Seal} Jos **GORDON** {Seal} Moses H his |X| mark **SMALL** {Seal} [Wit:] Ben. **SUMNER** not p^d.

[151] 10 George **WILLIAMS**, William **BYRD** and William **GOODMAN** bound unto Kedar **BALLARD**, Humphrey **HUDGINS** Abraham **BEEMAN** Esquires, in the sum of Five hundred pounds 20th day of May February [sic] 1816. George **WILLIAMS** appointed guardian to Reuben **WILLIAMS** orphan of Demsey **WILLIAMS** deceased. George **WILLIAMS** {Seal} William **BYRD** {Seal} Wm **GOODMAN** {Seal} [Wit:] Ben. **SUMNER**

[152] 11 George **WILLIAMS**, William **BYRD** and William **GOODMAN** bound unto Kedar **BALLARD**, Humphrey **HUDGINS** Abraham **BEEMAN** Esquires, in the sum of Five hundred pounds 20th day of February 1816. George **WILLIAMS** appointed guardian to Charles **WILLIAMS** orphan of Demsey **WILLIAMS** deceased. George **WILLIAMS** {Seal} William **BYRD** {Seal} Wm **GOODMAN** {Seal} [Wit:] Ben. **SUMNER**

[153] 12 Timothy **WALTON** Junr, Timothy **WALTON** Senr. & Mills R **FIELD** bound unto John B. **WALTON**, William W. **RIDDICK**, Abraham **BEEMAN** Esquires, in the sum of One thousand pounds 22nd day of May 1816. Timothy **WALTON** Junr. appointed guardian to Charles **ROUNTREE** orphan of Miles **ROUNTREE** deceased. Tim **WALTON** {Seal} T. **WALTON** {Seal} Mills R.. **FIELD** {Seal} [Wit:] Benjamin **SUMNER**:

[154] 13 Prudence **BARNES** Samuel **CROSS** and Abraham **CROSS** bound unto Hillary **WILLEY**, Joseph **GORDON** & James **GATLING** Esquires, in the sum of one thousand five hundred pounds 19th day of August 1816. Prudence **BARNES** appointed guardian to Jethro **BARNES** orphan of Richard **BARNES** deceased. Prudence **BARNES** {Seal} Samuel **CROSS** {Seal} Ab^m.. **CROSS** {Seal} [Wit:] John V. **SUMNER**

[155] 14 Prudence **BARNES** Samuel **CROSS** and Abraham **CROSS** bound unto Hillary **WILLEY**, Joseph **GORDON** and James **GATLING** Esquires, in the sum of one thousand five hundred pounds 19 day of August 1816. Prudence **BARNES** appointed guardian to Richard **BARNES** orphan of Richard **BARNES** deceased. Prudence **BARNES** {Seal} Samuel **CROSS** {Seal} Ab^m.. **CROSS** {Seal} [Wit:] John V. **SUMNER**

[156] 15 William **MILLER** John **HARE** and John **GWIN** bound unto Charles W. **HARVEY** Joseph **GORDON** Isaac **PIPKIN** Esquires, in the sum of one hundred & twenty five pounds 19th day of August, 1816. William **MILLER** appointed guardian to Nancy **MILLER** orphan of Robert **MILLER** deceased. William his X mark **MILLER** {Seal} John **HARE** {Seal} John **GWIN** {Seal} [Wit:] John .V. **SUMNER**

[157] 16 William **MILLER** John **HARE** & John **GWIN** bound unto Charles W. **HARVEY** Joseph **GORDON** Isaac **PIPKIN** Esquires, in the sum of one hundred & twenty five pounds 19th day of August, 1816. William **MILLER** appointed guardian to Polley **MILLER** orphan of Robert **MILLER** deceased. William his X mark **MILLER** {Seal} John **HARE** {Seal} John **GWIN** {Seal} [Wit:] John V. **SUMNER**

[158] 17 William **MILLER** John **HARE** and John **GWIN** bound unto Charles W. **HARVEY** Joseph **GORDON** Isaac **PIPKIN** Esquires, in the sum of one hundred & twenty five pounds 19th day of August, 181_. William **MILLER** appointed guardian to Robert **MILLER** orphan of Robert **MILLER** deceased. William his X mark **MILLER** {Seal} John **HARE** {Seal} John **GWIN** {Seal} [Wit:] John V. **SUMNER**

[159] 18 William **MILLER** John **HARE** and John **GWIN** bound unto Charles W. **HARVEY** Joseph **GORDON** Isaac **PIPKIN** Esquires, in the sum of one hundred & twenty five pounds 19th day of August, 1816. William **MILLER** appointed guardian to Andrew **MILLER** orphan of Robert **MILLER** deceased. William his X mark **MILLER** {Seal} John **HARE** {Seal} John **GWIN** {Seal} [Wit:] John V. **SUMNER**

Gates County, North Carolina, Guardian Bonds 1816-1819

[160] 19 William **MILLER** John **HARE** & John **GWIN** bound unto Charles W. **HARVEY** Joseph **GORDON** Isaac **PIPKIN** Esquires, in the sum of one hundred & twenty five pounds 19th day of August, 1816. William **MILLER** appointed guardian to Ruthy **MILLER** orphan of Robert **MILLER** deceased. William his *X* mark **MILLER** {Seal} John **HARE** {Seal} John **GWIN** {Seal} [Wit:] John V. **SUMNER**

[161] 20 William **MILLER** John **HARE** and John **GWIN** bound unto Charles W. **HARVEY** Joseph **GORDON** Isaac **PIPKIN** Esquires, in the sum of one hundred & twenty five pounds 19th day of August, 1816. William **MILLER** appointed guardian to Rachel **MILLER** orphan of Robert **MILLER** deceased. William his *X* mark **MILLER** {Seal} John **HARE** {Seal} John **GWIN** {Seal} [Wit:] John V. **SUMNER**

[162] 21 Isaac **LEE** William **GOODMAN** and Miles **PARKER** bound unto Joseph **GORDON** Humprey **HUDGINS** Abraham **BEEMAN** Esquires, in the sum of two thousand pounds 19th day of August 1816. Isaac **LEE** appointed guardian to Pipkin **BARNES** orphan of Richard **BARNES** deceased. Isaac **LEE** {Seal} Will.. **GOODMAN** of H {Seal} Miles **PARKER** {Seal} [Wit:] John V **SUMNER**

[163] 22 Isaac **LEE** William **GOODMAN** and Miles **PARKER** bound unto Joseph **GORDON** Humprey **HUDGINS** Abraham **BEEMAN** Esquires, in the sum of two thousand pounds 19th day of August 1816. Isaac **LEE** appointed guardian to James **BARNES** orphan of Richard **BARNES** deceased. Isaac **LEE** {Seal} Willi. [sic] **GOODMAN** of H {Seal} Miles **PARKER** {Seal} [Wit:] John V. **SUMNER**

[164] 23 Isaac **LEE** William **GOODMAN** and Miles **PARKER** bound unto Joseph **GORDON** Humprey **HUDGINS** Abraham **BEEMAN** Esquires, in the sum of two thousand pounds 19th day of August 1816. Isaac **LEE** appointed guardian to Nancy **BARNES** orphan of Richard **BARNES** deceased. Isaac **LEE** {Seal} Will.. **GOODMAN** of H {Seal} Miles **PARKER** {Seal} [Wit:] John V **SUMNER**

[165] 24 Isaac **LEE** William **GOODMAN** and Miles **PARKER** bound unto Joseph **GORDON** Humprey **HUDGINS** Abraham **BEEMAN** Esquires, in the sum of two thousand pounds 19th day of August 1816. Isaac **LEE** appointed guardian to Sarah **BARNES** orphan of Richard **BARNES** deceased. Isaac **LEE** {Seal} Will **GOODMAN** of H {Seal} Miles **PARKER** {Seal} [Wit:] John V. **SUMNER**

[166] 25 Isaac **RIDDICK** Reuben **RIDDICK** and Nathan **RIDDICK** bound unto Joseph **GORDON** Humprey **HUDGINS** Abraham **BEEMAN** Esquires, in the sum of one thousand pounds 19th day of August 1816. Isaac **RIDDICK** appointed guardian to Charles **ROUNTREE** orphan of Miles **ROUNTREE** deceased. I S **RIDDICK** {Seal} Reuben **RIDDICK** {Seal} Nathan **RIDDICK** {Seal} [Wit:] John V. **SUMNER**

[167] 26 Jesse **ARLINE** George **KITTRELL** & Henry **COPELAND** bound unto Joseph **GORDON** James **GATLING** Humprey **HUDGINS** Esquires, in the sum of one thousand pounds 20th day of August 1816. Jesse **ARLINE** appointed guardian to Nancy **ARLINE** ~~orphan of~~ his own child ~~deceased~~. Jesse **ARLINE** {Seal} George **KITTRELL** {Seal} Henry **COPELAND** {Seal} [Wit:] John V. **SUMNER**

[168] 27 Jesse **ARLINE** George **KITTRELL** & Henry **COPELAND** bound unto Joseph **GORDON** Charles **HARVEY** Humprey **HUDGINS** Esquires, in the sum of one thousand pounds 20th day of August 1816. Jesse **ARLINE** appointed guardian to Mary **ARLINE** ~~orphan of~~ his own child deceased. [sic] Jesse **ARLINE** {Seal} George **KITTRELL** {Seal} Henry **COPELAND** {Seal} [Wit:] John V. **SUMNER**

[169] 28 Jesse **ARLINE** George **KITTRELL** & Henry **COPELAND** bound unto Charles W. **HARVEY** James **GATLING** Humprey **HUDGINS** Esquires, in the sum of one thousand pounds 20th day of August 1816. Jesse **ARLINE** appointed guardian to Margaret **ARLINE** ~~orphan of~~ his own child ~~deceased~~. Jesse **ARLINE** {Seal} George **KITTRELL** {Seal} Henry **COPELAND** {Seal} [Wit:] John V. **SUMNER**

[170] 29 Jesse **ARLINE** George **KITTRELL** Henry **COPELAND** bound unto Charles W. **HARVEY** James **GATLING** Humprey **HUDGINS** Esquires, in the sum of one thousand pounds 20th day of August 1816. Jesse **ARLINE** appointed guardian to James **ARLINE** ~~orphan of~~ his own child deceased. Jesse **ARLINE** {Seal} George **KITTRELL** {Seal} Henry **COPELAND** {Seal} [Wit:] John V. **SUMNER**

Gates County, North Carolina, Guardian Bonds 1816-1819

[171] 30 Jesse ARLINE George KITTRELL & Henry COPELAND bound unto Charles W. HARVEY James GATLING Humprey HUDGINS Esquires, in the sum of one thousand pounds 20th day of August 1816. Jesse ARLINE appointed guardian to Elizabeth ARLINE orphan of his own child deceased. Jesse ARLINE {Seal} George KITTRELL {Seal} Henry COPELAND {Seal} [Wit:] John V. SUMNER

[172] 31 Jesse ARLINE George KITTRELL & Henry COPELAND bound unto Charles W. HARVEY James GATLING Humprey HUDGINS Esquires, in the sum of one thousand pounds 20th day of August 1816. Jesse ARLINE appointed guardian to Charity ARLINE orphan of his own child deceased. Jesse ARLINE {Seal} George KITTRELL {Seal} Henry COPELAND {Seal} [Wit:] John V. SUMNER

[173] 32 Jesse ARLINE George KITTRELL & Henry COPELAND bound unto Charles W. HARVEY James GATLING Humprey HUDGINS Esquires, in the sum of one thousand pounds 20th day of August 1816. Jesse ARLINE appointed guardian to John ARLINE orphan of his own child deceased. Jesse ARLINE {Seal} George KITTRELL {Seal} Henry COPELAND {Seal} [Wit:] John V. SUMNER

[174] 33 William BIRD Jesse ARLINE and David E. SUMNER bound unto Humphry HUDGINS, John B. WALTON Hillory WILLEY Esquires, in the sum of one thousand five hundred pounds 20th day of August 1816. William BIRD appointed guardian to John ELLEN orphan of a lunitic deceased. [sic] William BYRD {Seal} Jesse ARLINE {Seal} David E SUMNER {Seal} [Wit:] John V. SUMNER

[175] 34 John GATLING Abraham CROSS & Mills LEWIS bound unto William W. RIDDICK Hillary WILLEY James GATLING Esquires, in the sum of one thousand pounds 20th day of August 1816. John GATLING appointed guardian to Louis HURDLE orphan of Henry HURDLE deceased. Jno. GATLING {Seal} Ab^m.. CROSS {Seal} Mills LEWIS {Seal} [Wit:] John V. SUMNER

[176] 35 John GATLING Abraham CROSS & Mills LEWIS bound unto William W. RIDDICK Hillary WILLEY James GATLING Esquires, in the sum of One thousand pounds 20th day of August 1816. John GATLING appointed guardian to Sophia HURDLE orphan of Henry HURDLE deceased. Jno. GATLING {Seal} Ab^m.. CROSS {Seal} Mills LEWIS {Seal} [Wit:] John V. SUMNER

[177] 36 Elvey LEWIS Mills LEWIS & Abraham CROSS bound unto Humprey HUDGINS John WALTON James GATLING Esquires, in the sum of one thousand pounds 20th day of August 1816. Elvey LEWIS appointed guardian to Sally LEWIS orphan of John LEWIS deceased. Elvy LEWIS {Seal} Mills LEWIS {Seal} Ab^m.. CROSS {Seal} [Wit:] John V. SUMNER

[178] 37 Elvey LEWIS Mills LEWIS & Abraham CROSS bound unto Humprey HUDGINS John WALTON James GATLING Esquires, in the sum of one thousand pounds 20th day of August 1816. Elvey LEWIS appointed guardian to Sealy LEWIS orphan of John LEWIS deceased. Elvy LEWIS {Seal} Mills LEWIS {Seal} Ab^m CROSS {Seal} [Wit:] John V. SUMNER

[179] 38 Elvey LEWIS Mills LEWIS & Abraham CROSS bound unto Humprey HUDGINS John WALTON James GATLING Esquires, in the sum of one thousand pounds 20th day of August 1816. Elvey LEWIS appointed guardian to Exum LEWIS orphan of John LEWIS deceased. Elvy LEWIS {Seal} Mills LEWIS {Seal} Ab^m.. CROSS {Seal} [Wit:] John V. SUMNER

[180] 39 Elvey LEWIS Mills LEWIS & Abraham CROSS bound unto Humprey HUDGINS John WALTON James GATLING Esquires, in the sum of one thousand pounds 20th day of August 1816. Elvey LEWIS appointed guardian to John LEWIS orphan of John LEWIS deceased. Elvy LEWIS {Seal} Mills LEWIS {Seal} Ab^m.. CROSS {Seal} [Wit:] John V. SUMNER

[181] 40 Elvey LEWIS Mills LEWIS & Abraham CROSS bound unto Humprey HUDGINS John WALTON James GATLING Esquires, in the sum of one thousand pounds 20th day of August 1816. Elvey LEWIS appointed guardian to Margaret LEWIS orphan of John LEWIS deceased. Elvy LEWIS {Seal} Mills LEWIS {Seal} Ab^m.. CROSS {Seal} [Wit:] John V. SUMNER

Gates County, North Carolina, Guardian Bonds 1816-1819

[182] 41 William **BROTHERS** John T. **BENTON** & Isaac **RIDDICK** bound unto Mills **EURE** Humprey **HUDGINS** & John **WALTON** Esquires, in the sum of Five hundred pounds 20th day of August 1816. William **BROTHERS** appointed guardian to Peggy **BRINKLEY** orphan of William **BRINKLEY** ~~decd~~ deceased. William **BROTHERS** {Seal} Jn°. T. **BENTON** {Seal} I S **RIDDICK** {Seal} [Wit:] John V. **SUMNER**

[183] 42 William **BROTHERS** ~~and~~ John T. **BENTON** & Isaac **RIDDICK** bound unto Mills **EURE** Humprey **HUDGINS** & John **WALTON** Esquires, in the sum of Five hundred pounds 20th day of August 1816. William **BROTHERS** appointed guardian to Miley **BRINKLEY** orphan of William **BRINKLEY** deceased. William **BROTHERS** {Seal} Jn°. T. **BENTON** {Seal} I S **RIDDICK** {Seal} [Wit:] John V. **SUMNER**

[184] 43 William **BROTHERS** John T. **BENTON** and Isaac **RIDDICK** bound unto Mills **EURE** Humprey **HUDGINS** & John **WALTON** Esquires, in the sum of Five hundred pounds 20th day of August 1816. William **BROTHERS** appointed guardian to Cinthia **BRINKLEY** orphan of William **BRINKLEY** deceased. William **BROTHERS** {Seal} Jn°. T. **BENTON** {Seal} I S **RIDDICK** {Seal} [Wit:] John V. **SUMNER**

[185] 44 Elvey **LEWIS** Taylor **CROSS** & Rodon **ODOM** bound unto Charles W **HARVEY** James **GATLING** John **WALTON** Esquires, in the sum of fifteen hundred pounds 18th day of November 1816. Elvey **LEWIS** appointed guardian to Mary **PARKER** orphan of William **PARKER** deceased. Elvy **LEWIS** {Seal} Taylor **CROSS** {Seal} Rodon **ODOM** {Seal} [Wit:] John V. **SUMNER**

[186] 45 Lemuel **GOODMAN** Henry **GOODMAN** & Miles **PARKER** bound unto Isaac **PIPKIN** James **GATLING** John **WALTON** Esquires, in the sum of three thousand pounds 19th day of November 1816. Lemuel **GOODMAN** appointed guardian to John **GOODMAN** orphan of William **GOODMAN** deceased. Lem¹.. **GOODMAN** {Seal} Henry **GOODMAN** {Seal} Geo.. **WILLIAMS** [sic] {Seal} [Wit:] John V. **SUMNER**

[187] 46 Lemuel **GOODMAN** Henry **GOODMAN** & Miles **PARKER** bound unto Isaac **PIPKIN** James **GATLING** John **WALTON** Esquires, in the sum of three thousand pounds 19th day of November 1816. Lemuel **GOODMAN** appointed guardian to William **GOODMAN** orphan of William **GOODMAN** deceased. Lem¹.. **GOODMAN** {Seal} Henry **GOODMAN** {Seal} Geo. **WILLIAMS** {Seal} [Wit:] John V. **SUMNER**

[188] 47 Lemuel **GOODMAN** Henry **GOODMAN** & Miles **PARKER** bound unto Isaac **PIPKIN** James **GATLING** John **WALTON** Esquires, in the sum of three thousand pounds 19th day of November 1816. Lemuel **GOODMAN** appointed guardian to Jincy **GOODMAN** orphan of William **GOODMAN** deceased. Lem¹.. **GOODMAN** {Seal} Henry **GOODMAN** {Seal} Geo. **WILLIAMS** {Seal} [Wit:] Jno V. **SUMNER**

[189] 48 Lemuel **GOODMAN** Henry **GOODMAN** & Miles **PARKER** bound unto Isaac **PIPKIN** James **GATLING** & John **WALTON** Esquires, in the sum of three thousand pounds 19th day of November 1816. Lemuel **GOODMAN** appointed guardian to Edith **GOODMAN** orphan of William **GOODMAN** deceased. Lem¹.. **GOODMAN** {Seal} Henry **GOODMAN** {Seal} Geo. **WILLIAMS** {Seal} [Wit:] John V. **SUMNER**

[190] 49 Timothy **FREEMAN** Timothy **WALTON** senʳ & Reuben **RIDDICK** bound unto Isaac **PIPKIN**, James **GATLING**, Abraham **BEEMAN** Esquires, in the sum of Five Hundred pounds 19 November 1816. Timothy **FREEMAN** appointed guardian to Matilda **MILTEAR** orphan of James **MILTEAR** deceased. Timy **FREEMAN** {Seal} T. **WALTON** {Seal} Reuben **RIDDICK** {Seal} [Wit:] J.. **SUMNER**

[191] 50 Timothy **FREEMAN** Timothy **WALTON** sr & Reuben **RIDDICK** bound unto Isaac **PIPKIN**, James **GATLING**, Abraham **BEEMAN** Esquires, in the sum of Five Hundred pounds 19th day of November 1816. Timothy **FREEMAN** appointed guardian to Lucia **MILTEAR** orphan of James **MILTEAR** deceased. Timy **FREEMAN** {Seal} T. **WALTON** {Seal} Reuben **RIDDICK** {Seal} [Wit:] J.. **SUMNER**

Gates County, North Carolina, Guardian Bonds 1816-1819

[192] 51 Humphry **HUDGINS** John B. **WALTON** and Joseph **RIDDICK** bound unto William W. **RIDDICK**, James **GATLING** Abraham **BEEMAN** Esquires, in the sum of Two thousand five Hundred pounds 18th day of February 1817. Humphry **HUDGINS** appointed guardian to Henry **WILLIAMS** orphan of Elisha **WILLIAMS** deceased. Hy **HUDGINS** {Seal} Jn°. B **WALTON** {Seal} J.. **RIDDICK** {Seal} [Wit:] Jno V. **SUMNER**

[193] 52 Humphry **HUDGINS** John B. **WALTON** and Joseph **RIDDICK** jr [?] bound unto William W. **RIDDICK**, James **GATLING** Abraham **BEEMAN** Esquires, in the sum of two thousand five Hundred pounds 18th day of February 1817. Humphry **HUDGINS** appointed guardian to Salley **WILLIAMS** orphan of Elisha **WILLIAMS** deceased. Hy **HUDGINS** {Seal} Jn°. B **WALTON** {Seal} J.. **RIDDICK** {Seal} [Wit:] Jno. V. **SUMNER**

[194] 53 Humphry **HUDGINS** John B. **WALTON** and Joseph **RIDDICK** jur bound unto William W. **RIDDICK**, James **GATLING** Abraham **BEEMAN** Esquires, in the sum of Two thousand five Hundred pounds 18th day of February 1817. Humphry **HUDGINS** appointed guardian to Daniel **WILLIAMS** orphan of Elisha **WILLIAMS** deceased. Hy **HUDGINS** {Seal} Jn°. B **WALTON** {Seal} J.. **RIDDICK** {Seal} [Wit:] Jno. V. **SUMNER**

[195] 54 Humphrey **HUDGINS** John B. **WALTON** and Joseph **RIDDICK** jur bound unto William W. **RIDDICK**, James **GATLING** Abraham **BEEMAN** Esquires, in the sum of Five Hundred pounds 18th day of February 1817. Humphrey **HUDGINS** appointed guardian to Prissilla **LEWIS** orphan of Luton **LEWIS** deceased. Hy **HUDGINS** {Seal} Jn°.. B **WALTON** {Seal} J.. **RIDDICK** {Seal} [Wit:] Jno. V. **SUMNER**

[196] 55 Humphrey **HUDGINS** John B. **WALTON** & Joseph **RIDDICK** bound unto William W. **RIDDICK**, James **GATLING** Abraham **BEEMAN** Esquires, in the sum of Five Hundred pounds 18th day of February 1817. Humphrey **HUDGINS** appointed guardian to Patsey **LEWIS** orphan of Luton **LEWIS** deceased. Hy **HUDGINS** {Seal} Jn°. B **WALTON** {Seal} J.. **RIDDICK** {Seal} [Wit:] Jno. V. **SUMNER**

[197] 56 Humphrey **HUDGINS** John B. **WALTON** & Joseph **RIDDICK** jur bound unto William W. **RIDDICK**, James **GATLING** Abraham **BEEMAN** Esquires, in the sum of Five Hundred pounds 18th day of February 1817. Humphrey **HUDGINS** appointed guardian to Christian **LEWIS** orphan of Luton **LEWIS** deceased. Hy **HUDGINS** {Seal} Jn°. B **WALTON** {Seal} J. **RIDDICK** {Seal} [Wit:] Jno. V. **SUMNER**

[198] 57 James **MORGAN** John **HARE** and Humprey **PARKER** bound unto Kedar **BALLARD** Isaac **PIPKIN** John **WALTON** Esquires, in the sum of Five hundred pounds 19th day of May 1817. James **MORGAN** appointed guardian to Thomas **HARE** orphan of Elisha **HARE** deceased. James **MORGAN** {Seal} John **HARE** {Seal} Humphrey **PARKER** {Seal} [Wit:] Jno. V. **SUMNER**

[199] 58 James **MORGAN** John **HARE** and Humprey **PARKER** bound unto Kedar **BALLARD** Isaac **PIPKIN** John **WALTON** Esquires, in the sum of Five hundred pounds 19th day of May 1817. James **MORGAN** appointed guardian to Jacob **HARE** orphan of Elisha **HARE** deceased. James **MORGAN** {Seal} John **HARE** {Seal} Humphrey **PARKER** {Seal} [Wit:] Jno. V. **SUMNER**

[200] 59 James **MORGAN** John **HARE** and Humprey **PARKER** bound unto Kedar **BALLARD** Isaac **PIPKIN** John **WALTON** Esquires, in the sum of Five hundred pounds 19th day of May 1817. James **MORGAN** appointed guardian to Rebecca **HARE** orphan of Elisha **HARE** deceased. James **MORGAN** {Seal} John **HARE** {Seal} Humphrey **PARKER** {Seal} [Wit:] Jno. V. **SUMNER**

[201] 60 James **MORGAN** John **HARE** and Humprey **PARKER** bound unto Kedar **BALLARD** Isaac **PIPKIN** John **WALTON** Esquires, in the sum of Five hundred pounds 19th day of May 1817. James **MORGAN** appointed guardian to Jane **HARE** orphan of Elisha **HARE** deceased. James **MORGAN** {Seal} John **HARE** {Seal} Humphrey **PARKER** {Seal} [Wit:] Jno V **SUMNER**

[202] 61 James **SMITH** Thomas **RIDDICK** Henry **RIDDICK** bound unto Joseph **RIDDICK** Kedar **BAL-**

Gates County, North Carolina, Guardian Bonds 1816-1819

LARD Joseph GORDON Esquires, in the sum of Three thousand pounds 19th day of May 1817. James SMITH appointed guardian to Susan ODOM orphan of Demsey ODOM deceased. J. C. SMITH {Seal} Henry RIDDICK {Seal} Thoˢ.. RIDDICK {Seal} [Wit:] John V. SUMNER

[203] 62 Jethro W. SUMNER Kinchen NORFLEET and Henry RIDDICK bound unto Kedar BALLARD Isaac PIPKIN James GATLIN Esquires, in the sum of one thousand five hundred pounds 19th day of May 1817. Jethro W. SUMNER appointed guardian to Thomas SUMNER orphan of son of James B. SUMNER deceased. J W SUMNER {Seal} Kinchen NORFLEET {Seal} Henry RIDDICK {Seal} [Wit:] Jno. V. SUMNER

[204] 63 Jethro W. SUMNER Kinchen NORFLEET & Henry RIDDICK bound unto Kedar BALLARD Isaac PIPKIN James GATLIN Esquires, in the sum of one thousand five hundred pounds 19th day of May 1817. Jethro W. SUMNER appointed guardian to Edwin SUMNER orphan of son of James B. SUMNER deceased. J W SUMNER {Seal} Kinchen NORFLEET {Seal} Henry RIDDICK {Seal} [Wit:] Jno. V. SUMNER

[205] 64 Jethro W. SUMNER Kinchen NORFLEET & Henry RIDDICK bound unto Kedar BALLARD Isaac PIPKIN James GATLIN Esquires, in the sum of one thousand five hundred pounds 19th day of May 1817. Jethro W. SUMNER appointed guardian to Penelope SUMNER daughter orphan of James B. SUMNER deceased. J W SUMNER {Seal} Kinchen NORFLEET {Seal} Henry RIDDICK {Seal} [Wit:] Jnᵒ. V. SUMNER

[206] 65 Jethro W. SUMNER Kinchen NORFLEET & Henry RIDDICK bound unto Kedar BALLARD Isaac PIPKIN James GATLIN Esquires, in the sum of one thousand five hundred pounds 19th day of May 1817. Jethro W. SUMNER appointed guardian to Elizabeth SUMNER daughter orphan of James B. SUMNER deceased. J.. W. SUMNER {Seal} Kinchen NORFLEET {Seal} Henry RIDDICK {Seal} [Wit:] Jno. V. SUMNER

[207] 66 William BRINKLEY Thomas PARKER & Henry BRINKLEY bound unto Mills RIDDICK Isaac PIPKIN & Joseph RIDDICK Esquires, in the sum of Six hundred pounds 19th day of May 1817. William BRINKLEY appointed guardian to William ARNOLD orphan of William ARNOLD deceased. W BRINKLEY {Seal} Thomas PARKER {Seal} Henry BRINKLY {Seal} [Wit:] Jnᵒ. V. SUMNER

[208] 67 William BRINKLEY Thomas PARKER & Henry BRINKLEY bound unto Mills RIDDICK Isaac PIPKIN Joseph RIDDICK Esquires, in the sum of Six hundred pounds 19th day of May 1817. William BRINKLEY appointed guardian to Edward ARNOLD orphan of William ARNOLD deceased. W BRINKLEY {Seal} Thomas PARKER {Seal} Henry BRINKLY {Seal} [Wit:] Jno. V. SUMNER

[209] 68 William BRINKLEY Thomas PARKER & Henry BRINKLEY bound unto Mills RIDDICK Isaac PIPKIN Joseph RIDDICK Esquires, in the sum of Six hundred pounds 19th day of May 1817. William BRINKLEY appointed guardian to John ARNOLD orphan of William ARNOLD deceased. W BRINKLEY {Seal} Thomas PARKER {Seal} Henry BRINKY {Seal} [Wit:] Jno. V. SUMNER

[210] 69 Noah HARRELL, James PERRY and Mills R FIELD, Joseph RIDDICK and Isaac R HUNTER & Robert PERRY bound unto Isaac PIPKIN Kedar BALLARD John B WALTON Esquires, in the sum of Three thousand pounds 20th day of May 1817. Noah HARRELL James PERRY & Mills R. FIELD appointed guardian to Job RIDDICK orphan of a Lunatick deceased. "will deliver...when he shall attain lawful age /mind &c/..." Noah HARRELL {Seal} James PERRY {Seal} Mills R FIELD {Seal} I R HUNTER {Seal} Jo RIDDICK {Seal} Robᵗ. PERRY {Seal} [Wit:] J.. SUMNER.

[211] 70 Lewis EURE Whitmell EURE and Elisha EURE bound unto Isaac PIPKIN, Humphry HUDGINS Abraham BEEMAN Esquires, in the sum of fifty pounds 20th day of May 1817. Lewis EURE appointed guardian to Mills EURE orphan of a Child of Uriah EURE senʳ. deceased. [sic] Lewis EURE {Seal} Whitmel EURE {Seal} Elisha EURE {Seal} [Wit:] J.. SUMNER.

Gates County, North Carolina, Guardian Bonds 1816-1819

[212] 71 Lewis EURE Whitmel EURE and Elisha EURE bound unto Isaac PIPKIN, Humphry HUDGINS Abraham BEEMAN Esquires, in the sum of fifty pounds 20th day of May 1817. Lewis EURE appointed guardian to Nansey EURE orphan of a Child of Uriah EURE sen^r. deceased. [sic] Lewis EURE {Seal} Whitmel EURE {Seal} Elisha EURE {Seal} [Wit:] J.. SUMNER.

[213] 72 Thomas RIDDICK Kinchen NORFLEET & William W. RIDDICK bound unto Abraham BEEMAN Mills EURE & Hillory WILLEY Esquires, in the sum of Five thousand pounds 19th day of August 1817. Thomas RIDDICK appointed guardian to Robert RIDDICK orphan of Lassiter RIDDICK deceased. Thos. RIDDICK {Seal} Kinchen NORFLEET {Seal} [blank] {Seal} [Wit:] Jno. V. SUMNER

[214] 73 Thomas RIDDICK Kinchen NORFLEET & William W. RIDDICK bound unto Abraham BEEMAN Mills EURE Hillory WILLEY Esquires, in the sum of Five thousand pounds 19th day of August 1817. Thomas RIDDICK appointed guardian to Thomas RIDDICK orphan of Lassiter RIDDICK deceased. Thos. RIDDICK {Seal} Kinchen NORFLEET {Seal} [blank] {Seal} [Wit:] Jno. V. SUMNER

[215] 74 Whitmel STALLINGS Reuben RIDDICK & Richard RAWLS bound unto Kedar BALLARD, Mills EURE & Joseph RIDDICK Esquires, in the sum of two thousand pounds 17th day of November 1817. Whitmel STALLINGS appointed guardian to Simon WALTERS orphan of Isaac WALTERS deceased. Whit STALLINGS {Seal} Reuben RIDDICK {Seal} Rich^d.. RAWLS {Seal} [Wit:] J.. SUMNER.

[216] 75 Whitmel STALLINGS Reuben RIDDICK & Richard RAWLS bound unto Kedar BALLARD, Mills EURE & Joseph RIDDICK Esquires, in the sum of two thousand pounds 17th day of November 1817. Whitmel STALLINGS appointed guardian to Charles WALTERS orphan of Isaac WALTERS deceased. Whit STALLINGS {Seal} Reuben RIDDICK {Seal} Rich^d.. RAWLS {Seal} [Wit:] J.. SUMNER.

[217] 76 John B. BAKER, George KITTRELL & George A. HARVEY bound unto Isaac PIPKIN, Kedar BALLARD, and Abraham BEEMAN Esquires, in the sum of one thousand pounds 18th day of November 1817. John B. BAKER appointed guardian to James Gregory HARVEY orphan of Charles W. HARVEY deceased. Jno B BAKER {Seal} George KITTRLL {Seal} Geo. A HARVEY {Seal} [Wit:] Benj^a SUMNER

[218] 77 William W. STEDMAN, Abraham HARRELL & Robert RIDDICK S^r bound unto Kedar BALLARD, Hillory WILLEY, John B. WALTON Esquires, in the sum of One thousand pounds 19th day of November 1817. William W. STEDMAN appointed guardian to Gideon A POWELL orphan of Jacob S. POWELL deceased. Wm W. STEDMAN {Seal} Robert RIDDICK {Seal} A.. HARRELL {Seal} [Wit:] Benj^a SUMNER

[219] 78 Jethro BRINKLEY Moses SMALL and Jonas FRANKLING bound unto Kedar BALLARD, John B. WALTON & Abraham BEEMAN Esquires, in the sum of One thousand pounds 17th day of February 1818. Jethro BRINKLEY appointed guardian to Armesa BRINKLEY orphan of John BRINKLEY deceased. Jethro BRINKLEY {Seal} Moses his /X\ mark H. SMALL {Seal} Jonas his X mark FRANKLIN {Seal} [Wit:] Benja. B. SUMNER

[220] 79 Jethro BRINKLEY, Moses H. SMALL & Jonas FRANKLIN bound unto Kedar BALLARD, John B. WALTON Abraham BEEMAN Esquires, bound in the sum of One thousand pounds 17th day of February 1818. Jethro BRINKLEY appointed guardian to Benjamin BRINKLEY orphan of John BRINKLEY deceased. Jethro BRINKLEY {Seal} Moses H. his /X\ mark SMALL {Seal} Jonas his X mark FRANKLIN {Seal} [Wit:] Benja. B. SUMNER

[221] 80 William BARNES, Joseph GORDON & [?] Isaac R. HUNTER bound unto Humphry HUDGINS, John B WALTON Abraham BEEMAN Esquires, in the sum of Five Hundred pounds 17th day of February 1818. William S. BARNES appointed guardian to Joseph BARNES orphan of James BARNES deceased. W S. BARNES {Seal} Jos GORDON {Seal} I R HUNTER {Seal} [Wit:] Benj.. B SUMNER

Gates County, North Carolina, Guardian Bonds 1816-1819

[222] 81 William S. BARNES, Joseph GORDON & Isaac R. HUNTER bound unto Humphry HUDGINS, John B. WALTON Abraham BEEMAN Esquires, in the sum of Five Hundred pounds 17th day of February 1818. William S. BARNES appointed guardian to Benjamin BARNES orphan of James BARNES deceased. W S BARNES {Seal} Jos GORDON {Seal} I R HUNTER {Seal} [Wit:] Ben B. SUMNER

[223] 82 Timothy WALTON Junr, Reuben RIDDICK & Abraham HARRELL bound to Kedar BALLARD, John B WALTON, Humphry HUDGINS Esquires, in the sum of One thousand five hundred pounds 17th day of February 1818. Timothy WALTON Junr. appointed guardian to Lemuel ELLIOT orphan of Solomon ELLIOT deceased. Tim WALTON J^r {Seal} Reuben RIDDICK {Seal} A. HARRELL {Seal} [Wit:] B. B. SUMNER

[224] 83 William BABB George WILLIAMS and William LEE bound unto Kedar BALLARD Mills RIDDICK & Hillory WILLEY Esquires, in the sum of Two hundred and fifty pounds 18th day of Mary [sic] 1818. William BABB appointed guardian to Mina BABB orphan of John BABB deceased. William BABB {Seal} Geo.. WILLIAMS {Seal} WILLIAM LEE {Seal} [Wit:] Jno. V. SUMNER

[225] 84 William BABB George WILLIAMS and William LEE bound unto Kedar BALLARD Mills RIDDICK & Hillory WILLEY Esquires, in the sum of Two hundred & fifty pounds 18th day of May 1818. William BABB appointed guardian to Sarah BABB orphan of John BABB deceased. William BABB {Seal} Geo.. WILLIAMS {Seal} WILLIAM LEE {Seal} [Wit:] Jno. V. SUMNER

[226] 85 William BABB George WILLIAMS & William LEE bound unto Kedar BALLARD Mills RIDDICK & Hillory WILLEY Esquires, in the sum of Two hundred and fifty pounds 18th day of May 1818. William BABB appointed guardian to John BABB orphan of John BABB deceased. William BABB {Seal} Geo.. WILLIAMS {Seal} WILLIAM LEE {Seal} [Wit:] Jno. V. SUMNER

[227] 86 James BOOTH Daniel POWELL & Thomas BOND bound unto John B. WALTON Kedar BALLARD Mills EURE Esquires, in the sum of one thousand pounds 19th day of May 1818. James BOOTH appointed guardian to Prisscilla HAYES orphan of Hance HAYES deceased. James BOOTHE {Seal} Daniel POWELL {Seal} Thos.. BOND {Seal} [Wit:] Jno. V. SUMNER

[228] 87 James BOOTH Daniel POWELL & Thomas BOND bound unto John B. WALTON Kedar BALLARD Mills EURE Esquires, in the sum of one thousand pounds 19th day of May 1818. James BOOTH appointed guardian to Penelope HAYES orphan of Hance HAYES deceased James BOOTHE {Seal} Daniel POWELL {Seal} Thos.. BOND {Seal} [Wit:] Jno. V. SUMNER

[229] 88 James BOOTH Daniel POWELL & Thomas BOND bound unto John B. WALTON Kedar BALLARD Mills EURE Esquires, in the sum of one thousand pounds 19th day of May 1818. James BOOTH appointed guardian to Wright HAYES orphan of Hance HAYES deceased. James BOOTHE {Seal} Daniel POWELL {Seal} Thos.. BOND {Seal} [Wit:] Jno. V. SUMNER

[230] 89 James BOOTH Daniel POWELL & Thomas BOND bound unto John B. WALTON Kedar BALLARD Mills EURE Esquires, in the sum of one thousand pounds 19th day of May 1818. James BOOTH appointed guardian to Henry HAYES orphan of Hance HAYES deceased. James BOOTHE {Seal} Daniel POWELL {Seal} Thos BOND {Seal} [Wit:] Jno. V. SUMNER

[231] 90 James BOOTH Daniel POWELL & Thomas BOND bound unto John B. WALTON Kedar BALLARD Mills EURE Esquires, in the sum of one thousand pounds 19th day of May 1818. James BOOTH appointed guardian to Asa HAYES orphan of Hance HAYES deceased. James BOOTHE {Seal} Daniel POWELL {Seal} Thos BOND {Seal} [Wit:] Jno. V. SUMNER

[232] 91 David E. SUMNER Kinchen NORFLEET and Jethro W. SUMNER bound to Kedar BALLARD Hillary WILLEY George KITTRELL Esquires, in the sum of three thousand pounds 20th day of May 1818. David E. SUMNER appointed guardian to Thomas SUMNER orphan of son of James B. SUMNER de-

Gates County, North Carolina, Guardian Bonds 1816-1819

~~ceased~~. David E **SUMNER** {Seal} Kinchen **NORFLEET** {Seal} J W **SUMNER** {Seal} [Wit:] Jno. V. **SUMNER**

[233] 92 David E. **SUMNER** Kinchen **NORFLEET** & Jethro W. **SUMNER** bound to Kedar **BALLARD** Hillary **WILLEY** George **KITTRELL** Esquires, in the sum of three thousand pounds 20th day of May 1818. David E. **SUMNER** appointed guardian to Edwin **SUMNER** ~~orphan of~~ son of James B. **SUMNER** ~~deceased~~. David E **SUMNER** {Seal} Kinchen **NORFLEET** {Seal} J W **SUMNER** {Seal} [Wit:] Jno. V. **SUMNER**

[234] 93 David E. **SUMNER** Kinchen **NORFLEET** & Jethro W. **SUMNER** bound to Kedar **BALLARD** Hillary **WILLEY** George **KITTRELL** Esquires, in the sum of Three thousand pounds 20th day of May 1818. David E. **SUMNER** appointed guardian to Penelope **SUMNER** ~~orphan of~~ Daughter of James B. **SUMNER** ~~deceased~~. David E **SUMNER** {Seal} Kinchen **NORFLEET** {Seal} J W **SUMNER** {Seal} [Wit:] Jno. V. **SUMNER**

[235] 94 David E. **SUMNER** Kinchen **NORFLEET** & Jethro W. **SUMNER** bound to Kedar **BALLARD** Hillary **WILLEY** George **KITTRELL** Esquires, in the sum of Three thousand pounds 20th day of May 1818. David E. **SUMNER** appointed guardian to Elizabeth **SUMNER** ~~orphan of~~ Daughter of James B. **SUMNER** ~~deceased~~. David E **SUMNER** {Seal} Kinchen **NORFLEET** {Seal} J W **SUMNER** {Seal} [Wit:] Jno. V. **SUMNER**

[236] [blank] Peter **HARRELL** Elisha **EURE** and Samuel **EURE** bound unto John B. **WALTON** Kedar **BALLARD** Mills **RIDDICK** Esquires, in the sum of One hundred and fifty pounds 20th day of May 1818. Peter **HARRELL** appointed guardian to George **HARRELL** ~~orphan of~~ his son deceased. [sic] Peter his + mark **HARRELL** {Seal} Elisha **EURE** {Seal} Samuel **EURE** {Seal} [Wit:] Jno. V. **SUMNER**

[237] 95 [Blank bond form, except for one legible name:] **PIPKIN**

[238] 96 Henry **BRINKLEY** William **BRINKLEY** & John **OUTLAW** bound unto Kedar **BALLARD** Isaac **PIPKIN** & Hillary **WILLEY** Esquires, in the sum of four hundred pounds 17th day of August 1818. Henry **BRINKLEY** appointed guardian to David **MINOR** orphan of Nicholas **MINOR** deceased. Henry **BRINKY** [sic] {Seal} John **OTLAW** + [sic] {Seal} W **BRINKLEY** {Seal} [Wit:] Jno. V. **SUMNER**

[239] 97 John **BROTHERS** William **BROTHERS** & John P. **HUDGINS** bound unto Isaac **PIPKIN** Kedar **BALLARD** John B. **WALTON** Esquires, in the sum of Five hundred pounds 18th day of August 1818. John **BROTHERS** appointed guardian to Elizabeth **MINOR** orphan of Nicholas **MINOR** deceased. John **BROTHERS** {Seal} William **BROTHERS** {Seal} John P. **HUDGINS** {Seal} [Wit:] Jno V **SUMNER**

[240] 98 John **BROTHERS** William **BROTHERS** & John ~~**BROTHERS**~~ P. **HUDGINS** bound unto Isaac **PIPKIN** Kedar **BALLARD** Jno. B. **WALTON** Esquires, in the sum of Five hundred pounds 18th day of August 1818. John **BROTHERS** appointed guardian to Margaret **MINOR** orphan of Nicholas **MINOR** deceased. John **BROTHERS** {Seal} William **BROTHERS** {Seal} John P. **HUDGINS** {Seal} [Wit:] Jno. V. **SUMNER**

[241] 99 Enos **ROGERS** Jonathan **RODGERS** & William **LEE** bound unto Isaac **PIPKIN**, Kedar **BALLARD** Hillory **WILLEY** Esquires, in the sum of Two thousand pounds 16th day of November 1818. Enos **ROGERS** appointed guardian to Elizabeth P. **ROGERS** orphan of Elisha **PARKER** deceased. Enos **ROGERS** {Seal} Jonathan **ROGERS** {Seal} WILLIAM LEE {Seal} [Wit:] Jno. V. **SUMNER**

[242] 100 William **HARRELL** Joseph **GORDON** & Abraham **HARRELL** bound unto James **GATLIN** Joseph **RIDDICK** John B. **WALTON** Esquires, in the sum of one thousand pounds 19th day of November 1818. William **HARRELL** appointed guardian to Shadrach **FELTON** orphan of Noah **FELTON** deceased. William **HARRELL** {Seal} Jos **GORDON** {Seal} A. **HARRELL** {Seal} [Wit:] Jno. V. **SUMNER**

[243] 101 William **HARRELL** Joseph **GORDON** & Abraham **HARRELL** bound unto James **GATLIN**,

Gates County, North Carolina, Guardian Bonds 1816-1819

Joseph **RIDDICK** John B. **WALTON** Esquires, in the sum of one thousand pounds 17th day of November 1818. William **HARRELL** appointed guardian to Micajah **FELTON** orphan of Noah **FELTON** deceased. William **HARRELL** {Seal} Jos **GORDON** {Seal} A **HARRELL** {Seal} [Wit:] Jno. V. **SUMNER**

[244] 102 William **HARRELL** Joseph **GORDON** & Abraham **HARRELL** bound unto James **GATLIN** Joseph **RIDDICK** John B. **WALTON** Esquires, in the sum of one thousand pounds 17th day of November 1818. William **HARRELL** appointed guardian to David F **FELTON** orphan of Noah **FELTON** deceased. William **HARRELL** {Seal} Jos **GORDON** {Seal} A. **HARRELL** {Seal} [Wit:] Jno. V. **SUMNER**

[245] 103 William **HARRELL** Joseph **GORDON** & Abraham **HARRELL** bound unto James **GATLIN** Joseph **RIDDICK** John B. **WALTON** Esquires, in the sum of one thousand pounds 17th day of November 1818. William **HARRELL** appointed guardian to Noah **FELTON** orphan of Noah **FELTON** deceased. William **HARRELL** {Seal} Jos **GORDON** {Seal} A. **HARRELL** {Seal} [Wit:] Jno. V. **SUMNER**

[246] 104 William **HARRELL** Joseph **GORDON** & Abraham **HARRELL** bound unto James **GATLIN** Joseph **RIDDICK** John B. **WALTON** Esquires, in the sum of one thousand pounds 17th day of November 1818. William **HARRELL** appointed guardian to Samuel H. **FELTON** orphan of Noah **FELTON** deceased. William **HARRELL** {Seal} Jos **GORDON** {Seal} A. **HARRELL** {Seal} [Wit:] Jno. V. **SUMNER**

[247] 105 William **HARRELL** Joseph **GORDON** & Abraham **HARRELL** bound unto James **GATLIN** Joseph **RIDDICK** John B. **WALTON** Esquires, in the sum of one thousand pounds 17th day of November 1818. William **HARRELL** appointed guardian to Elisha **FELTON** orphan of Noah **FELTON** deceased. William **HARRELL** {Seal} Jos **GORDON** {Seal} A. **HARRELL** {Seal} [Wit:] Jno. V. **SUMNER**

[248] 106 David **WELTCH** Joseph **GORDON** & William **HARRELL** bound unto James **GATLIN**, Joseph **RIDDICK** & John B. **WALTON** Esquires, in the sum of one thousand pounds 17th day of November 1818. David **WELTCH** appointed guardian to Ruth **FELTON** orphan of Noah **FELTON** deceased. David **WELCH** {Seal} Jos **GORDON** {Seal} William **HARRELL** {Seal} [Wit:] Jno. V. **SUMNER**

[249] 107 Reuben **RIDDICK** Joseph **GORDON** & Nathan **WARD** bound unto James **GATLIN** Joseph **RIDDICK** & John B. **WALTON** Esquires, in the sum of Two thousand pounds 17th day of November 1818. Reuben **RIDDICK** appointed guardian to Jasper **TROTMAN** orphan of Elisha **TROTMAN** deceased. Reuben **RIDDICK** {Seal} Jos **GORDON** {Seal} Nathan **WARD** {Seal} [Wit:] Jno V **SUMNER**

[250] 108 Reuben **RIDDICK** Joseph **GORDON** & Nathan **WARD** bound unto James **GATLIN** Joseph **RIDDICK** & John B. **WALTON** Esquires, in the sum of Two thousand pounds 17th day of November 1818. Reuben **RIDDICK** appointed guardian to Agatha **TROTMAN** orphan of Elisha **TROTMAN** deceased. Reuben **RIDDICK** {Seal} Jos **GORDON** {Seal} Nathan **WARD** {Seal} [Wit:] Jno. V. **SUMNER**

[251] 109 Reuben **RIDDICK** Joseph **GORDON** & Nathan **WARD** bound unto James **GATLIN** Joseph **RIDDICK** & John B. **WALTON** Esquires, in the sum of Two thousand pounds 17th day of November 1818. Reuben **RIDDICK** appointed guardian to Rebecca **TROTMAN** orphan of Elisha **TROTMAN** deceased. Reuben **RIDDICK** {Seal} Jos **GORDON** {Seal} Nathan **WARD** {Seal} [Wit:] Jno. V. **SUMNER**

[252] 110 Nathan **WARD** Joseph **GORDON** & Reuben **RIDDICK** bound unto James **GATLIN** Joseph **RIDDICK** & John B. **WALTON** Esquires, in the sum of One thousand pounds 17th day of November 1819. 1819 [sic] Nathan **WARD** appointed guardian to Joel **HURDLE** orphan of William **HURDLE** deceased. Nathan **WARD** {Seal} Jos **GORDON** {Seal} Reuben **RIDDICK** {Seal} [Wit:] Jno. V. **SUMNER**

[253] 111 Nathan **WARD** Joseph **GORDON** & Reuben **RIDDICK** bound unto James **GATLIN** Joseph **RIDDICK** & John B. **WALTON** Esquires, in the sum of One Thousand pounds 17th day of November 1818. Nathan **WARD** appointed guardian to Penelope **HURDLE** orphan of William **HURDLE** deceased. Nathan **WARD** {Seal} Jos **GORDON** {Seal} Reuben **RIDDICK** {Seal} [Wit:] Jno. V. **SUMNER**

Gates County, North Carolina, Guardian Bonds 1816-1819

[254] 112 David **PRUDEN** William W. **RIDDICK** & Etheldred **MATTHEWS** bound unto Kedar **BALLARD** Joseph **RIDDICK** & Humphrey **HUDGINS** Esquires, in the sum of One Thousand pounds 17th day of November 1818. David **PRUDEN** appointed guardian to Charles N. **PRUDEN** orphan of Nathaniel **PRUDEN** deceased. D. **PRUDEN** {Seal} W^m W **RIDDICK** {Seal} Ethel^d.. **MATTHIS** [sic] [Wit:] Jno. V. **SUMNER**

[255] 113 David **PRUDEN** William W. **RIDDICK** & Etheldred **MATTHEWS** bound unto Kedar **BALLARD** Joseph **RIDDICK** & Humphrey **HUDGINS** Esquires, in the sum of One Thousand pounds 17th day of November 1818. David **PRUDEN** appointed guardian to Martha **PRUDEN** orphan of Nathaniel **PRUDEN** deceased. D. **PRUDEN** {Seal} W^m W **RIDDICK** {Seal} Ethel^d.. **MATHIS** [Wit:] Jno. V. **SUMNER**

[256] 114 David **PRUDEN** William W. **RIDDICK** & Etheldred **MATTHEWS** bound unto Kedar **BALLARD** Joseph **RIDDICK** & Humphrey **HUDGINS** Esquires, in the sum of One Thousand pounds 17th day of November 1818. David **PRUDEN** appointed guardian to William D. **PRUDEN** orphan of Nathaniel **PRUDEN** deceased. D. **PRUDEN** {Seal} W^m W **RIDDICK** {Seal} Ethel^d.. **MATTHEWS** [Wit:] Jno. V. **SUMNER**

[257] 115 David **PRUDEN** William W. **RIDDICK** & Etheldred **MATTHEWS** bound unto Kedar **BALLARD** Joseph **RIDDICK** & Humphrey **HUDGINS** Esquires, in the sum of One Thousand pounds 17th day of November 1818. David **PRUDEN** appointed guardian to Louis W. **PRUDEN** orphan of Nathaniel **PRUDEN** deceased. D. **PRUDEN** {Seal} W^m W **RIDDICK** {Seal} Ethel^d.. **MATTHEWS** [Wit:] Jno. V. **SUMNER**

[258] 116 Abraham **MORGAN** jr Abraham **MORGAN** senr. William W. **RIDDICK** bound unto Kedar **BALLARD** Joseph **RIDDICK** Humphrey **HUDGINS** Esquires in the sum of One Thousand pounds 17th day of November 1818. Abraham **MORGAN** appointed guardian to Celia **PRUDEN** orphan of Nathaniel **PRUDEN** deceased. Ab **MORGAN** {Seal} Abraham **MORGAN** {Seal} W^m W **RIDDICK** {Seal} [Wit:] Jno. V. **SUMNER**

[259] 117 Jesse **BARNES** Taylor **CROSS** & Elisha **CROSS** bound unto Kedar **BALLARD** John B. **BALLARD** [sic] Joseph **RIDDICK** Esquires in the sum of Two Thousand pounds 15th day of February 1819. Jesse **BARNES** appointed guardian to Margaret **BARNES** orphan of Thomas **BARNES** deceased. Jesse **BARNES** {Seal} Taylor **CROSS** {Seal} Elisha **CROSS** {Seal} [Wit:] Jno. V. **SUMNER**

[260] 118 Jesse **BARNES** Taylor **CROSS** & Elisha **CROSS** bound unto Kedar **BALLARD** John B. **WALTON** & Joseph **RIDDICK** Esquires in the sum of Two Thousand pounds 15th day of February 1819. Jesse **BARNES** appointed guardian to Thomas **BARNES** orphan of Thomas **BARNES** deceased. Jesse **BARNES** {Seal} Taylor **CROSS** {Seal} Elisha **CROSS** {Seal} [Wit:] Jno. V. **SUMNER**

[261] 119 Jesse **BARNES** Taylor **CROSS** & Elisha **CROSS** bound unto Kedar **BALLARD** John B **WALTON** Joseph **RIDDICK** Esquires in the sum of Two Thousand pounds 15th day of February 1819. Jesse **BARNES** appointed guardian to Richard **BARNES** orphan of Thomas **BARNES** deceased. Jesse **BARNES** {Seal} Taylor **CROSS** {Seal} Elisha **CROSS** {Seal} [Wit:] Jno. V. **SUMNER**

[262] 120 Jesse **BARNES** Taylor **CROSS** & Elisha **CROSS** bound unto Kedar **BALLARD** John B **WALTON** & Joseph **RIDDICK** Esquires in the sum of Two Thousand pounds 15th day of February 1819. Jesse **BARNES** appointed guardian to Martha **BARNES** orphan of Thomas **BARNES** deceased. Jesse **BARNES** {Seal} Taylor **CROSS** {Seal} Elisha **CROSS** {Seal} [Wit:] Jno V **SUMNER**

[263] 121 Prior **SAVAGE** Thomas **RIDDICK** & John P. **HUDGINS** bound unto Kedar **BALLARD** James **GATLING** & Hillary **WILLEY** Esquires, in the sum of Two hundred & fifty pounds 16th day of February 1819. 1819 [sic] Prior **SAVAGE** appointed guardian to Priscilla **LEWIS** orphan of Luton **LEWIS** deceased. Pryer **SAVAGE** {Seal} Thos.. **RIDDICK** {Seal} [blank] {Seal} [Wit:] J.. **SUMNER**

[264] 122 Prior **SAVAGE** Thomas **RIDDICK** & John P. **HUDGINS** bound unto Kedar **BALLARD**, James

Gates County, North Carolina, Guardian Bonds 1816-1819

GATLING & Hillary **WILLEY** Esquires, in the sum of Five hundred pounds 16th day of February 1819. 1819 [sic] Prior **SAVAGE** appointed guardian to Patsey **LEWIS** orphan of Luton **LEWIS** deceased. Pryer **SAVAGE** {Seal} Thos.. **RIDDICK** {Seal} [blank] {Seal} [Wit:] J.. **SUMNER**

[265] --3 Isaac **RIDDICK** Thomas **RIDDICK** & James **RAWLS** bound unto Kedar **BALLARD** James **GATLIN** & Hillary **WILLEY** Esquires, in the sum of Two hundred & fifty pounds 16th day of February 1819. Isaac **RIDDICK** appointed guardian to Joseph **HILL** orphan of David **HILL** deceased. I. T. **RIDDICK** {Seal} [blank] {Seal} Ja^s. **RAWLS** {Seal} [Wit:] Jno. V. **SUMNER**

[266] 123 [sic] Isaac **RIDDICK** Thomas **RIDDICK** & James **RAWLS** bound unto Kedar **BALLARD** James **GATLIN** & Hillary **WILLEY** Esquires, in the sum of Two hundred & fifty pounds 16th day of February 1819. Isaac **RIDDICK** appointed guardian to Moses **HILL** orphan of David **HILL** deceased. I. T. **RIDDICK** {Seal} [blank] {Seal} Ja^s **RAWLS** {Seal} [Wit:] Jno. V. **SUMNER**

[267] 124 Benj B **BALLARD** Kedar **BALLARD** and James **GATLING** bound unto Ab^m. **HARRELL** Hilory **WILLEY** and Jno B **WALTON** Esquires in the sum of ~~Five~~ Two hundred and fifty pounds 17th day of February 1819. 1819 [sic] Benj B **BALLARD** appointed guardian to Catharine **POWELL** orphan of Jacob S **POWELL** ~~decd~~ deceased. B B **BALLARD** {Seal} K. **BALLARD** {Seal} James **GATLING** {Seal} [Wit:] Jno. V. **SUMNER**

[268] 125 Benj B **BALLARD** Kedar **BALLARD** and James **GATLING** bound unto Ab^m. **HARRELL** Hillory **WILLEY** and John B **WALTON** Esquires in the sum of ~~Five~~ Two hundred and fifty pounds 17th day of February 1819. Bn B **BALLARD** appointed guardian to Jacob T **POWELL** orphan of Jacob S **POWELL** deceased. Bn B **BALLARD** {Seal} K **BALLARD** {Seal} James **GATLING** {Seal} [Wit:] Jno. V. **SUMNER**

[269] 126 Noah **ROUNTREE** Isaac **RIDDICK** & Allen **WARD** bound unto Isaac **PIPKIN** Kedar **BALLARD** & Joseph **RIDDICK**, Esquires, in the sum of one thousand Five hundred pounds 17th day of May 1819. Noah **ROUNTREE** appointed guardian to Seth W. **ROUNTREE** orphan of Seth **ROUNTREE** deceased. Noah **ROUNTREE** {Seal} I. T. **RIDDICK** {Seal} Allan **WARD** {Seal} [Wit:] Jno. V. **SUMNER**

[270] 127 Nathan **RIDDICK** Reuben **RIDDICK** & William **BERRIMAN** bound unto Isaac **PIPKIN**, Kedar **BALLARD** Esquires, in the sum of One thousand five Hundred pounds 17th day of May 1819. Nathan **RIDDICK** appointed guardian to Sincy **GREEN** a Child of ~~orphan of~~ Aaron **GREEN** ~~deceased~~. Nathan **RIDDICK** {Seal} Reuben **RIDDICK** {Seal} William **BEIMAN** [sic] {Seal} [Wit:] Jno. V. **SUMNER** J.. **SUMNER**

[271] 128 Nathan **RIDDICK** Reuben **RIDDICK** & William **BERRYMAN** bound unto Isaac **PIPKIN**, Kedar **BALLARD** Esquires, in the sum of fifteen Hundred pounds 17th day of May 1819. Nathan **RIDDICK** appointed guardian to Mathew **GREEN** Child of ~~orphan of~~ Aaron **GREEN** ~~deceased~~. Nathan **RIDDICK** {Seal} Reuben **RIDDICK** {Seal} William **BERIMAN** [sic] {Seal} [Wit:] Jno. V. **SUMNER** J.. **SUMNER**

[272] 129 Henry **BOND** Frederick **FIELD** & Wm W **RIDDICK** bound unto Kedar **BALLARD** Mills **RIDDICK** & David E **SUMNER** Esquires, in the sum of five Hundred pounds 17th day of May 1819. Henry **BOND** appointed guardian to Ruth **LASSITER** orphan of Aaron **LASSITER** deceased. Henry **BOND** {Seal} Frederic **FIELD** {Seal} W^m.. W. **RIDDICK** {Seal} [Wit:] Jno. V. **SUMNER** J.. **SUMNER**

[273] 130 Stephen **EURE** Lewis **EURE** and Abraham **BEEMAN** bound unto Isaac **PIPKIN** Kedar **BALLARD** Joseph **RIDDICK** Esquires, in the sum of Two hundred & fifty pounds 17th day of May 1819. Stephen **EURE** appointed guardian to John **BOYCE** orphan of Jonathan **BOYCE** deceased. Stephen **EURE** {Seal} Lewis **EURE** {Seal} A^m **BEIMAN** {Seal} [Wit:] Jno. V. **SUMNER**

[274] 131 Stephen **EURE** Lewis **EURE** and Abraham **BEEMAN** bound unto Isaac **PIPKIN** Kedar **BAL-**

Gates County, North Carolina, Guardian Bonds 1816-1819

LARD Joseph **RIDDICK** Esquires, in the sum of Two hundred & fifty pounds 17th day of May 1819. Stephen **EURE** appointed guardian to William **BOYCE** orphan of Jonathan **BOYCE** deceased. Stephen **EURE** {Seal} Lewis **EURE** {Seal} A^m **BEEMAN** {Seal} [Wit:] Jno. V. **SUMNER**

[275] 132 Stephen **EURE** Lewis **EURE** and Abraham **BEEMAN** bound unto Isaac **PIPKIN** Kedar **BALLARD** & Joseph **RIDDICK** Esquires, in the sum of Two hundred & fifty pounds 17th day of May 1819. Stephen **EURE** appointed guardian to James **BOYCE** orphan of Jonathan **BOYCE** deceased. Stephen **EURE** {Seal} Lewis **EURE** {Seal} A^m **BEEMAN** {Seal} [Wit:] Jno. V. **SUMNER**

[276] 133 Stephen **EURE** Lewis **EURE** and Abraham **BEEMAN** bound unto Isaac **PIPKIN** Kedar **BALLARD** & Joseph **RIDDICK** Esquires, in the sum of Two hundred & fifty pounds 17th day of May 1819. Stephen **EURE** appointed guardian to Elisha **BOYCE** orphan of Jonathan **BOYCE** deceased. Stephen **EURE** {Seal} Lewis **EURE** {Seal} A^m **BEEMAN** {Seal} [Wit:] Jno. V. **SUMNER**

[277] 134 Abraham **BEEMAN** Lewis **EURE** and Stephen **EURE** bound unto Isaac **PIPKIN** Kedar **BALLARD** & Joseph **RIDDICK** Esquires, in the sum of Five hundred pounds 17th day of May 1819. Abraham **BEEMAN** appointed guardian to Josiah **HARRELL** orphan of Elisha **HARRELL** deceased. A^m. **BEEMAN** {Seal} Stephen **EURE** {Seal} Lewis **EURE** {Seal} [Wit:] Jno. V. **SUMNER**

[278] 135 Abraham **BEEMAN** Stephen **EURE** & Lewis **EURE** bound unto Isaac **PIPKIN** Kedar **BALLARD** & Joseph **RIDDICK** Esquires, in the sum of Five hundred pounds 17th day of May 1819. Abraham **BEEMAN** appointed guardian to Lemuel **HARRELL** orphan of Elisha **HARRELL** deceased. A^m. **BEEMAN** {Seal} Stephen **EURE** {Seal} Lewis **EURE** {Seal} [Wit:] Jno. V. **SUMNER**

[279] 136 Abraham **BEEMAN** Stephen **EURE** & Lewis **EURE** bound unto Isaac **PIPKIN** Kedar **BALLARD** & Joseph **RIDDICK** Esquires, in the sum of Five hundred pounds 17th day of May 1819. Abraham **BEEMAN** appointed guardian to Elisha **HARRELL** orphan of Elisha **HARRELL** deceased. A^m. **BEEMAN** {Seal} Stephen **EURE** {Seal} Lewis **EURE** {Seal} [Wit:] Jno. V. **SUMNER**

[280] 137 Abraham **BEEMAN** Stephen **EURE** & Lewis **EURE** bound unto Isaac **PIPKIN** Kedar **BALLARD** & Joseph **RIDDICK** Esquires, in the sum of Five hundred pounds 17th day of May 1819. Abraham **BEEMAN** appointed guardian to Thomas **HARRELL** orphan of Elisha **HARRELL** deceased. A^m. **BEEMAN** {Seal} Stephen **EURE** {Seal} Lewis **EURE** {Seal} [Wit:] Jno. V. **SUMNER**

[281] 138 Abraham **BEEMAN** Stephen **EURE** & Lewis **EURE** bound unto Isaac **PIPKIN** Kedar **BALLARD** & Joseph **RIDDICK** Esquires, in the sum of Five hundred pounds 17th day of May 1819. Abraham **BEEMAN** appointed guardian to Elijah **HARRELL** orphan of Elisha **HARRELL** deceased. A^m. **BEEMAN** {Seal} Stephen **EURE** {Seal} Lewis **EURE** {Seal} [Wit:] Jno. V. **SUMNER**

[282] 139 Peter **PARKER**, Peter **PILAND** and Seth **PILAND** bound unto Kedar **BALLARD**, Timothy **WALTON** George **KITTRELL** Esquires, in the sum of Two Hundred & fifty pounds 15th day of November 1819. Peter **PARKER** appointed guardian to Asa **PARKER** orphan of James **PARKER** deceased. Peter **PARKER** {Seal} Peter **PILAND** {Seal} Seth **PILAND** {Seal} [Wit:] Chs. E. **SUMNER**

[283] 140 Hance **HOFLER**, Henry **GILLIAM** & John **DAVIS** bound unto Hillory **WILLEY** Timothy **WALTON** & John B. **WALTON** Esquires, in the sum of Two thousand pounds 17th day of November 1819. Hance **HOFLER** appointed guardian to John **HOFLER** orphan of Thomas **HOFLER** deceased. Hance **HOFLER** {Seal} H **GILLIAM** {Seal} John his + mark **DAVIS** {Seal} [Wit:] Ch^s. E. **SUMNER**

1819-1822

[284] 1 {No. 1} Barnes **GOODMAN** George **KITTRELL** and Jesse **BENTON** bound unto Kedar **BALLARD**, Timothy **WALTON** George **KITTRELL** Esquires, in the sum of Five thousand Dollars ~~pounds~~ 15th

Gates County, North Carolina, Guardian Bonds 1819-1822

day of November 1819. Barnes GOODMAN appointed guardian to John B. BENTON orphan of Jesse B BENTON deceased. Barnes GOODMAN {Seal} George KITTRELL {Seal} Jesse BENTON {Seal} [Wit:] J.. SUMNER

[285] 2 Barnes GOODMAN George KITTRELL and Jesse BENTON bound unto Kedar BALLARD, Timothy WALTON George KITTRELL Esquires, in the sum of Five thousand Dollars pounds 15th day of November 1819. Barnes GOODMAN appointed guardian to William S. BENTON orphan of Jesse B BENTON deceased. Barnes GOODMAN {Seal} George KITTRELL {Seal} Jesse BENTON {Seal} [Wit:] J.. SUMNER

[286] 3 Isaac RIDDICK Nathan WARD and Reuben RIDDICK bound unto Kedar BALLARD, John B. WALTON William S BARNES Esquires, in the sum of three thousand Dollars pounds 15th day of November 1819. Isaac RIDDICK appointed guardian to Joel HURDLE orphan of William HURDLE deceased. I. T. RIDDICK {Seal} Nathan WARD {Seal} Reuben RIDDICK {Seal} [Wit:] J.. SUMNER

[287] 4 Isaac RIDDICK, Nathan WARD and Reuben RIDDICK bound unto Kedar BALLARD, John B. WALTON William S BARNES Esquires, in the sum of three thousand Dollars pounds 15th day of November 1819. Isaac RIDDICK appointed guardian to Penelope HURDLE orphan of William HURDLE deceased. I. T. RIDDICK {Seal} Nathan WARD {Seal} Reuben RIDDICK {Seal} [Wit:] J.. SUMNER

[288] 5 Hillory H. EURE, John MARCH and John H PARKER bound unto Kedar BALLARD, George KITTRELL, James GATLING Esquires, in the sum of One thousand pounds 21st day of February 1820. Hillory H EURE appointed guardian to Peter EURE son of orphan of [sic] Blake EURE deceased. Hillory H. EURE {Seal} Jno. MARCH {Seal} John H PARKR {Seal} [Wit:] J.. SUMNER

[289] 6 Jane FELTON Micajah RIDDICK and George KITTRELL bound unto Kedar BALLARD, Hillory WILLEY James GATLING Esquires, in the sum of one thousand pounds 21st day of February 1820. Jane FELTON appointed guardian to David F. FELTON orphan of Noah FELTON deceased. Jane FELTON {Seal} Micajah RIDDICK {Seal} George KITTRELL {Seal} [Wit:] Ch^{s}. E. SUMNER

[290] 7 Jane FELTON Micajah RIDDICK and George KITTRELL bound unto Kedar BALLARD, Hillory WILLEY James GATLING Esquires, in the sum of One thousand pounds 21st day of February 1820. Jane FELTON appointed guardian to Noah FELTON orphan of Noah FELTON deceased. Jane FELTON {Seal} Micajah RIDDICK {Seal} George KITTRELL {Seal} [Wit:] Ch^{s}. E. SUMNER

[291] 8 Jane FELTON Micajah RIDDICK and George KITTRELL bound unto Kedar BALLARD, Hillory WILLEY James GATLING Esquires, in the sum of One thousand pounds 21st day of February 1820. Jane FELTON appointed guardian to Samuel H. FELTON orphan of Noah FELTON deceased. Jane FELTON {Seal} Micajah RIDDICK {Seal} George KITTRELL {Seal} [Wit:] Ch^{s}. E. SUMNER

[292] 9 Jane FELTON Micajah RIDDICK and George KITTRELL bound unto Kedar BALLARD, Hillory WILLEY James GATLING Esquires, in the sum of One thousand pounds 21st day of February 1820. Jane FELTON appointed guardian to Elisha FELTON orphan of Noah FELTON deceased. Jane FELTON {Seal} Micajah RIDDICK {Seal} George KITTRELL {Seal} [Wit:] Ch^{s}. E. SUMNER

[293] 10 James PILAND Reuben HARRELL & David LEWIS bound unto James GATLING, Joseph RIDDICK George KITTRELL Esquires, in the sum of One thousand pounds 22nd day of February 1820. James PILAND appointed guardian to Salley LEWIS orphan of John LEWIS deceased. James PILAND {Seal} Reuben HARRELL {Seal} David his + mark LEWIS {Seal} [Wit:] Ch^{s}. E. SUMNER

[294] 11 James PILAND Reuben HARRELL & David LEWIS bound unto James GATLING, Joseph RIDDICK George KITTRELL Esquires, in the sum of one thousand pounds 22nd day of February 1820. James PILAND appointed guardian to Celia LEWIS orphan of John LEWIS deceased. James PILAND {Seal} Reuben HARRELL {Seal} David his + mark LEWIS {Seal} [Wit:] Ch^{s}. E. SUMNER

Gates County, North Carolina, Guardian Bonds 1819-1822

[295] 12 James **PILAND** Reuben **HARRELL** & David **LEWIS** bound unto James **GATLING**, Joseph **RIDDICK** George **KITTRELL** Esquires, in the sum of One thousand pounds 22nd day of February 1820. James **PILAND** appointed guardian to Exum **LEWIS** orphan of John **LEWIS** deceased. James **PILAND** {Seal} Reuben **HARRELL** {Seal} David his + mark **LEWIS** {Seal} [Wit:] Ch^s. E. **SUMNER**

[296] 13 James **PILAND** Reuben **HARRELL** & David **LEWIS** bound unto James **GATLING**, Joseph **RIDDICK** George **KITTRELL** Esquires, in the sum of One thousand pounds 23rd day of February 1820. James **PILAND** appointed guardian to Peggey **LEWIS** orphan of John **LEWIS** deceased. James **PILAND** {Seal} Reuben **HARRELL** {Seal} David his + mark **LEWIS** {Seal} [Wit:] Ch^s. E. **SUMNER**

[297] 14 James **PILAND** Reuben **HARRELL** & David **LEWIS** bound unto James **GATLING**, Joseph **RIDDICK** & George **KITTRELL** Esquires, in the sum of One thousand pounds 23rd day of February 1820. James **PILAND** appointed guardian to John **LEWIS** orphan of John **LEWIS** deceased. James **PILAND** {Seal} Reuben **HARRELL** {Seal} David his + mark **LEWIS** {Seal} [Wit:] Ch^s. E. **SUMNER**

[298] 15 Isaac **RIDDICK** James **RAWLS** and William **BROTHERS** bound unto Timothy **WALTON**, Kedar **BALLARD** James **GATLING** Esquires, in the sum of two hundred and fifty pounds 22nd [sic] day of February 1820. Isaac **RIDDICK** appointed guardian to Salley **HURDLE** orphan of Thomas **HURDLE** deceased. I. T. **RIDDICK** {Seal} Ja^s. **RAWLS** {Seal} W^m. **BROTHERS** {Seal} [Wit:] J.. **SUMNER**

[299] 16 John T. **BENTON** David **OUTLAW** and Nathan **CULLINS**, bound unto Kedar **BALLARD**, James **GATLING** & Abraham **BEEMAN** Esquires, in the sum of two thousand five hundred pounds 22nd day of February 1820. John T. **BENTON** appointed guardian to Harriatt **OUTLAW** orphan of George **OUTLAW** deceased. Jno T **BENTON** {Seal} David **OUTLAW** {Seal} Nathan **CULLINS** {Seal} [Wit:] J.. **SUMNER**

[300] 17 James **BRINKLEY** Isaac **RIDDICK** & Timothy **WALTON** bound unto Humphry **HUDGINS**, Kedar **BALLARD** Esquires, in the sum of three Hundred pounds 23rd day of February 1820. James **BRINKLEY** appointed guardian to Nansey **HURDLE** orphan of Thomas **HURDLE** deceased. James **BRINKLEY** {Seal} I. T. **RIDDICK** {Seal} Tim. **WALTON** {Seal} [Wit:] Ch^s. E. **SUMNER**

[301] 18 James **ROUNTREE** Whitmell **STALLINGS** & Henry **BRINKLEY** bound unto William W. **RIDDICK** Abram **BEEMAN** & Wm. **GOODMAN** Esquires, in the sum of Five thousand pounds 21st day of August 1820. James **ROUNTREE** appointed guardian to Eliza **BRINKLEY** orphan of Elisha **BRINKLEY** deceased. James **ROUNTREE** {Seal} Whit. **STALLINGS** {Seal} Henry **BRINKLY** {Seal} [Wit:] ___ E **SUMNER**

[302] 19 James **ROUNTREE** Whitmell **STALLINGS** & Henry **BRINKLEY** bound unto William W. **RIDDICK** Abram **BEEMAN** & Wm. **GOODMAN** Esquires, in the sum of Five thousand pounds 21st day of August 1820. James **ROUNTREE** appointed guardian to Christian **BRINKLEY** orphan of Elisha **BRINKLEY** deceased. James **ROUNTREE** {Seal} Whit. **STALLINGS** {Seal} Henry **BRINKLY** {Seal} [Wit:] Ch^s.. E **SUMNER**

[303] 20 John **BRINKLEY** Jesse **MATHIAS** and John **VOIGHT** bound unto Wm. W **RIDDICK** Kedar **BALLARD** Jno. T. **BENTON** Esquires, in the sum of Five thousand pounds 21st day of August 1820. John **BRINKLEY** appointed guardian to Rachel **BRINKLEY** orphan of Elisha **BRINKLEY** deceased. John **BRINKLY** {Seal} Jesse **MATHIAS** {Seal} John **VOIGHT** {Seal} [Wit:] Ch^s.. E **SUMNER**

[304] 21 John **BRINKLEY** Jesse **MATHIAS** & John **VOIGHT** bound unto Wm. W **RIDDICK** Kedar **BALLARD** Jno. T. **BENTON** Esquires, in the sum of Five thousand pounds 21st day of August 1820. John **BRINKLEY** appointed guardian to Mary **BRINKLEY** orphan of Elisha **BRINKLEY** deceased. John **BRINKLY** {Seal} Jesse **MATHIAS** {Seal} John **VOIGHT** {Seal} [Wit:] Ch^s.. E **SUMNER**

[305] 22 John **BRINKLEY** Jesse **MATHIAS** & John **VOIGHT** bound unto Will W **RIDDICK** Kedar **BALLARD** & Jno. T. **BENTON** Esquires, in the sum of Five thousand pounds 21st day of August 1820. John

Gates County, North Carolina, Guardian Bonds 1819-1822

BRINKLEY appointed guardian to Calvin **BRINKLEY** orphan of Elisha **BRINKLEY** deceased. John **BRINKLY** {Seal} Jesse **MATHIAS** {Seal} John **VOIGHT** {Seal} [Wit:] Ch^s.. E **SUMNER**

[306] 23 John **WALTON**, John B. **WALTON** & Timothy **WALTON** Junr bound unto Will. W. **RIDDICK** Kedar **BALLARD** & John T. **BENTON** Esquires in the sum of Five hundred pounds 21 day of August 1820. John **WALTON** appointed guardian to Penina **TROTMAN** orphan of Riddick **TROTMAN** deceased. J.. **WALTON** {Seal} Jno. B **WALTON** {Seal} Tim **WALTON** {Seal} [Wit:] Ch^s.. E. **SUMNER**

[307] 24 John **WALTON**, John B. **WALTON** & Timothy **WALTON** Junr bound unto Will W. **RIDDICK** Kedar **BALLARD** & Jno. T. **BENTON** Esquires in the sum of Five hundred pounds 21st day of August 1820. John **WALTON** appointed guardian to Riddick **TROTMAN** orphan of Riddick **TROTMAN** deceased. J. **WALTON** {Seal} Jno. B **WALTON** {Seal} Tim **WALTON** {Seal} [Wit:] Chs.. E. **SUMNER**

[308] 25 John **WALTON**, John B. **WALTON** & Timothy **WALTON**, Junr bound unto Will. W. **RIDDICK** Kedar **BALLARD** & Jno. T. **BENTON** Esquires in the sum of Five hundred pounds 21st day of August 1820. John **WALTON** appointed guardian to Agatha **TROTMAN** orphan of Riddick **TROTMAN** deceased. J.. **WALTON** {Seal} Jno. B **WALTON** {Seal} Tim **WALTON** {Seal} [Wit:] Ch^s.. E. **SUMNER**

[309] 26 John **WALTON**, John B. **WALTON** & Timothy **WALTON**, Junr bound unto Will. W. **RIDDICK** Kedar **BALLARD** & Jno. T. **BENTON** Esquires in the sum of Five hundred pounds 21st day of August 1820. John **WALTON** appointed guardian to Ezekiel **TROTMAN** orphan of Riddick **TROTMAN** deceased. J.. **WALTON** {Seal} Jno. B **WALTON** {Seal} Tim **WALTON** {Seal} [Wit:] Chs.. E. **SUMNER**

[310] 27 John **WALTON**, John B. **WALTON** & Timothy **WALTON**, Junr bound unto Will W **RIDDICK** Kedar **BALLARD** & Jno. T. **BENTON** Esquires in the sum of Five hundred pounds 21st day of August 1820. John **WALTON** appointed guardian to Mary **TROTMAN** orphan of Riddick **TROTMAN** deceased. J.. **WALTON** {Seal} Jno. B **WALTON** {Seal} Tim **WALTON** {Seal} [Wit:] Chs.. E. **SUMNER**

[311] 28 John **WALTON**, John B. **WALTON** & Timothy **WALTON**, Junr bound unto Will W. **RIDDICK** Kedar **BALLARD** & Jno. T. **BENTON** Esquires in the sum of Five hundred pounds 21st day of August 1820. John **WALTON** appointed guardian to Elisha **TROTMAN** orphan of Riddick **TROTMAN** deceased. J.. **WALTON** {Seal} Jno. B **WALTON** {Seal} Tim **WALTON** {Seal} [Wit:] Chs.. E. **SUMNER**

[312] 29 David **OUTLAW** John B **WALTON** and Timothy **WALTON** Junr. bound unto Will W. **RIDDICK** Henry **GILLIAM** and Kedar **BALLARD** Esquires, in the sum of Ten thousand pounds 22nd day of August 1820. David **OUTLAW** appointed guardian to Harriat **OUTLAW** orphan of George **OUTLAW** deceased. David **OUTLAW** {Seal} Jno. B. **WALTON** {Seal} Tim **WALTON** {Seal} [Wit:] Chs.. E. **SUMNER**

[313] 30 William **BYRD** John B **BAKER** & William **BARNES** bound unto Kedar **BALLARD** Humphrey **HUDGIN_** and Wm **GOODMAN** Esquires, in the sum of One thousand pounds 22nd day of August 1820. William **BYRD** appointed guardian to Kiddy **LEWIS** orphan of Luton **LEWIS** deceased. William **BYRD** {Seal} Jno B **WALTON** {Seal} W S **BARNES** {Seal} [Wit:] Chs.. E. **SUMNER**

[314] 31 Henry **GILLIAM** & Mills **RIDDICK** bound unto W^m.. W **RIDDICK** Tim^o. **WALTON** & Hillery **WILLEY** Esquires, in the sum of one thousand pounds pounds [sic] 22nd. day of Augt. 1820. Henry **GILLIAM** appointed guardian to Edward **JONES** orphan of Demsey O **JONES** deceased. H.. **GILLIAM** {Seal} Mills **RIDDICK** {Seal} [Wit:] Chs.. E. **SUMNER**

[315] 32 Etheldred **MATTHEWS** Henry **RIDDICK** & Lewis **EURE** bound unto Mills **RIDDICK** John B **WALTON** & Abram **BEEMAN** Esquires, in the sum of Fifteen hundred dollars ~~pounds~~ 22nd day of November 1820. Etheldred **MATTHEWS** appointed guardian to Charles **PRUDEN** orphan of Nathaniel **PRUDEN** deceased. Ethldrd [sic] **MATTHEWS** {Seal} Henry **RIDDICK** {Seal} Lewis **EURE** {Seal} [Wit:] Chs.. E. **SUMNER**

Gates County, North Carolina, Guardian Bonds 1819-1822

[316] 33 Etheldred **MATTHEWS** Henry **RIDDICK** & Lewis **EURE** bound unto Mills **RIDDICK** John B **WALTON** & Abram **BEEMAN** Esquires, in the sum of Fifteen hundred dollars ~~pounds~~ 22nd day of November 1820. Etheldred **MATTHEWS** appointed guardian to William D **PRUDEN** orphan of Nathaniel **PRUDEN** deceased. Ethldrd **MATTHEWS** {Seal} Henry **RIDDICK** {Seal} Lewis **EURE** {Seal} [Wit:] Chs.. E. **SUMNER**

[317] 34 Ethedred **MATTHEWS** Henry **RIDDICK** & Lewis **EURE** bound unto Mills **RIDDICK** John B **WALTON** & Abram **BEEMAN** Esquires, in the sum of Fifteen hundred dollars ~~pounds~~ 22nd day of November 1820. Etheldred **MATTHEWS** appointed guardian to Lewis **PRUDEN** orphan of Nathaniel **PRUDEN** deceased. Ethldrd **MATTHEWS** {Seal} Henry **RIDDICK** {Seal} Lewis **EURE** {Seal} [Wit:] Chs.. E. **SUMNER**

[318] 35 Etheldred **MATTHEWS** Henry **RIDDICK** & Lewis **EURE** bound unto Mills **RIDDICK** John B **WALTON** & Abram **BEEMAN** Esquires, in the sum of Fifteen hundred dollars ~~pounds~~ 22nd day of November 1820. Etheldred **MATTHEWS** appointed guardian to Martha **PRUDEN** orphan of Nathaniel **PRUDEN** deceased. Ethldrd **MATTHEWS** {Seal} Henry **RIDDICK** {Seal} Lewis **EURE** {Seal} [Wit:] Chs.. E. **SUMNER**

[319] 36 Lewis **EURE** Mills **EURE** Etheldred **MATTHEWS** bound unto Mills **RIDDICK**, John B. **WALTON** Abraham **BEEMAN** Esquires in the sum of five hundred pounds 22nd day of November 1820. Lewis **EURE** appointed guardian to Permelia **LANGSTON** orphan of Isaac **LANGSTON** deceased. Lewis **EURE** {Seal} Mills **EURE** {Seal} Ethldrd **MATTHEWS** {Seal} [Wit:] Chs.. E. **SUMNER**

[320] 37 Lewis **EURE** Mills **EURE** & Etheldred **MATTHEWS** bound unto Mills **RIDDICK**, John B. **WALTON** & Abram **BEEMAN** Esquires in the sum of Five hundred pounds 22nd day of November 1820. Lewis **EURE** appointed guardian to Nancy **LANGSTON** orphan of Isaac **LANGSTON** deceased. Lewis **EURE** {Seal} Mills **EURE** {Seal} Ethlded [sic] **MATTHEWS** {Seal} [Wit:] Chs.. E. **SUMNER**

[321] 38 Lewis **EURE** Mills **EURE** & Etheldred **MATTHEWS** bound unto Mills **RIDDICK**, John B. **WALTON** & Abram **BEEMAN** Esquires in the sum of Five hundred pounds 22nd day of November 1820. Lewis **EURE** appointed guardian to John **LANGSTON** orphan of Isaac **LANGSTON** deceased. Lewis **EURE** {Seal} Mills **EURE** {Seal} Ethldred [sic] **MATTHEWS** {Seal} [Wit:] Chs.. E. **SUMNER**

[322] 39 Jonathan **HARRISON** Timothy **FREEMAN** and Nathan **CULLENS** bound unto Mills **RIDDICK**, John B. **WALTON** Abraham **BEEMAN** Esquires, in the sum of five hundred pounds 22nd day of November 1820. Jonathan **HARRISON** appointed guardian to Christian **HOBBS** orphan of Aaron **HOBBS** deceased. Jonathan **HARRISON** {Seal} Timy **FREEMAN** {Seal} Nathan **CULLENS** {Seal} [Wit:] Chs.. E. **SUMNER** J.. **SUMNER**

[323] 40 Jonathan **HARRISON** Timothy **FREEMAN** and Nathan **CULLENS** bound unto Mills **RIDDICK**, John B. **WALTON** Abraham **BEEMAN** Esquires, in the sum of Five hundred pounds 22nd day of November 1820. Jonathan **HARRISON** appointed guardian to Elizabeth **HOBBS** orphan of Aaron **HOBBS** deceased. Jonathan **HARRISON** {Seal} Timy **FREEMAN** {Seal} Nathan **CULLENS** {Seal} [Wit:] Chs.. E. **SUMNER**

[324] 41 Jonathan **HARRISON** Timothy **FREEMAN** and Nathan **CULLENS** bound unto Mills **RIDDICK**, John B. **WALTON** Abraham **BEEMAN** Esquires, in the sum of Five Hundred pounds 22nd day of November 1820. Jonathan **HARRISON** appointed guardian to Jacob **HOBBS** orphan of Aaron **HOBBS** deceased. Jonathan **HARRISON** {Seal} Timy **FREEMAN** {Seal} Nathan **CULLENS** {Seal} [Wit:] Chs.. E. **SUMNER**

[325] 42 Elizabeth **GRANBERY** [Two other illegible names.] bound unto W^m. **BARNES** Tim^o. **WALTON** Jno. T. **BENTON** Esquires, in the sum of ==== Eight thousand pounds 19th day of Febr/uary/ 1821. Eliz^a.

Gates County, North Carolina, Guardian Bonds 1819-1822

GRANBERY appointed guardian to John J GRANBERY & ~~George W. GRANBERY~~ orphan of John GRANBERY deceased. Elizabeth GRANBERY {Seal} Jos GORDON {Seal} Wills COWPER {Seal} [Wit:] Chs.. E. SUMNER

[326] 43 Eliz^a. GRANBERY Joseph GORDON & Wills COWPER bound unto W^m. S BARNES Tim^o. WALTON & Jno. T. BENTON Esquires, in the sum of Eight thousand Doll^s ~~pounds~~ 19th day of Feb^{ry}.. 1821. Eliz^a. GRANBERY appointed guardian to George W. GRANBERY orphan of John GRANBERY deceased. Elizabeth GRANBERY {Seal} Jos GORDON {Seal} Wills COWPER {Seal} [Wit:] Chs.. E. SUMNER

[327] 44 Edney PARKER William LEE & James GOODMAN bound unto Abram HARRELL Timothy WALTON and John T. BENTON Esquires, in the sum of Fifteen hundred dollars ~~pounds~~ 19th day of February 1821. Edney PARKER appointed guardian to Bethaney PARKER orphan of David PARKER deceased. Edney her + mark PARKER {Seal}   William LEE {Seal}   James GOODMAN {Seal} [Wit:] Chs.. E. SUMNER

[328] 45 Edney PARKER William LEE & James GOODMAN bound unto Abram HARRELL Timothy WALTON & John T. BENTON Esquires, in the sum of Fifteen hundred dollars ~~pounds~~ 19th day of February 1821. Edney PARKER appointed guardian to Christian PARKER orphan of David PARKER deceased. Edney her + mark PARKER {Seal}   William LEE {Seal}   James GOODMAN {Seal} [Wit:] Chs.. E. SUMNER

[329] 46 John C. GORDON Joseph GORDON and Nathan RIDDICK bound unto Kedar BALLARD, Abraham HARRELL George KITTRELL Esquires, in the sum of [illegible] hundred and fifty pounds 20th day of February 1821. John C. GORDON appointed guardian to Nancey MILLER orphan of Robert MILLER deceased. John C. GORDON {Seal}   Jos GORDON {Seal}   Nathan RIDDICK {Seal} [Wit:] Chs.. E. SUMNER.

[330] 47 State of North Carolina. KNOW all men by these Presents, That we <u>John C GORDON Joseph GORDON & Nathan RIDDICK</u> all of Gates County, in the State aforesaid, are held and firmly bound unto <u>Kedar BALLARD George KITTRELL and Abram HARRELL</u> Justices of the County Court of Pleas and Quarter Sessions for the County of Gates, in the sum of <u>One hundred and fifty pounds</u> ~~dollars~~, to be paid to the said Justices and their successors in office. To the which payment well and truly to be made, we bind ourselves, and each of us, our heirs, executors, and administrators, jointly and severally, firmly by these presents. Sealed with our seals, and dated the <u>20th</u> day of <u>February</u> Anno Dom. 182<u>1</u>.

The condition of the above obligation is such, That whereas the above bounden <u>John C. GORDON</u> is constituted and appointed Guardian to <u>Polley MILLER</u> orphan of <u>Robert MILLER</u> deceased: now if the said <u>John C. GORDON</u> shall faithfully execute his said Guardianship, by securing and improving all the estate of the said <u>Polley MILLER</u> that shall come into his possession, for the benefit of the said orphan, until <u>She</u> shall arrive at full age, or be sooner thereunto required, and then render a plain and true account of his said Guardianship, on oath, before the Justices of our said Court, and deliver up, pay to, or possess the said orphan of all such estate or estates as <u>She</u> ought to be possessed of, or to such other persons as shall be lawfully empowered to receive the same, and the profits arising therefrom, then this obligation to be void, otherwise to be and remain in full force and virtue. <u>John C. GORDON</u> ⌐SEAL⌐ <u>Jos GORDON</u> ⌐SEAL⌐ <u>Nathan RIDDICK</u> ⌐SEAL⌐ Signed and Sealed in open Court, in presence of} <u>Chs.. E. SUMNER.</u>

[331] 48 John C. GORDON, Joseph GORDON, & Nathan RIDDICK bound unto Kedar BALLARD, George KITTRELL and Abram HARRELL Justices, in the sum of Five hundred dollars 20th day of February 1821. John C. GORDON appointed Guardian to Robert MILLER orphan of Robert MILLER deceased. John C. GORDON ⌐SEAL⌐ Jos GORDON ⌐SEAL⌐ Nathan RIDDICK ⌐SEAL⌐ [Wit:] Chs.. E. SUMNER.

[332] 49 John C. GORDON Joseph GORDON, & Nathan RIDDICK bound unto Kedar BALLARD, George KITTRELL & Abram HARRELL Justices, in the sum of Three hundred dollars 20th day of February 1821. John C. GORDON appointed Guardian to Andrew MILLER orphan of Robert MILLER deceased.

Gates County, North Carolina, Guardian Bonds 1819-1822

John C. GORDON ⌈SEAL⌉ Jos GORDON ⌈SEAL⌉ Nathan RIDDICK ⌈SEAL⌉ [Wit:] Chs.. E. SUMNER.

[333] 50 John C. GORDON Joseph GORDON, & Nathan RIDDICK bound unto Kedar BALLARD, George KITTRELL & Abram HARRELL Justices, in the sum of Three hundred dollars 20th day of February 1821. John C. GORDON appointed Guardian to Rachel MILLER orphan of Robert MILLER deceased. John C. GORDON ⌈SEAL⌉ Jos GORDON ⌈SEAL⌉ Nathan RIDDICK ⌈SEAL⌉ [Wit:] Chs.. E. SUMNER.

[334] 51 Henry JONES, George WILLIAMS and Demsey VANN bound unto Kedar BALLARD George KITTRELL & Abram HARRELL Justices, in the sum of two [?] thousand dollars 20th day of February 1821. Henry JONES appointed Guardian to John BOND a son of the said Henry orphan of [blank] deceased. Henry JONES ⌈SEAL⌉ Geo. WILLIAMS ⌈SEAL⌉ Demsey VANN ⌈SEAL⌉ [Wit:] J.. SUMNER

[335] 52 Henry JONES, George WILLIAMS and Demsey VANN bound unto Kedar BALLARD George KITTRELL and Abraham HARRELL Justices, in the sum of two thousand dollars 20th day of February 1821. Henry JONES appointed Guardian to Hardy JONES son of the said Henry orphan of [blank] deceased. Henry JONES ⌈SEAL⌉ Geo. WILLIAMS ⌈SEAL⌉ Demsey VANN ⌈SEAL⌉ [Wit:] J.. SUMNER

[336] 53 Henry JONES, George WILLIAMS and Demsey VANN bound unto Kedar BALLARD George KITTRELL & Abraham HARRELL Justices, in the sum of two thousand dollars 20th day of February 1821. Henry JONES appointed Guardian to Susan JONES daughter of the said Henry orphan of [blank] deceased: now if the said Susan JONES [sic] shall faithfully execute his said Guardianship, by securing and improving all the estate of the said Susan JONES that shall come into his possession... Henry JONES ⌈SEAL⌉ Geo. WILLIAMS ⌈SEAL⌉ Demsey VANN ⌈SEAL⌉ [Wit:] J.. SUMNER

[337] 54 William CLEAVES, Thomas RIDDICK and George KITTRELL bound unto William W. RIDDICK, John T. BENTON & Abraham BEEMAN Esqrs Justices, in the sum of Five thousand dollars 20th day of February 1821. William CLEAVES appointed Guardian to Martha PRUDEN orphan of Nathaniel PRUDEN deceased. Wm.. CLEAVES ⌈SEAL⌉ Thos.. RIDDICK ⌈SEAL⌉ George KITTRELL ⌈SEAL⌉ [Wit:] J.. SUMNER

[338] 55 William CLEAVES, Thomas RIDDICK and George KITTRELL bound unto William W. RIDDICK, John T. BENTON & Abraham BEEMAN Justices, in the sum of Five thousand dollars 20th day of February 1821. William CLEAVES appointed Guardian to Dorsey PRUDEN orphan of Nathaniel PRUDEN deceased. Wm.. CLEAVES ⌈SEAL⌉ Thos RIDDICK ⌈SEAL⌉ George KITTRELL ⌈SEAL⌉ [Wit:] J.. SUMNER

[339] 56 William CLEAVES, Thomas RIDDICK and George KITTRELL bound unto William W. RIDDICK, John T. BENTON & Abraham BEEMAN Justices, in the sum of Five thousand dollars 20th day of February 1821. William CLEAVES appointed Guardian to Lewis PRUDEN orphan of Nathaniel PRUDEN deceased. Wm.. CLEAVES ⌈SEAL⌉ Thos.. RIDDICK ⌈SEAL⌉ George KITTRELL ⌈SEAL⌉ [Wit:] J.. SUMNER

[340] 57 Nansey BOND, Henry BOND & John WALTON bound unto William W. RIDDICK John T. BENTON & Abraham BEEMAN Justices, in the sum of Five Thousand dollars 20th day of February 1821. Nansey BOND appointed Guardian to Elizabeth G. BOND orphan of Thomas BOND deceased. Ann BOND ⌈SEAL⌉ Henry BOND ⌈SEAL⌉ J WALTON ⌈SEAL⌉ [Wit:] J.. SUMNER

[341] 58 Charles SMITH, James SMITH and Etheldred MATHEWS bound unto Henry GILLIAM, Mills RIDDICK & George KITTRELL Justices, in the sum of five hundred dollars 21st day of February 1821. Charles SMITH appointed Guardian to James HARE orphan of John HARE deceased. Charls SMITH ⌈SEAL⌉ James SMITH ⌈SEAL⌉ Etheldrd MATTHEWS ⌈SEAL⌉ [Wit:] J.. SUMNER

[342] 59 Charles SMITH, James SMITH and Etheldred MATHEWS bound unto Henry GILLIAM, Mills

Gates County, North Carolina, Guardian Bonds 1819-1822

RIDDICK & George **KITTRELL** Justices, in the sum of five hundred dollars 21st day of February 1821. Charles **SMITH** appointed Guardian to Edward **HARE** orphan of John **HARE** deceased. Charl<u>s</u> **SMITH** [SEAL] James **SMITH** [SEAL] Etheld<u>rd</u> **MATTHEWS** [SEAL] [Wit:] J.. **SUMNER**

[343] 60 Abraham C. **MORGAN** J Pugh **HUDGINS** & William W. **RIDDICK** bound unto Henry **GIL-LIAM** George **KITTRELL**, William W. **RIDDICK** Justices, in the sum of four hundred dollars 21st day of February 1821. Abraham C. **MORGAN** appointed Guardian to Charles **PRUDEN** orphan of Nathaniel **PRUDEN** deceased. A. C **MORGAN** [SEAL] John P.. **HUDGINS** [SEAL] W^m W **RIDDICK** [SEAL] [Wit:] J.. **SUMNER**

[344] 61 James **COSTON** Isaac **COSTON** and John **RIDDICK** bound unto Wills **COWPER** Kedar **BALLARD** Humphry **HUDGINS** Justices, in the sum of Three thousand dollars 21st day of May 1821. James **COSTON** appointed Guardian to Thomas **COSTON** orphan of Isaac **COSTON** deceased. James **COSTEN** [SEAL] John **RIDDICK** [SEAL] Isaac **COSTEN** [SEAL] [Wit:] Chs. E. . **SUMNER**

[345] 62 James **COSTON** Isaac **COSTON** and John **RIDDICK** bound unto Wills **COWPER** Kedar **BALLARD** Humphry **HUDGINS** Justices, in the sum of Three thousand dollars 21st day of May 1821. James **COSTON** appointed Guardian to David **COSTON** orphan of Isaac **COSTON** deceased. James **COSTEN** [SEAL] John **RIDDICK** [SEAL] Isaac **COSTEN** [SEAL] [Wit:] Chs. E. . **SUMNER**

[346] 63 Lewis **EURE**, Mills **EURE** Abram **BEEMAN** bound unto Humphrey **HUDGINS** Kedar **BALLARD** & Wills **COWPER** Justices, in the sum of Five thousand dollars 21st day of May 1821. Lewis **EURE** appointed Guardian to James **SAUNDERS** orphan of Bryant **SAUNDERS** deceased. Lewis **EURE** [SEAL] Mills **EURE** [SEAL] A^m.. **BEEMAN** [SEAL] [Wit:] Chs. E. . **SUMNER**

[347] 64 Lewis **EURE**, Mills **EURE** Abram **BEEMAN** bound unto Humphrey **HUDGINS** Kedar **BALLARD** Wills **COWPER** Justices, in the sum of Five thousand dollars 21st day of May 1821. Lewis **EURE** appointed Guardian to Benjamin **SAUNDERS** orphan of Bryant **SAUNDERS** deceased. Lewis **EURE** [SEAL] Mills **EURE** [SEAL] A^m.. **BEEMAN** [SEAL] [Wit:] Chs. E. . **SUMNER**

[348] 65 Benjamin **BRIGGS** John C. **GORDON** & William **BROTHERS** bound unto Humphry **HUDGINS** George **KITTRELL** & William **GOODMAN** Justices, in the sum of One thousand dollars 20th day of August 1821. Benjamin **BRIGGS** appointed Guardian to Agatha **BRINKLEY** orphan of William **BRINKLEY** Dec^d [sic] deceased. Benjamin **BRIGGS** [SEAL] Jno. C. **GORDON** [SEAL] Wm.. **BROTHERS** [SEAL] [Wit:] C. E. . **SUMNER**

[349] 66 William **BYRD**, Demsey **VANN** & Kindred **PARKER** bound unto John T. **BENTON** Abram **BEEMAN** & Mills **EURE** Justices, in the sum of Five thousand five hundred dollars 19th day of November 1821. William **BYRD** appointed Guardian to Mary **ROGERS** orphan of Philip **ROGERS** deceased. William **BYRD** [SEAL] Kindred **PARKER** [SEAL] Demsey **VANN** [SEAL] [Wit:] C. E. . **SUMNER**

[350] 67 Wills **COWPER** John B **BAKER** and William M. **HARVEY** bound unto James **GATLING** Humphrey **HUDGINS** & Abram **BEEMAN** Justices, in the sum of Two thousand dollars 19th day of November 1821. Wills **COWPER** appointed Guardian to Ann Eliza M. **COWPER** his own child ~~orphan of~~ [blank] ~~deceased~~. Wills **COWPER** [SEAL] W^m M **HARVEY** [SEAL] Jno. B. **BAKER** [SEAL] [Wit:] C. E. . **SUMNER**

[351] 68 Wills **COWPER** John B **BAKER** and William M. **HARVEY** bound unto James **GATLING** Humphrey **HUDGINS** & Abram **BEEMAN** Justices, in the sum of Two thousand dollars 19th day of Novr 1821. Wills **COWPER** appointed Guardian to Carolina, Virginia, **COWPER** his own child ~~orphan of~~ [blank] ~~deceased~~. Wills **COWPER** [SEAL] W^m M **HARVEY** [SEAL] Jno. B. **BAKER** [SEAL] [Wit:] C. E. . **SUMNER**

Gates County, North Carolina, Guardian Bonds 1819-1822

[352] 69 Wills COWPER John B BAKER and William M. HARVEY bound unto James GATLING Humphrey HUDGINS & Abram BEEMAN Justices, in the sum of Two thousand dollars 19th day of November 1821. Wills COWPER appointed Guardian to John, James, COWPER his own child ~~orphan of~~ [blank] ~~deceased~~. Wills COWPER [SEAL] W^m M HARVEY [SEAL] Jno. B. BAKER [SEAL] [Wit:] C. E. SUMNER

[353] 70 Levi ROGERS George WILLIAMS & Kindred PARKER bound unto James GATLING Humphrey HUDGINS Abram BEEMAN Justices, in the sum of Five hundred dollars 19th day of November 1821. Levi ROGERS appointed Guardian to Whitmell WILLIAMS orphan of Halon WILIAMS deceased. Levi ROGERS [SEAL] Gege [sic] WILLIAMS [SEAL] Kindred PARKER [SEAL] [Wit:] C. E. SUMNER

[354] 71 Levi ROGERS George WILLIAMS & Kindred PARKER bound unto James GATLING Humphrey HUDGINS & Abram BEEMAN Justices, in the sum of Five Hundred dollars 19th day of Nov. 1821. Levi ROGERS appointed Guardian to John WILLIAMS orphan of Halon WILLIAMS deceased. Levi ROGERS [SEAL] Gege WILLIAMS [SEAL] Kindred PARKER [SEAL] [Wit:] C. E. SUMNER

[355] 72 Levi ROGERS George WILLIAMS & Kindred PARKER bound unto James GATLING Humphrey HUDGINS & Abram BEEMAN Justices, in the sum of Five hundred dollars 19th day of November 1821. Levi ROGERS appointed Guardian to Jethro WILLIAMS orphan of Halon WILLIAMS deceased. Levi ROGERS [SEAL] Geoge WILLIAMS [SEAL] Kindred PARKER [SEAL] [Wit:] C. E. SUMNER

[356] 73 Levi ROGERS George WILLIAMS & Kindred PARKER bound unto James GATLING Humphrey HUDGINS & Abram BEEMAN Justices, in the sum of Five hundred dollars 19th day of Nov 1821. Levi ROGERS appointed Guardian to Mary WILLIAMS orphan of Halon WILLIAMS deceased. Levi ROGERS [SEAL] Geoge WILLIAMS [SEAL] Kindred PARKER [SEAL] [Wit:] C. E. SUMNER

[357] 74 William MINOR Demsey VANN & John VOIGHT bound unto James GATLING Humphrey HUDGINS & Abram BEEMAN Justices, in the sum of One thousand dollars 19th day of November 1821. William MINOR appointed Guardian to David MINOR orphan of Nicolas MINOR deceased. Wm MINOR [SEAL] Demsey VANN [SEAL] John VOIG__ [SEAL] [Wit:] C. E. SUMNER

[358] 75 George WILLIAMS Levi ROGERS & Kindred PARKER bound unto James GATLING Humphry HUDGINS & Abram BEEMAN Justices, in the sum of One hundred dollars 19th day of November 1821. George WILLIAMS appointed Guardian to Elijah WILLIAMS his own child ~~orphan of~~ [blank] deceased. [sic] George WILLIAMS [SEAL] Levi ROGERS [SEAL] Kindred PARKER [SEAL] [Wit:] C. E. SUMNER

[359] 76 George WILLIAMS Levi ROGERS & Kindred PARKER bound unto James GATLING Humphrey HUDGINS & Abram BEEMAN Justices, in the sum of One hundred dollars 19th day of November 1821. George WILLIAMS appointed Guardian to Elizabeth WILLIAMS his own child ~~orphan of~~ [blank] deceased. George WILLIAMS [SEAL] Levi ROGERS [SEAL] Kindred PARKER [SEAL] [Wit:] C. E. SUMNER

[360] 77 George WILLIAMS Levi ROGERS & Kindred PARKER bound unto James GATLING Humphrey HUDGINS & Abram BEEMAN Justices, in the sum of One hundred dollars 19th day of November 1821. George WILLIAMS appointed Guardian to Martha WILLIAMS his own child ~~orphan of~~ [blank] deceased. George WILLIAMS [SEAL] Levi ROGERS [SEAL] Kindred PARKER [SEAL] [Wit:] C. E. SUMNER

[361] 78 Hardy CROSS Henry COPELAND & Hillory WILLEY bound unto James GATLING Mills EURE & Abram BEEMAN Justices, in the sum of Three thousand dollars 20th day of November 1821. Hardy CROSS appointed Guardian to Jethro BARNES orphan of Richard BARNES deceased. Hardy CROSS [SEAL] Henry COPELAND [SEAL] H.. WILLEY [SEAL] [Wit:] C. E. SUMNER

Gates County, North Carolina, Guardian Bonds 1819-1822

[362] 79 Riddick GATLING, Henry COPELAND & William SEARS bound unto Henry GILLIAM John B. WALTON Hillory WILLEY Justices, in the sum of Six thousand dollars 21st day of November 1821. Riddick GATLING appointed Guardian to John LEWIS orphan of Mills LEWIS deceased. Riddick GATLING ⌈SEAL⌉ Henry COPELAND ⌈SEAL⌉ William SEARS ⌈SEAL⌉ [Wit:] C. E. SUMNER

[363] 80 Riddick GATLING, Henry COPELAND & William SEARS bound unto Henry GILLIAM John B. WALTON Hillory WILLEY Justices, in the sum of Six thousand dollars 21st day of November 1821. Riddick GATLING appointed Guardian to Margaret LEWIS orphan of Mills LEWIS deceased. Riddick GATLING ⌈SEAL⌉ Henry COPELAND ⌈SEAL⌉ William SEARS ⌈SEAL⌉ [Wit:] C. E. SUMNER

[364] 81 Timothy WALTON Isaac R. HUNTER & Joseph GORDON bound unto Humphrey HUDGINS George KITTRELL & Abram BEEMAN Justices, in the sum of Two [?] thousand dollars 18th day of February 1822. Timothy WALTON appointed Guardian to Thomas HUNTER orphan of Isaac HUNTER Junr decd [?] deceased. T WALTON ⌈SEAL⌉ I R HUNTER ⌈SEAL⌉ Jos GORDON ⌈SEAL⌉ [Wit:] C. E. SUMNER

[365] 82 Timothy WALTON Isaac R. HUNTER & Joseph GORDON bound unto Humphrey HUDGINS George KITTRELL & Abram BEEMAN Justices, in the sum of Two thousand dollars 18th day of February 1822. Timothy WALTON appointed Guardian to Elisha H. HUNTER orphan of Isaac HUNTER Junr decd deceased. T WALTON ⌈SEAL⌉ I R HUNTER ⌈SEAL⌉ Jos GORDON ⌈SEAL⌉ [Wit:] C. E. SUMNER

[366] 83 Timothy WALTON Isaac R. HUNTER & Joseph GORDON bound unto Humphrey HUDGINS George KITTRELL & Abram BEEMAN Justices, in the sum of Two thousand dollars 18th day of February 1822. Timothy WALTON appointed Guardian to Isaac HUNTER orphan of Isaac HUNTER Junr decd deceased. T WALTON ⌈SEAL⌉ I R HUNTER ⌈SEAL⌉ Jos GORDON ⌈SEAL⌉ [Wit:] C. E. SUMNER

[367] 84 Elizabeth GRANBERY Joseph GORDON & Wills COWPER bound unto Humphrey HUDGINS George KITTRELL & Abram BEEMAN Justices, in the sum of Sixteen Hundred dollars 18th day of February 1822. Elizabeth GRANBERY appointed Guardian to John GRANBERY orphan of John GRANBERY deceased. Elizabeth GRANBERY ⌈SEAL⌉ Jos GORDON ⌈SEAL⌉ Wills COWPER [Wit:] C. E. SUMNER

[368] 85 Elizabeth GRANBERY Joseph GORDON & Wills COWPER bound unto Humphrey HUDGINS George KITTRELL & Abram BEEMAN Justices, in the sum of Sixteen Hundred dollars 18th day of February 1822. Elizabeth GRANBERY appointed Guardian to George W. GRANBERY orphan of John GRANBERY deceased. Elizabeth GRANBERY ⌈SEAL⌉ Jos GORDON ⌈SEAL⌉ Wills COWPER [Wit:] C. E. SUMNER.

[369] 86 James CROSS Richard BOND ~~William BOND~~ Benjamin HAYSE bound unto Humphrey HUDGINS George KITTRELL & Abram BEEMAN Justices, in the sum of One thousand dollars 18th day of February 1822. James CROSS appointed Guardian to Richard CROSS his own Child ~~orphan of~~ [blank] deceased. James CROSS ⌈SEAL⌉ Richard BOND ⌈SEAL⌉ Benjamin his X mark HAYSE ⌈SEAL⌉ [Wit:] C. E. SUMNER

[370] 87 Edney PARKER William LEE & James GOODMAN bound unto Humphrey HUDGINS George KITTRELL & Mills EURE Justices, in the sum of Fifteen Hundred dollars 18th day of February 1822. Edney PARKER appointed Guardian to Christian PARKER orphan of David PARKER dec^d deceased. Edney her + mark PARKER ⌈SEAL⌉ James GOODMAN ⌈SEAL⌉ WILLIAM [sic] LEE ⌈SEAL⌉ [Wit:] C. E. SUMNER

[371] 88 Edney PARKER William LEE & James GOODMAN bound unto Humphrey HUDGINS George KITTRELL & Abram BEEMAN Justices, in the sum of Fifteen hundred dollars 18th day of February 1822. Edney PARKER appointed Guardian to Thaney PARKER orphan of David PARKER deceased. Edney her + mark PARKER ⌈SEAL⌉ James GOODMAN ⌈SEAL⌉ WILLIAM LEE ⌈SEAL⌉ [Wit:] C. E. SUMNER

Gates County, North Carolina, Guardian Bonds 1819-1822

[372] 89 William BABB William LEE & Jesse ARLINE and George KITTRELL bound unto Humphrey HUDGINS George KITTRELL & Mills EURE Justices, in the sum of One thousand dollars 18th day of February 1822. William BABB appointed Guardian to John BABB orphan of John BABB decd [sic] deceased. William BABB ⌐SEAL⌐ George KITTRELL ⌐SEAL⌐ Jesse ARLINE ⌐SEAL⌐ [Wit:] C. E. SUMNER

[373] 90 William BABB George KITTRELL & Jesse ARLINE bound unto Humphry HUDGINS George KITTRELL & Mills EURE Justices, in the sum of One thousand dollars 18th day of February 1822. William BABB appointed Guardian to Sarah BABB orphan of John BABB deceased. William BABB ⌐SEAL⌐ George KITTRELL ⌐SEAL⌐ Jesse ARLINE ⌐SEAL⌐ [Wit:] C. E. SUMNER

[374] 91 Nathan RIDDICK, Henry GILLIAM & Joseph RIDDICK bound unto Timothy WALTON Abram BEEMAN & Mills EURE Justices, in the sum of Two thousand dollars 18th day of February 1822. Nathan RIDDICK appointed Guardian to Sophia TROTMAN orphan of Noah TROTMAN dec^d. [sic] deceased. Nathan RIDDICK ⌐SEAL⌐ H. GILLIAM ⌐SEAL⌐ J RIDDICK ⌐SEAL⌐ [Wit:] C. E. SUMNER

[375] 92 Nathan RIDDICK, Henry GILLIAM & Joseph RIDDICK bound unto Timothy WALTON Abram BEEMAN & Mills EURE Justices, in the sum of Two thousand dollars 18th day of February 1822. Nathan RIDDICK appointed Guardian to Emma TROTMAN orphan of Noah TROTMAN deceased. Nathan RIDDICK ⌐SEAL⌐ H. GILLIAM ⌐SEAL⌐ J^o RIDDICK ⌐SEAL⌐ [Wit:] C. E. SUMNER

[376] 93 Nathan RIDDICK, Henry GILLIAM & Joseph RIDDICK bound unto Humphrey HUDGINS Timothy WALTON & Mills EURE Justices, in the sum of Two thousand dollars 18th day of February 1822. Nathan RIDDICK appointed Guardian to Drew TROTMAN orphan of Noah TROTMAN deceased. Nathan RIDDICK ⌐SEAL⌐ H. GILLIAM ⌐SEAL⌐ J RIDDICK ⌐SEAL⌐ [Wit:] C. E. SUMNER

[377] 94 Jesse WIGGINS George KITTRELL & Abram MORGAN bound unto Wills COWPER George KITTRELL & Mills EURE Justices, in the sum of Three thousand dollars 18th day of February 1822. Jesse WIGGINS appointed Guardian to Peggey WIGGINS orphan of John WIGGINS deceased. Jesse his ≠ mark WIGGINS ⌐SEAL⌐ George KITTRELL ⌐SEAL⌐ Abraham MORGAN ⌐SEAL⌐ [Wit:] C. E. SUMNER

[378] 95 Jesse WIGGINS George KITTRELL & Abram MORGAN bound unto Wills COWPER /James GATLING & Henry GILLIAM/ Esquires, in the sum of Fifteen hundred pounds 18th day of February 1822. Jesse WIGGINS appointed Guardian to Jesse WIGGINS orphan of John WIGGINS deceased. Jesse his ≠ mark WIGGINS {Seal} George KITTRELL {Seal} Abraham MORGAN {Seal} [Wit:] C. E. SUMNER

[379] 96 Jesse WIGGINS George KITTRELL & Abram MORGAN bound unto Wills COWPER /James GATLING & Henry GILLIAM/ Esquires, in the sum of Fifteen hundred pounds 18th day of February 1822. Jesse WIGGINS appointed Guardian to John PARKER orphan of John PARKER deceased. Jesse his ≠ mark WIGGINS {Seal} George KITTRELL {Seal} Abraham MORGAN {Seal} [Wit:] C. E. SUMNER

[380] 97 Jesse WIGGINS George KITTRELL & Abram MORGAN bound unto Wills COWPER /James GATLING & Henry GILLIAM/ Esquires, in the sum of Fifteen Hundred pounds 18th day of February 1822. Jesse WIGGINS appointed Guardian to Jesse PARKER orphan of John PARKER deceased. Jesse his ≠ mark WIGGINS {Seal} George KITTRELL {Seal} Abraham MORGAN {Seal} [Wit:] C. E. SUMNER

[381] 98 James MORGAN Joseph GORDON & William W. STEADMAN bound unto George KITTRELL /Abram HARRELL & Joseph RIDDICK/ Esquires, in the sum of One Thousand pounds 18th day of February 1822. James MORGAN appointed guardian to Jane HARE orphan of Elisha HARE deceased. James MORGAN {Seal} Jos GORDON {Seal} W^m W STEDMAN {Seal} [Wit:] C. E. SUMNER

[382] 99 James MORGAN Joseph GORDON & William W. STEADMAN bound unto George KITTRELL /Abram HARRELL & Joseph RIDDICK/ Esquires, in the sum of One thousand pounds 18th day of February 1822. James MORGAN appointed guardian to Rebecca HARE orphan of Elisha HARE deceased. James MORGAN {Seal} Jos GORDON {Seal} W^m W STEDMAN {Seal} [Wit:] C. E. SUMNER

Gates County, North Carolina, Guardian Bonds 1819-1822

[383] 100 Jesse **MATHIAS** Kedar **BALLARD** & James **MORGAN** bound unto James **GATLING** /Abram **HARRELL** Joseph **RIDDICK**/ Esquires, in the sum of Three [?] thousand pounds 19th day of February 1822. Jesse **MATHIAS** appointed guardian to James **MATHIAS** orphan of William **MATHIAS** deceased. Jesse **MATHIAS** {Seal} K **BALLARD** {Seal} James **MORGAN** {Seal} [Wit:] C. E. **SUMNER**

[384] 101 James **COSTON** Isaac **COSTON** & Thomas **TWINE** bound unto James **GATLING** /Abram **HARRELL** Joseph **RIDDICK**/ Esquires, in the sum of Fifteen hundred pounds 19th day of February 1822. James **COSTON** appointed guardian to David **COSTON** orphan of Isaac **COSTON** deceased. James **COSTEN** {Seal} Isaac **COSTEN** {Seal} Thomas **TWINE** Jr {Seal} [Wit:] C. E. **SUMNER**

[385] 102 James **COSTON** Isaac **COSTON** & Thomas **TWINE** bound unto James **GATLING** /Abram **HARRELL** Joseph **RIDDICK**/ Esquires, in the sum of Fifteen Hundred pounds 19th day of February 1822. James **COSTON** appointed guardian to Thomas **COSTON** orphan of Isaac **COSTON** deceased. James **COSTEN** {Seal} Isaac **COSTEN** {Seal} Thomas **TWINE** Jr {Seal} [Wit:] C. E. **SUMNER**

[386] 103 Jesse **SAVAGE** Jesse **ARLINE** & Humphrey **HUDGINS** bound unto James **GATLING** /George **KITTRELL** & Abram **HARRELL**/ Esquires, in the sum of Five hundred & fifty pounds 19th day of February 1822. Jesse **SAVAGE** appointed guardian to Henry **SAVAGE** orphan of his own Child deceased. [sic] Jesse **SAVAGE** {Seal} Jesse **ARLINE** {Seal} Hy **HUDGINS** {Seal} [Wit:] C. E. **SUMNER**.

[387] 104 Jesse **SAVAGE** Jesse **ARLINE** & Humphrey **HUDGINS** bound unto James **GATLING** /George **KITTRELL** Abram **HARRELL**/ Esquires, in the sum of Five hundred & fifty pounds 19th day of February 1822. Jesse **SAVAGE** appointed guardian to James **SAVAGE** orphan of his own Child deceased. Jesse **SAVAGE** {Seal} Jesse **ARLINE** {Seal} Hy **HUDGINS** {Seal} [Wit:] C. E. **SUMNER**

[388] 104 [sic] Jesse **SAVAGE** Jesse **ARLINE** & Humphrey **HUDGINS** bound unto James **GATLING** /George **KITTRELL** A. **HARRELL**/ Esquires, in the sum of Five hundred & fifty pounds 19th day of February 1822. Jesse **SAVAGE** appointed guardian to Jesse M. **SAVAGE** orphan of his own Child deceased. Jesse **SAVAGE** {Seal} Jesse **ARLINE** {Seal} Hy **HUDGINS** {Seal} [Wit:] C. E. **SUMNER**

[389] 105 Jesse **SAVAGE** Jesse **ARLINE** & Humphrey **HUDGINS** bound unto James **GATLING** /George **KITTRELL** A. **HARRELL**/ Esquires, in the sum of Five hundred & fifty pounds 19th day of February 1822. Jesse **SAVAGE** appointed guardian to John **SAVAGE** orphan of his own Child deceased. Jesse **SAVAGE** {Seal} Jesse **ARLINE** {Seal} Hy **HUDGINS** {Seal} [Wit:] C. E. **SUMNER**

[390] 106 Humphrey **HUDGINS** George **KITTRELL** & Jesse **SAVAGE** bound unto James **GATLING** /Henry **GILLIAM** & George **KITTRELL**/ Esquires, in the sum of One thousand pounds 19th day of February 1822. Humphrey **HUDGINS** appointed guardian to Henry L. [?] **WILLIAMS** orphan of Elisha **WILLIAMS** deceased. Hy **HUDGINS** {Seal} George **KITTRELL** {Seal} Jesse **SAVAGE** {Seal} [Wit:] C. E. **SUMNER**.

[391] 107 Humphrey **HUDGINS** George **KITTRELL** & Jesse **SAVAGE** bound unto James **GATLING** /Henry **GILLIAM** & George **KITTRELL**/ Esquires, in the sum of One thousand pounds 19th day of February 1822. Humphrey **HUDGINS** appointed guardian to Daniel **WILLIAMS** orphan of Elisha **WILLIAMS** deceased. Hy **HUDGINS** {Seal} George **KITTRELL** {Seal} Jesse **SAVAGE** {Seal} [Wit:] C. E. **SUMNER**.

[392] 108 Humphrey **HUDGINS** George **KITTRELL** & Jesse **SAVAGE** bound unto James **GATLING** Henry /**GILLIAM** George **KITTRELL**/ Esquires, in the sum of Five hundred pounds 19th day of February 1822. Humphrey **HUDGINS** appointed guardian to John **FIGG** orphan of James **FIGG** deceased. Hy **HUDGINS** {Seal} George **KITTRELL** {Seal} Jesse **SAVAGE** {Seal} [Wit:] C. E. **SUMNER**.

[393] 109 Humphrey **HUDGINS** George **KITTRELL** & Jesse **SAVAGE** bound unto James **GATLING** Henry /**GILLIAM** George **KITTRELL**/ Esquires, in the sum of Five hundred pounds 19th day of February 1822. Humphrey **HUDGINS** appointed guardian to James **FIGG** orphan of James **FIGG** deceased. Hy

Gates County, North Carolina, Guardian Bonds 1819-1822

HUDGINS {Seal} George **KITTRELL** {Seal} Jesse **SAVAGE** {Seal} [Wit:] C. E. **SUMNER**.

[394] 110 William **HARRELL** Joseph **GORDON** Abram **HARRELL** bound unto James **GATLING** Henry /**GILLIAM** Geoge **KITTRELL**/ Esquires, in the sum of Two hundred & fifty pounds 19th day of February 1822. William **HARRELL** appointed guardian to Shaderick [sic] **FELTON** orphan of Noah **FELTON** deceased. William **HARRELL** {Seal} Jos **GORDON** {Seal} Abraham **HARRELL** {Seal} [Wit:] C. E. **SUMNER**.

[395] 111 William **HARRELL** Joseph **GORDON** Abram **HARRELL** bound unto James **GATLING** Henry /**GILLIAM** Geoge **KITTRELL**/ Esquires, in the sum of Two hundred & fifty pounds 19th day of February 1822. William **HARRELL** appointed guardian to Micajah **FELTON** orphan of Noah **FELTON** deceased. William **HARRELL** {Seal} Jos **GORDON** {Seal} Abraham **HARRELL** {Seal} [Wit:] C. E. **SUMNER**.

[396] 112 Pryor **SAVAGE** Thomas **RIDDICK** & Jesse **HUDGINS** bound unto James **GATLING**, Henry /**GILLIAM** George **KITTRELL**/ Esquires, in the sum of One thousand pounds 19th day of February 1822. Pryor **SAVAGE** appointed guardian to Pricilla **LEWIS** orphan of Luton **LEWIS** deceased. Pryer **SAVAGE** {Seal} Thos **RIDDICK** {Seal} Jesse **HUDGINS** {Seal} [Wit:] C. E. **SUMNER**.

[397] 113 Pryor **SAVAGE** Thomas **RIDDICK** & Jesse **HUDGINS** bound unto James **GATLING**, Henry /**GILLIAM** George **KITTRELL**/ Esquires, in the sum of One thousand pounds 19th day of February 1822. Pryor **SAVAGE** appointed guardian to Martha **LEWIS** orphan of Luton **LEWIS** deceased. Pryer **SAVAGE** {Seal} Thos **RIDDICK** {Seal} Jesse **HUDGINS** {Seal} [Wit:] C. E. **SUMNER**.

[398] 114 Alexander **CARTER** James **PILAND** Kindred **PARKER** bound unto James **GATLING** George /**KITTRELL** Abram **HARRELL**/ Esquires, in the sum of One hundred pounds 19th day of February 1822. Alexander **CARTER** appointed guardian to Henry **CARTER** orphan of James **CARTER** deceased. Alexande [sic] **CARTER** {Seal} James **PILAND** {Seal} Kindred **PARKER** {Seal} [Wit:] C. E. **SUMNER**

[399] 115 Alexander **CARTER** James **PILAND** Kindred **PARKER** bound unto James **GATLING** George /**KITTRELL** Abram **HARRELL**/ Esquires, in the sum of One hundred pounds 19th day of February 1822. Alexander **CARTER** appointed guardian to James **CARTER** orphan of James **CARTER** deceased. Alexander **CARTER** {Seal} James **PILAND** {Seal} Kindred **PARKER** {Seal} [Wit:] C. E. **SUMNER**.

[400] 116 James **ROUNTREE** Noah **ROUNTREE** & Whitmell **STALLINGS** bound unto James **GATLING** George /**KITTRELL** Wills **COWPER**/ Esquires, in the sum of Seven hundred pounds 19th day of February 1822. James **ROUNTREE** appointed guardian to Eliza **BRINKLEY** orphan of Elisha **BRINKLEY** deceased. Jas **ROUNTREE** {Seal} Noah **ROUNTREE** {Seal} Whit **STALLINGS** {Seal} [Wit:] C. E. **SUMNER**

[401] 117 James **ROUNTREE** Noah **ROUNTREE** & Whitmell **STALLINGS** bound unto James **GATLING** George /**KITTRELL** Wills **COWPER**/ Esquires, in the sum of Seven hundred pounds 19th day of February 1822. James **ROUNTREE** appointed guardian to Kiddey **BRINKLEY** orphan of Elisha **BRINKLEY** deceased. Jas **ROUNTREE** {Seal} Noah **ROUNTREE** {Seal} Whit **STALLINGS** {Seal} [Wit:] C. E. **SUMNER**.

[402] 1 (2) Elvey **LEWIS** David **LEWIS** and Abraham **CROSS** bound unto Humphry **HUDGINS**, Mills /**EURE** Timothy **WALTON**/ Esquires, in the sum of two thousand pounds 18th [sic] day of February 1822. Elevey **LEWIS** appointed guardian to Mary **PARKER** orphan of William **PARKER** deceased. Elvy **LEWIS** {Seal} David his + mark **LEWIS** {Seal} Abm.. **CROSS** {Seal} [Wit:] J. **SUMNER**.

[403] 2 Mills **ROGERS**, William **BIRD** and Jonathan **ROGERS** bound unto Humphry **HUDGINS** Mills /**EURE** Timothy **WALTON**/ Esquires, in the sum of two thousand Dollars ~~pounds~~ 18th day of February 1822. Mills **ROGERS** appointed guardian to Mary **ROGERS** orphan of Phillip **ROGERS** deceased. Mills **ROGERS** {Seal} William **BYRD** {Seal} Jonathan **ROGERS** {Seal} [Wit:] J. **SUMNER**

Gates County, North Carolina, Guardian Bonds 1819-1822

[404] 3 Noah **ODOM** Elisha **CROSS** and Abraham **CROSS** bound unto Humphry **HUDGINS**, Mills /**EURE** Timothy **WALTON**/ Esquires, in the sum of five thousand pounds 18th day of February 1822. Noah **ODOM** appointed guardian to Jacob **ODOM** orphan of John **ODOM** deceased. Noah **ODOM** {Seal} Elisha **CROSS** {Seal} Ab^m.. **CROSS** {Seal} [Wit:] J. **SUMNER**

[405] 4 David **HOBBS** Timothy **WALTON** and Nathan **CULLINS** bound unto Humphry **HUDGINS**, Mills /**EURE** Timothy **WALTON**/ Esquires, in the sum of five hundred pounds 18th day of February 1822. [blank] appointed guardian to Lydia **SPIVEY** orphan of Jacob **SPIVEY** deceased. "Now the condition of the above obligation is such, That if the said David **HOBBS** guardian as aforesaid..." David his x mark **HOBBS** {Seal} Tim **WALTON** {Seal} Nathan **CULLINS** {Seal} [Wit:] J. **SUMNER**

[406] 5 Nathan **CULLINS** Timothy **WALTON** and Whitmel **STALLINGS** bound unto Humphry **HUDGINS**, Mills /**EURE** Timothy **WALTON**/ Esquires, in the sum of five hundred pounds 18th day of February 1822. Nathan **CULLINS** appointed guardian to Charles **ROUNTREE** orphan of Miles **ROUNTREE** deceased. Nathan **CULLINS** {Seal} Tim **WALTON** {Seal} Whit **STALLINGS** {Seal} [Wit:] J.. **SUMNER**

[407] 6 Washington **SMITH** George **KITTRELL** and Abraham **CROSS** bound unto Humphry **HUDGINS** Mills /**EURE** Timothy **WALTON**/ Esquires, in the sum of One thousand pounds 18th day of February 1822. Washington **SMITH** appointed guardian to Demsey **ODOM** orphan of Benjamin **ODOM** deceased. W. **SMITH** {Seal} George **KITTRELL** {Seal} Ab^m.. **CROSS** {Seal} [Wit:] J. **SUMNER**

[408] 7 Washington **SMITH** George **KITTRELL** and Abraham **CROSS** bound unto Humphry **HUDGINS** Mills /**EURE** Timothy **WALTON**/ Esquires, in the sum of one thousand pounds 18th day of February 1822. Washington **SMITH** appointed guardian to John **ODOM** orphan of Benjamin **ODOM** deceased. W. **SMITH** {Seal} George **KITTRELL** {Seal} Ab^m.. **CROSS** {Seal} [Wit:] J. **SUMNER**

[409] 8 Frederick **JONES** Richard **BOND** and James **BRINKLEY** bound unto Humphry **HUDGINS** Mills /**EURE** Timothy **WALTON**/ Esquires, in the sum of One thousand pounds 19th day of February 1822. Frederick **JONES** appointed guardian to Elisha **HUNTER** orphan of William **HUNTER** deceased. Frederick **JONES** {Seal} Richd **BOND** {Seal} James **BRINKLEY** {Seal} [Wit:] J. **SUMNER**.

[410] 9 Henry **LASSITER** James **LASSITER** and James **COSTAN** bound unto James **GATLING**, George /**KITTRELL** Abraham **HARRELL**/ Esquires, in the sum of three thousand pounds 19th day of February 1822. Henry **LASSITER** appointed guardian to Henry **COSTAN** orphan of James **COSTAN** deceased. Henry **LASSITER** {Seal} James **LASSITER** {Seal} James **COSTEN** {Seal} [Wit:] J. **SUMNER**

[411] 10 Henry **LASSITER** James **LASSITER** and James **COSTAN** bound unto James **GATLING**, George /**KITTRELL** Abram **HARRELL**/ Esquires, in the sum of three thousand pounds 19th day of February 1822. Henry **LASSITER** appointed guardian to James **COSTAN** orphan of James **COSTAN** deceased. Henry **LASSITER** {Seal} James **LASSITER** {Seal} James **COSTEN** {Seal} [Wit:] J. **SUMNER**

[412] 11 Henry **LASSITER** James **LASSITER** and James **COSTAN** bound unto James **GATLING**, George /**KITTRELL** Humphry **HUDGINS**/ Esquires, in the sum of three thousand pounds 19th day of February 1822. Henry **LASSITER** appointed guardian to Pleasant **COSTAN** orphan of James **COSTAN** deceased. Henry **LASSITER** {Seal} James **LASSITER** {Seal} James **COSTEN** {Seal} [Wit:] J. **SUMNER**

[413] 12 David **OUTLAW** Henry **GILLIAM** Joseph **GORDON** bound unto James **GATLING**, George /**KITTRELL** Humphry **HUDGINS**/ Esquires, in the sum of Five thousand pounds 19th day of February 1822. David **OUTLAW** appointed guardian to Harriat **OUTLAW** orphan of George **OUTLAW** deceased. David **OUTLAW** {Seal} H. **GILLIAM** {Seal} Jos **GORDON** {Seal} [Wit:] C E **SUMNER**

[414] 13 Whitmell **STALLINGS** James **ROUNTREE** & Nathan **CULLINS** bound unto John B **BAKER** /George **KITTRELL** Abram **HARRELL**/ Esquires, in the sum of One thousand pounds 19th day of February 1822. Whitmell **STALLINGS** appointed guardian to Simon **WALTERS** orphan of Isaac **WALTERS** de-

Gates County, North Carolina, Guardian Bonds 1819-1822

ceased. Whit **STALLINGS** {Seal} Ja^s **ROUNTREE** {Seal} Nathan **CULLENS** {Seal} [Wit:] C. E. **SUMNER**

[415] 14 Whitmell **STALLINGS** James **ROUNTREE** & Nathan **CULLINS** bound unto John B **BAKER** George /**KITTRELL** Abram **BEEMAN**/ Esquires, in the sum of One thousand pounds 19th day of February 1822. Whitmell **STALLINGS** appointed guardian to Charles **WALTERS** orphan of Isaac **WALTERS** deceased. Whit **STALLINGS** {Seal} Ja^s **ROUNTREE** {Seal} Nathan **CULLENS** {Seal} [Wit:] C. E. **SUMNER**

[416] 15 Noah **ROUNTREE** James **ROUNTREE** Allen **WARD** bound unto Henry **GILLIAM** George /**KITTRELL**, Jno. B. **BAKER**/ Esquires, in the sum of One thousand pounds 19th day of February 1822. Noah **ROUNTREE** appointed guardian to Seth W. **ROUNTREE** orphan of Seth **ROUNTREE** deceased. Noah **ROUNTREE** {Seal} Ja^s **ROUNTREE** {Seal} Allan **WARD** {Seal} [Wit:] C. E. **SUMNER**

[417] 16 Wills **COWPER** bound unto Humphry **HUDGINS** George /**KITTRELL**, James **GATLING**/ Esquires, in the sum of One thousand pounds 19th day of February 1822. Wills **COWPER** appointed guardian to William **COWPER** orphan of John **COWPER** deceased. [No signatures; no witness.] {Seal} {Seal} {Seal}

[418] 17 Thomas **RIDDICK** William W. **RIDDICK** & Kinchen **NORFLEET** bound unto Wills **COWPER** George /**KITTRELL** Henry **GILLIAM**/ in the sum of Five thousand pounds 19th day of February 1822. Thomas **RIDDICK** appointed guardian to Robert **RIDDICK** orphan of Lassiter **RIDDICK** deceased. Thos. **RIDDICK** {Seal} W^m W **RIDDICK** {Seal} Kinchen **NORFLEET** {Seal} [Wit:] C E **SUMNER**

[419] 18 Thomas **RIDDICK** William W. **RIDDICK**, Kinchen **NORFLEET** bound unto Wills **COWPER** Henry /**GILLIAM** George **KITTRELL**/ in the sum of Five thousand pounds 19th day of February 1822. Thomas **RIDDICK** appointed guardian to Thomas **RIDDICK** orphan of Lassiter **RIDDICK** deceased. Thos. **RIDDICK** {Seal} W^m W **RIDDICK** {Seal} Kinchen **NORFLEET** {Seal} [Wit:] C E **SUMNER**

[420] 19 Thomas **RIDDICK** William W. **RIDDICK** & Kinchen **NORFLEET** bound unto Wills **COWPER** Henry /**GILLIAM** George **KITTRELL**/ in the sum of Five thousand pounds 19th day of February 1822. Thomas **RIDDICK** appointed guardian to Mary **RIDDICK** orphan of Lassiter **RIDDICK** deceased. Thos. **RIDDICK** {Seal} W^m W **RIDDICK** {Seal} Kinchen **NORFLEET** {Seal} [Wit:] C. E. **SUMNER**

[421] 20 Nathan **RIDDICK** Nathan **WARD** and James **BRINKLEY** bound unto Humphrey **HUDGINS** /George **KITTRELL** Mills **EURE**/ Esquires, in the sum of Five hundred pounds 19th day of February 1822. Nathan **RIDDICK** appointed guardian to Lena **GREEN** ~~orphan of~~ A Child of Aaron **GREEN** deceased. [sic] Nathan **RIDDICK** {Seal} Nathan **WARD** {Seal} James **BRINKLEY** {Seal} [Wit:] C E **SUMNER**

[422] 21 Nathan **RIDDICK** Nathan **WARD** and James **BRINKLEY** bound unto Humphrey **HUDGINS** /George **KITTRELL** Mills **EURE**/ Esquires, in the sum of Five hundred pounds 19th day of February 1822. Nathan **RIDDICK** appointed guardian to Matthew **GREEN** ~~orphan of~~ Child of Aaron **GREEN** deceased. Nathan **RIDDICK** {Seal} Nathan **WARD** {Seal} James **BRINKLEY** {Seal} [Wit:] C. E. **SUMNER**

[423] 22 Barnes **GOODMAN** Hillory **WILLEY** & George **KITTRELL** bound unto Humphrey **HUDGINS** /George **KITTRELL** Mills **EURE**/ Esquires, in the sum of Two thousand pounds 19th day of February 1822. Barnes **GOODMAN** appointed guardian to John B. **BENTON** orphan of Jesse B. **BENTON** deceased. Barnes **GOODMAN** {Seal} H.. **WILLEY** {Seal} George **KITTRELL** {Seal} [Wit:] C E **SUMNER**

[424] 23 Barnes **GOODMAN** Hillory **WILLEY** & George **KITTRELL** bound unto Humphrey **HUDGINS** George **KITTRELL** Mills **EURE** Esquires, in the sum of One thousand pounds 19th day of February 1822. Barnes **GOODMAN** appointed Guardian to William S. **BENTON** orphan of Jesse B. **BENTON** deceased. Barnes **GOODMAN** {Seal} H.. **WILLEY** {Seal} George **KITTRELL** {Seal} [Wit:] C E **SUMNER**

[425] 24 Abraham **BEEMAN** Mills **EURE** and Levi **EURE** bound unto George **KITTRELL** John

Gates County, North Carolina, Guardian Bonds 1819-1822

/WALTON William S BARNES/ Esquires, in the sum of Five hundred pounds 19th day of February 1822. Abram BEEMAN appointed guardian to Thomas HARRELL orphan of Elisha HARRELL deceased. A^m. BEEMAN {Seal} Mills EURE {Seal} Levi EURE {Seal} [Wit:] C. E. SUMNER

[426] 25 Abraham BEEMAN Mills EURE and Levi EURE bound unto Humphrey HUDGINS /William S BARNES Mills EURE/ Esquires, in the sum of Five hundred pounds 19th day of February 1822. Abram BEEMAN appointed guardian to Elijah HARRELL orphan of Elisha HARRELL deceased. A^m. BEEMAN {Seal} Mills EURE {Seal} Levi EURE {Seal} [Wit:] C. E. SUMNER

[427] 26 Abraham BEEMAN Mills EURE and Levi EURE bound unto James GATLING, Timothy /WALTON Humphrey HUDGINS/ Esquires, in the sum of Five hundred pounds 19th day of February 1822. Abraham BEEMAN appointed guardian to Josiah HARRELL orphan of Elisha HARRELL deceased. A^m. BEEMAN {Seal} Mills EURE {Seal} Levi EURE {Seal} [Wit:] C. E. SUMNER

[428] 27 Abraham BEEMAN Mills EURE and Levi EURE bound unto James GATLING, Humphrey /HUDGINS Timothy WALTON/ Esquires, in the sum of Five hundred pounds 19th day of February 1822. Abraham BEEMAN appointed guardian to Elisha HARRELL orphan of Elisha HARRELL deceased. A^m. BEEMAN {Seal} Mills EURE {Seal} Levi EURE {Seal} [Wit:] C. E. SUMNER.

[429] 28 James BOOTH Thomas RIDDICK Enoch WILLIAMS bound unto Humphrey HUDGINS Timoy [sic] /WALTON William S. BARNES/ Esquires, in the sum of Five hundred pounds 19th day of February 1822. James BOOTH appointed guardian to Pricilla HAYSE orphan of Hance HAYSE deceased. James BOOTHE {Seal} Thos. RIDDICK {Seal} Enoch WILLIAMS {Seal} [Wit:] C. E. SUMNER

[430] 29 James BOOTH Thomas RIDDICK Enoch WILLIAMS bound unto James GATLING Humphry /HUDGINS Wm S. BARNES/ Esquires, in the sum of Five hundred pounds 19th day of February 1822. James BOOTH appointed guardian to Wright HAYSE orphan of Hance HAYSE deceased. James BOOTHE {Seal} Thos. RIDDICK {Seal} Enoch WILLIAMS {Seal} [Wit:] C E SUMNER

[431] 30 James BOOTH Thomas RIDDICK Enoch WILLIAMS bound unto James GATLING Humphry /HUDGINS William BARNES/ Esquires, in the sum of Five hundred pounds 19th day of February 1822. James BOOTH appointed guardian to Asa HAYSE orphan of Hance HAYSE deceased. James BOOTHE {Seal} Thos RIDDICK {Seal} Enoch WILLIAMS {Seal} [Wit:] C E SUMNER

[432] 31 Lemuel GOODMAN William GOODMAN & William LEE bound unto William W. RIDDICK /William S. BARNES John WALTON/ Esquires, in the sum of Two thousand pounds 19th day of February 1822. Lemuel GOODMAN appointed guardian to Edith GOODMAN orphan of William GOODMAN deceased. Lem^l.. GOODMAN {Seal} William GOODMAN {Seal} WILLIAM LEE {Seal} [Wit:] C E SUMNER

[433] 32 William BYRD Kindred PARKER & Henry SPEIGHT bound unto William W. RIDDICK /Joseph RIDDICK, Humphry HUDGINS/ Esquires, in the sum of Two hundred pounds 19th day of February 1822. William BYRD appointed guardian to Christian LEWIS orphan of Luton LEWIS deceased. William BYRD {Seal} Kindred PARKER {Seal} William SEARS [sic] {Seal} [Wit:] C. E. SUMNER.

[434] 33 Abraham C. MORGAN Abram MORGAN Senr. William CLEAVES bound unto Humphrey HUDGINS /Timothy WALTON George KITTRELL/ Esquires, in the sum of Five hundred pounds 19th day of February 1822. Abram C MORGAN appointed guardian to Charles N. PRUDEN orphan of Nathaniel PRUDEN deceased. A. C MORGAN {Seal} Abraham MORGAN {Seal} Wm CLEAVES {Seal} [Wit:] C E SUMNER

[435] 34 Abraham C. MORGAN Abram MORGAN Senr. William CLEAVES bound unto William W RIDDICK /John B. WALTON Timy WALTON/ Esquires, in the sum of Five hundred pounds 19th day of February 1822. Abram C MORGAN appointed guardian to Selah PRUDEN orphan of Nathaniel PRUDEN

Gates County, North Carolina, Guardian Bonds 1819-1822

deceased. A. C. **MORGAN** {Seal} Abraham **MORGAN** {Seal} W^m.. **CLEAVES** {Seal} [Wit:] C. E. **SUMNER**

[436] 35 Timothy **WALTON** Thomas **RIDDICK** and Richard **BOND** bound unto William W. **RIDDICK** /Jno. B. **WALTON** George **KITTRELL**/ Esquires, in the sum of Two hundred & fifty pounds 19th day of February 1822. Timothy **WALTON** appointed guardian to George **WALTON** orphan of James **WALTON** deceased. T.. **WALTON** {Seal} Thos. **RIDDICK** {Seal} Richd **BOND** {Seal} [Wit:] C E **SUMNER**

[437] 36 John **BRINKLEY** Kedar **BALLARD** & Jesse **MATHIAS** bound unto John **WALTON** Timothy /**WALTON** George **KITTRELL**/ Esquires, in the sum of One thousand pounds 19th day of February 1822. John **BRINKLEY** appointed guardian to Rachel **BRINKLEY** orphan of Elisha **BRINKLEY** deceased. John **BRINKLY** {Seal} K **BALLARD** {Seal} Jesse **MATHIAS** {Seal} [Wit:] C E **SUMNER**

[438] 37 John **BRINKLEY** Kedar **BALLARD** & Jesse **MATHIAS** bound unto John **WALTON** Timothy /**WALTON** George **KITTRELL**/ Esquires, in the sum of One thousand pounds 19th day of February 1822. John **BRINKLEY** appointed guardian to Mary **BRINKLEY** orphan of Elisha **BRINKLEY** deceased. John **BRINKLY** {Seal} K **BALLARD** {Seal} Jesse **MATHIAS** {Seal} [Wit:] C. E. **SUMNER**.

[439] 38 John **BRINKLEY** Kedar **BALLARD** & Jesse **MATHIAS** bound unto John **WALTON** Timothy /**WALTON** George **KITTRELL**/ Esquires, in the sum of One thousand pounds 19th day of February 1822. John **BRINKLEY** appointed guardian to Calvin **BRINKLEY** orphan of Elisha **BRINKLEY** deceased. John **BRINKLY** {Seal} K **BALLARD** {Seal} Jesse **MATHIAS** {Seal} [Wit:] C. E. **SUMNER**.

[440] 39 William **LEE** Lewis **EURE** and Levi **ROGERS** bound unto John **WALTON** Abram /**HARRELL** Wm. W. **RIDDICK**/ Esquires, in the sum of Two hundred & fifty pounds 19th day of February 1822. William **LEE** appointed guardian to David **GOODMAN** orphan of Child of William **GOODMAN** (of Joel) deceased. [sic] W<u>M</u> **LEE** {Seal} Lewis **EURE** {Seal} Levi **ROGERS** {Seal} [Wit:] C. E. **SUMNER**.

[441] 40 William **LEE** Lewis **EURE** and Levi **ROGERS** bound unto John **WALTON** Abram /**HARRELL** Mills **EURE**/ Esquires, in the sum of Two hundred & fifty pounds 19th day of February 1822. William **LEE** appointed guardian to Richard H. **GOODMAN** orphan of Child of William **GOODMAN** (of Joel) deceased. W<u>M</u> **LEE** {Seal} Lewis **EURE** {Seal} Levi **ROGERS** {Seal} [Wit:] C. E. **SUMNER**

[442] 41 Joseph **FREEMAN** Asa **ODOM** and Lemuel **GOODMAN** bound unto Mills **RIDDICK**, George /**KITTRELL** Humphry **HUDGINS**/ Esquires, in the sum of One thousand pounds 20th day of February 1822. Joseph **FREEMAN** appointed guardian to David **FREEMAN** orphan of a Lunatic deceased. [sic] "and shall also settle his guardianship accounts with the Court of said County, as is required by law; and that he will deliver up to the said David **FREEMAN** when he shall come to sound mind &c..." Jo^s **FREEMAN** {Seal} Asa **ODOM** {Seal} Lem^l.. **GOODMAN** {Seal} [Wit:] C. E. **SUMNER**

[443] 42 Lewis **EURE** Abraham **BEEMAN** and Levi **EURE** bound unto Mills **RIDDICK** George /**KITTRELL** & Humphrey **HUDGINS**/ Esquires in the sum of One hundred pounds 20th day of February 1822. Lewis **EURE** appointed guardian to Permelia **LANGSTON** orphan of Isaac **LANGSTON** deceased. Lewis **EURE** {Seal} A^m.. **BEEMAN** {Seal} Levi **EURE** {Seal} [Wit:] C. E. **SUMNER**.

[444] 43 Lewis **EURE** Abraham **BEEMAN** and Levi **EURE** bound unto Mills **RIDDICK** George /**KITTRELL** Humphrey **HUDGINS**/ Esquires in the sum of One hundred pounds 20th day of February 1822. Lewis **EURE** appointed guardian to John **LANGSTON** orphan of Isaac **LANGSTON** deceased. Lewis **EURE** {Seal} A^m.. **BEEMAN** {Seal} Levi **EURE** {Seal} [Wit:] C. E. **SUMNER**.

[445] 44 Lewis **EURE** Abraham **BEEMAN** and Levi **EURE** bound unto Mills **RIDDICK** George /**KITTRELL** Humphrey **HUDGINS**/ Esquires in the sum of One hundred pounds 20th day of February 1822. Lewis **EURE** appointed guardian to Nancy **LANGSTON** orphan of Isaac **LANGSTON** deceased. Lewis **EURE** {Seal} A^m.. **BEEMAN** {Seal} Levi **EURE** {Seal} [Wit:] C. E. **SUMNER**.

Gates County, North Carolina, Guardian Bonds 1822-1823

1822-1823

[446] 1 (No. 3) Rachel **KNIGHT** Humphry **HUDGINS** and Kedar **BALLARD** bound unto Henry **GILLIAM**, George /**KITTRELL** Abram **HARRELL**/ Esquires, in the sum of One thousand Dollars ~~pounds~~ 19th day of February 1822. Rachel **KNIGHT** appointed guardian to Benjamin **KNIGHT** orphan of James **KNIGHT** deceased. Rachel her + mark **KNIGHT** {Seal} Hy **HUDGINS** {Seal} K. **BALLARD** {Seal} [Wit:] J. **SUMNER**.

[447] 2 Rachel **KNIGHT** Humphry **HUDGINS** and Kedar **BALLARD** bound unto Henry **GILLIAM**, George /**KITTRELL** Abram **HARRELL**/ Esquires, in the sum of five hundred pounds 19th day of February 1822. Rachel **KNIGHT** appointed guardian to Martha **KNIGHT** orphan of James **KNIGHT** deceased. Rachel her + mark **KNIGHT** {Seal} Hy **HUDGINS** {Seal} K. **BALLARD** {Seal} [Wit:] J. **SUMNER**.

[448] 3 Nansey **BOND**, Henry **BOND** and Henry **GILLIAM** bound unto Humphry **HUDGINS**, George /**KITTRELL** Henry **GILLIAM**/ Esquires, in the sum of five hundred pounds 19th day of February 1822. Nansey **BOND** appointed guardian to Elizabeth **BOND** orphan of Thomas **BOND** deceased. Nancy **BOND** {Seal} Henry **BOND** {Seal} H. **GILLIAM** {Seal} [Wit:] J. **SUMNER**.

[449] 4 James **BRINKLEY** Nathan **RIDDICK** and Nathan **WARD** bound unto George **KITTRELL**, Henry /**GILLIAM** Humphry **HUDGINS**/ Esquires, in the sum of One thousand pounds 19th day of February 1822. James **BRINKLEY** appointed guardian to Nansey **HURDLE** orphan of Thomas **HURDLE** deceased. James **BRINKLEY** {Seal} Nathan **RIDDICK** {Seal} Nathan **WARD** {Seal} [Wit:] J. **SUMNER**

[450] 5 James **PILAND** Alexander **CARTER** and David **LEWIS** bound unto Humphry **HUDGINS** Mills /**EURE** George **KITTRELL**/ Esquires, in the sum of five Hundred pounds 19th day of February 1822. James **PILAND** appointed guardian to Exum **LEWIS** orphan of John **LEWIS** deceased. James **PILAND** {Seal} Alexander **CARTER** {Seal} David his + mark **LEWIS** {Seal} [Wit:] J.. **SUMNER**.

[451] 6 James **PILAND** Alexander **CARTER** and David **LEWIS** bound unto Humphry **HUDGINS** Mills /**EURE** George **KITTRELL**/ Esquires, in the sum of Five hundred pounds 19th day of February 1822. James **PILAND** appointed guardian to John **LEWIS** orphan of John **LEWIS** deceased. James **PILAND** {Seal} Alexander **CARTER** {Seal} David his + mark **LEWIS** {Seal} [Wit:] J. **SUMNER**

[452] 7 James **PILAND** Alexander **CARTER** and David **LEWIS** bound unto Humphry **HUDGINS** Mills /**EURE** George **KITTRELL**/ Esquires, in the sum of Five Hundred pounds 19th day of February 1822. James **PILAND** appointed guardian to Margaret **LEWIS** orphan of John **LEWIS** deceased. James **PILAND** {Seal} Alexander **CARTER** {Seal} David his + mark **LEWIS** {Seal} [Wit:] J.. **SUMNER**.

[453] 8 James **PILAND** [blank] bound unto Humphry **HUDGINS** Mills /**EURE** George **KITTRELL**/ Esquires, in the sum of Five Hundred pounds 19th day of February 1822. James **PILAND** appointed guardian to Selah **LEWIS** orphan of John **LEWIS** deceased. James **PILAND** {Seal} Alexander **CARTER** {Seal} David his + mark **LEWIS** {Seal} [Wit:] J.. **SUMNER**.

[454] 9 William **BROTHERS** Etheldred **MATTHEWS** and John C **GORDON** bound unto Humphry **HUDGINS**, James /**GATLING** Timothy **WALTON**/ Esquires, in the sum of three hundred pounds 19th day of February 1822. William **BROTHERS** appointed guardian to Margaret **BRINKLEY** orphan of William **BRINKLEY** deceased. William **BROTHERS** {Seal} Etheldr [sic] **MATHEWS** {Seal} Jn°. C. **GORDON** {Seal} [Wit:] J. **SUMNER**.

[455] 10 William **BROTHERS** Etheldred **MATTHEWS** and John C **GORDON** bound unto Humphry **HUDGINS**, James /**GATLING** Timothy **WALTON**/ Esquires, in the sum of three hundred pounds 19th day of February 1822. [blank] [William **BROTHERS**] appointed guardian to Millicent **BRINKLEY** orphan of William **BRINKLEY** deceased. William **BROTHERS** {Seal} Etheldr [sic] **MATHEWS** {Seal} Jn°. C.

Gates County, North Carolina, Guardian Bonds 1822-1823

GORDON {Seal} [Wit:] J. SUMNER.

[456] 11 Jane FELTON George KITTRELL and Hillory WILLEY bound unto Humphry HUDGINS, James /GATLING Timothy WALTON/ Esquires, in the sum of Five Hundred pounds 19th day of February 1822. [blank] [Jane FELTON] appointed guardian to Noah FELTON orphan of Noah FELTON deceased. Jane FELTON {Seal} George KITTRELL {Seal} H. WILLEY {Seal} [Wit:] J.. SUMNER

[457] 12 Jane FELTON George KITTRELL and Hillory WILLEY bound unto Humphry HUDGINS, James /GATLING Timothy WALTON/ Esquires, in the sum of five Hundred pounds 19th day of February 1822. Jane FELTON appointed guardian to Samuel H FELTON orphan of Noah FELTON deceased. Jane FELTON {Seal} George KITTRELL {Seal} H. WILLEY {Seal} [Wit:] J.. SUMNER.

[458] 13 Jane FELTON George KITTRELL and Hillory WILLEY bound unto Humphry HUDGINS, James /GATLING Timothy WALTON/ Esquires, in the sum of five Hundred pounds 19th day of February 1822. Jane FELTON appointed guardian to Elisha FELTON orphan of Noah FELTON deceased. Jane FELTON {Seal} George KITTRELL {Seal} H.. WILLEY {Seal} [Wit:] J.. SUMNER.

[459] 14 Jane FELTON George KITTRELL and Hillory WILLEY bound unto Humphry HUDGINS, James /GATLING Timothy WALTON/ Esquires, in the sum of five Hundred pounds 19th day of February 1822. Jane FELTON appointed guardian to David FELTON orphan of Noah FELTON deceased. Jane FELTON {Seal} George KITTRELL {Seal} H.. WILLEY {Seal} [Wit:] J.. SUMNER

[460] 15 Stephen EURE Mills EURE and Lewis EURE bound unto Abram BEEMAN Humphry /HUDGINS James GATLING/ Esquires, in the sum of four Hundred pounds 19th day of February 1822. Stephen EURE appointed guardian to John BOYCE orphan of Jonathan BOYCE deceased. Stephen EURE {Seal} Mills EURE {Seal} Lewis EURE {Seal} [Wit:] J. SUMNER

[461] 16 Stephen EURE Mills EURE and Lewis EURE bound unto Humphry HUDGINS James /GATLING Abram BEEMAN/ Esquires, in the sum of four Hundred pounds 19th day of February 1822. Stephen EURE appointed guardian to William BOYCE orphan of Jonathan BOYCE deceased. Stephen EURE {Seal} Mills EURE {Seal} Lewis EURE {Seal} [Wit:] J. SUMNER.

[462] 17 Stephen EURE Mills EURE and Lewis EURE bound unto Humphry HUDGINS James /GATLING Abram BEEMAN/ Esquires, in the sum of four Hundred pounds 19th day of February 1822. Stephen EURE appointed guardian to James BOYCE orphan of Jonathan BOYCE deceased. Stephen EURE {Seal} Mills EURE {Seal} Lewis EURE {Seal} [Wit:] J. SUMNER.

[463] 18 John WALTON John B. WALTON and Henry BOND bound unto Humphry HUDGINS, James /GATLING, Mills EURE/ Esquires, in the sum of one thousand pounds 20th day of February 1822. John WALTON appointed guardian to Penelope TROTMAN orphan of Riddick TROTMAN deceased. J.. WALTON {Seal} Jn°.. B WALTON {Seal} Henry BOND {Seal} [Wit:] J. SUMNER

[464] 19 John WALTON John B. WALTON and Henry BOND bound unto James GATLING, George /KITTRELL Humphrey HUDGINS/ Esquires, in the sum of One thousand pounds 20th day of February 1822. John WALTON appointed guardian to Riddick TROTMAN orphan of Riddick TROTMAN deceased. J.. WALTON {Seal} Jn°.. B WALTON {Seal} Henry BOND {Seal} [Wit:] J. SUMNER..

[465] 20 John WALTON John B. WALTON and Henry BOND bound unto James GATLING Humphrey /HUDGINS George KITTRELL/ Esquires, in the sum of One thousand pounds 20th day of February 1822. John WALTON appointed guardian to Ezekiel TROTMAN orphan of Riddick TROTMAN deceased. J.. WALTON {Seal} Jn°.. B WALTON {Seal} Henry BOND {Seal} [Wit:] J. SUMNER..

[466] 21 John WALTON John B. WALTON and Henry BOND bound unto James GATLING Humphrey /HUDGINS George KITTRELL/ Esquires, in the sum of One thousand pounds 20th day of February 1822.

Gates County, North Carolina, Guardian Bonds 1822-1823

John **WALTON** appointed guardian to Moses **TROTMAN** orphan of Riddick **TROTMAN** deceased. J.. **WALTON** {Seal} Jn°.. B **WALTON** {Seal} Henry **BOND** {Seal} [Wit:] J. **SUMNER**.

[467] 22 John **WALTON** John B. **WALTON** and Henry **BOND** bound unto James **GATLING** Humphrey /**HUDGINS** George **KITTRELL**/ Esquires, in the sum of One thousand pounds 20th day of February 1822. John **WALTON** appointed guardian to Agatha **TROTMAN** orphan of Riddick **TROTMAN** deceased. J.. **WALTON** {Seal} Jn°.. B **WALTON** {Seal} Henry **BOND** {Seal} [Wit:] J. **SUMNER**.

[468] 23 John **WALTON** John B. **WALTON** and Henry **BOND** bound unto James **GATLING** Humphrey /**HUDGINS** George **KITTRELL**/ Esquires, in the sum of One thousand pounds 20th day of February 1822. John **WALTON** appointed guardian to Elisha **TROTMAN** orphan of Riddick **TROTMAN** deceased. J.. **WALTON** {Seal} Jn°.. B **WALTON** {Seal} Henry **BOND** {Seal} [Wit:] J. **SUMNER**.

[469] 24 Henry **GILLIAM** Kedar **BALLARD** and Joseph **GORDON** bound unto Humphry **HUDGINS** George /**KITTRELL** W^m W **RIDDICK**/ Esquires, in the sum of three thousand Dollars pounds 20th day of February 1822. Henry **GILLIAM** appointed guardian to Stephen **SKINNER** orphan of Stephn **SKINN**__ deceased. H.. **GILLIAM** {Seal} Jos **GORDON** {Seal} K. **BALLARD** {Seal} [Wit:] J. **SUMNER**.

[470] 25 Henry **GILLIAM** Kedar **BALLARD** and Jos **GORDON** bound unto Humphry **HUDGINS** /Mills **RIDDICK** & Geor **KITTRELL**/ Esquires, in the sum of three thousand Dollars pounds 20th day of Feb^{ry}. 1822. Henry **GILLIAM** appointed guardian to Henry **SKINN** [sic] orphan of Stephen **SKINN** deceased. H.. **GILLIAM** {Seal} Jos **GORDON** {Seal} K. **BALLARD** {Seal} [Wit:] J. **SUMNER**.

[471] 26 Henry **GILLIAM** Kedar **BALLARD** & Joseph **GORDON** bound unto Humphry **HUDGINS** Mills /**RIDDICK** & Georg **KITTRELL**/ Esquires, in the sum of Three thousand Dollars pounds 20th day of Feb^{ry}. 1822. Henry **GILLIAM** appointed guardian to Joshua **SKINNER** orphan of Stephen **SKINNER** deceased. H.. **GILLIAM** {Seal} Jos **GORDON** {Seal} K. **BALLARD** {Seal} [Wit:] J. **SUMNER**.

[472] 27 Henry **GILLIAM** Kedar **BALLARD** and Jos **GORDON** bound unto Humphry **HUDGINS** Geo. **KITTRELL** & Mills **RIDDICK** Esquires, in the sum of three Hundred Dollars 20th day of Feb^{ry}. 1822. Henry **GILLIAM** appointed Guardian to Edward O. **JONES** Orphan of Demsey O. **JONES** deceased. H.. **GILLIAM** {Seal} Jos **GORDON** {Seal} K. **BALLARD** {Seal} [Wit:] J. **SUMNER**.

[473] 28 Henry **GILLIAM** Kedar **BALLARD** and Joseph **GORDON** bound unto Humphry **HUDGINS** /George **KITTRELL** & Mills **RIDDICK**/ Esquires, in the sum of Five Hundred Dollars pounds 20th day of Feb^{ry}. 1822. Henry **GILLIAM** appointed guardian to the Heirs of Luton **BRADY** orphan of [blank] deceased. H.. **GILLIAM** {Seal} Jos **GORDON** {Seal} K. **BALLARD** {Seal} [Wit:] J. **SUMNER**.

[474] 29 Lewis **EURE** Mills **EURE** & Abram **BEEMAN** bound unto James **GATLING** Humphry /**HUDGINS** George **KITTRELL**/ Esquires, in the sum of Two thousand pounds 20th day of February 1822. Lewis **EURE** appointed guardian to James **SAUNDERS** orphan of Bryant **SAUNDERS** deceased. Lewis **EURE** {Seal} Mills **EURE** {Seal} A^m. **BEEMAN** {Seal} [Wit:] C E **SUMNER**.

[475] 30 Lewis **EURE** Mills **EURE** & Abraham **BEEMAN** bound unto James **GATLING** Humphry /**HUDGINS** George **KITTRELL**/ Esquires, in the sum of Two thousand pounds 20th day of February 1822. Lewis **EURE** appointed guardian to Benjamin **SAUNDERS** orphan of Bryant **SAUNDERS** deceased. Lewis **EURE** {Seal} Mills **EURE** {Seal} A^m. **BEEMAN** {Seal} [Wit:] C. E. **SUMNER**

[476] 31 John **GATLING** Abraham **BEEMAN** & Joseph **GORDON** bound unto James **GATLING** George /**KITTRELL** Humphry **HUDGINS**/ Esquires, in the sum of One hundred pounds 20th day of February 1822. John **GATLING** appointed guardian to Lewis **HURDLE** orphan of Henry **HURDLE** deceased. Jno. **GATLING** {Seal} A^m. **BEEMAN** {Seal} Jos **GORDON** {Seal} [Wit:] C. E. **SUMNER**

[477] 32 John **GATLING** Abraham **BEEMAN** & Joseph **GORDON** bound unto James **GATLING** George

Gates County, North Carolina, Guardian Bonds 1822-1823

/KITTRELL Humphry HUDGINS/ Esquires, in the sum of One hundred pounds 20th day of February 1822. John GATLING appointed guardian to Sophia HURDLE orphan of Henry HURDLE deceased. Jno. GATLING {Seal} A^m. BEEMAN {Seal} Jos GORDON {Seal} [Wit:] C. E. SUMNER

[478] 33 Isaac L. RIDDICK Nathan RIDDICK and Timothy FREEMAN bound unto Humphry HUDGINS /Jno. B WALTON & Jno WALTON/ Esquires, in the sum of One thousand pounds 20th day of February 1822. Isaac L. RIDDICK appointed guardian to Joel HURDLE orphan of William HURDLE deceased. I. T. RIDDICK {Seal} Nathan RIDDICK {Seal} Timy FREEMAN {Seal} [Wit:] C. E. SUMNER.

[479] 34 Isaac L. RIDDICK Nathan RIDDICK and Timothy FREEMAN bound unto Humphrey HUDGINS /George KITTRELL Jno B WALTON/ Esquires, in the sum of One thousand pounds 20th day of February 1822. Isaac L. RIDDICK appointed guardian to Joseph HILL orphan of David HILL deceased. I. T. RIDDICK {Seal} Nathan RIDDICK {Seal} Timy FREEMAN {Seal} [Wit:] C. E. SUMNER.

[480] 35 Isaac L. RIDDICK Nathan RIDDICK and Timothy FREEMAN bound unto Humphrey HUDGINS /George KITTRELL Jno B WALTON/ Esquires, in the sum of One thousand pounds 20th day of February 1822. Isaac L. RIDDICK appointed guardian to Moses HILL orphan of David HILL deceased. I. T. RIDDICK {Seal} Nathan RIDDICK {Seal} Timy FREEMAN {Seal} [Wit:] C. E. SUMNER

[481] 36 Isaac L. RIDDICK Nathan RIDDICK and Timothy FREEMAN bound unto Humphrey HUDGINS /George KITTRELL Jno B WALTON/ Esquires, in the sum of One thousand pounds 20th day of February 1822. Isaac L. RIDDICK appointed guardian to Salley HURDLE orphan of Thomas HURDLE deceased. I. T. RIDDICK {Seal} Nathan RIDDICK {Seal} Timy FREEMAN {Seal} [Wit:] C. E. SUMNER

[482] 37 George KITTRELL William CLEAVES bound unto Humphry HUDGINS, James /GATLING Timothy WALTON/ Esquires, in the sum of three Hundred pounds 20th day of February 1822. George KITTRELL appointed guardian to James WILLIAMS orphan of Jethro WILLIAMS deceased. George KITTRELL {Seal} W^m. CLEAVES {Seal} [Wit:] J.. SUMNER

[483] 38 George KITTRELL William CLEAVES bound unto Humphry HUDGINS, James /GATLING Timothy WALTON/ Esquires, in the sum of three Hundred pounds 20th day of February 1822. George KITTRELL appointed guardian to Elizabeth K. WILLIAMS orphan of Jethro WILLIAMS deceased. George KITTRELL {Seal} W^m. CLEAVES {Seal} [Wit:] J.. SUMNER.

[484] 39 Mary BROTHERS, James MORGAN & John RIDDICK bound unto Ja^s. GATLING, William S. /BARNES & Wm. GOODMAN/ Esquires, in the sum of One thousand pounds 20th day of May 1822. Mary BROTHERS appointed guardian to James A. BALLARD orphan of Thomas BALLARD dec^d. [sic] deceased. Mary BROTHERS {Seal} James MORGAN {Seal} John RIDDICK {Seal} [Wit:] C. E. SUMNER

[485] 40 Mary BROTHERS, James MORGAN & John RIDDICK bound unto Ja^s. GATLING, William S. BARNES /& Wm. GOODMAN/ Esquires, in the sum of One thousand pounds 20th day of May 1822. Mary BROTHERS appointed guardian to Thomas BALLARD orphan of Thomas BALLARD dec^d. [sic] deceased. Mary BROTHERS {Seal} James MORGAN {Seal} John RIDDICK {Seal} [Wit:] C. E. SUMNER

[486] 41 Jesse BARNES Henry JONES & Elisha CROSS bound unto Ja^s. GATLING, Wm. GOODMAN /Abram BEEMAN/ Esquires, in the sum of One thousand pounds 20 day of May 1822. Jesse BARNES appointed guardian to Margaret BARNES orphan of Thomas BARNES deceased. Jesse BARNES {Seal} Henry JONS {Seal} Elisha CROSS {Seal} [Wit:] C E SUMNER

[487] 42 Jesse BARNES Henry JONES & Elisha CROSS bound unto Ja^s. GATLIN Wm. GOODMAN /Abram BEEMAN/ Esquires, in the sum of One thousand pounds 20th day of May 1822. Jesse BARNES appointed guardian to Thomas BARNES orphan of Thomas BARNES deceased. Jesse BARNES {Seal} Henry JONS {Seal} Elisha CROSS {Seal} [Wit:] C. E. SUMNER.

Gates County, North Carolina, Guardian Bonds 1822-1823

[488] 43 Jesse **BARNES** Henry **JONES** & Elisha **CROSS** bound unto Ja^s. **GATLIN** Wm. **GOODMAN** /Abram **BEEMAN**/ Esquires, in the sum of One thousand pounds 20th day of May 1822. Jesse **BARNES** appointed guardian to Richard **BARNES** orphan of Thomas **BARNES** deceased. Jesse **BARNES** {Seal} Henry **JONS** {Seal} Elisha **CROSS** {Seal} [Wit:] C. E. **SUMNER**.

[489] 44 Henry **JONES** Lewis **EURE** and Elisha **CROSS** bound unto Humphry **HUDGINS** /Ja^s. **GATLING**, Wm. **GOODMAN**/ Esquires, in the sum of One thousand pounds 20th day of May 1822. Henry **JONES** appointed guardian to John **JONES** ~~orphan of~~ his own Child ~~deceased~~. Henry **JONS** {Seal} Lewis **EURE** {Seal} Elisha **CROSS** {Seal} [Wit:] C. E. **SUMNER**.

[490] 45 Henry **JONES** Lewis **EURE** and Elisha **CROSS** bound unto Humphry **HUDGINS** /Ja^s. **GATLING**, W^m.. **GOODMAN**/ Esquires, in the sum of One thousand pounds 20th day of May 1822. Henry **JONES** appointed guardian to Hardy **JONES** ~~orphan of~~ his own child ~~deceased~~. Henry **JONS** {Seal} Lewis **EURE** {Seal} Elisha **CROSS** {Seal} [Wit:] C. E. **SUMNER**

[491] 46 Henry **JONES** Lewis **EURE** and Elisha **CROSS** bound unto Humphry **HUDGINS** Ja^s. /**GATLING**, Wm. **GOODMAN**/ Esquires, in the sum of One thousand pounds 20th day of May 1822. Henry **JONES** appointed guardian to Susan **JONES** ~~orphan of~~ his own Child ~~deceased~~. Henry **JONS** {Seal} Lewis **EURE** {Seal} Elisha **CROSS** {Seal} [Wit:] C. E. **SUMNER**.

[492] 47 Jethro **BRINKLEY** Abraham **HARRELL** and Jesse **MATHIAS** bound unto John B **WALTON**, Humphry /**HUDGINS**, W^m.. W. **RIDDICK**/ Esquires, in the sum of fifteen Hundred pounds 20th day of May 1822. Jethro **BRINKLEY** appointed guardian to Armesia **BRINKLEY** orphan of John **BRINKLEY** deceased. Jethro **BRINKLEY** {Seal} Abraham **HARRELL** {Seal} Jesse **MATHIAS** {Seal} [Wit:] J. **SUMNER**

[493] 48 Jethro **BRINKLEY** Abraham **HARRELL** and Jesse **MATHIAS** bound unto John B **WALTON**, Humphry /**HUDGINS**, W^m.. W. **RIDDICK**/ Esquires, in the sum of fifteen Hundred pounds 20th day of May 1822. Jethro **BRINKLEY** appointed guardian to Benjamin **BRINKLEY** orphan of John **BRINKLEY** deceased. Jethro **BRINKLY** {Seal} Abraham **HARRELL** {Seal} Jesse **MATHIAS** {Seal} [Wit:] J. **SUMNER**.

[494] 49 Miles **PARKER**, John **SPEIGHT** & Riddick **GATLING** bound unto W^m. W. **RIDDICK** Jno. B. /**WALTON** & Abram **BEEMAN**/ Esquires, in the sum of One thousand pounds 20th day of May 1822. Miles **PARKER** appointed guardian to Jason **SAUNDERS** orphan of Robert **SAUNDERS** deceased. Myles **PARKER** {Seal} John **SPAGHT** [sic] {Seal} R **GATLING** {Seal} [Wit:] C. E. **SUMNER**

[495] 50 Miles **PARKER**, John **SPEIGHT** Riddick **GATLING** bound unto W^m. W. **RIDDICK** John. B. /**WALTON** & Abram **BEEMAN**/ Esquires, in the sum of One thousand pounds 20th day of May 1822. Miles **PARKER** appointed guardian to Robert **SAUNDERS** orphan of Robert **SAUNDERS** deceased. Myles **PARKER** {Seal} John **SPAGHT** {Seal} R **GATLING** {Seal} [Wit:] C. E. **SUMNER**

[496] 51 Miles **PARKER**, John **SPEIGHT** Riddick **GATLING** bound unto W^m. W. **RIDDICK** John. B. /**WALTON** & Abram **BEEMAN**/ Esquires, in the sum of One thousand pounds 20th day of May 1822. Miles **PARKER** appointed guardian to Drew M. **SAUNDERS** orphan of Robert **SAUNDERS** deceased. Myles **PARKER** {Seal} John **SPAGHT** {Seal} R. **GATLING** {Seal} [Wit:] C. E. **SUMNER**

[497] 52 Miles **PARKER**, John **SPEIGHT** & Riddick **GATLING** bound unto W^m. W. **RIDDICK** Jno. B. /**WALTON** Abram **BEEMAN**/ Esquires, in the sum of One thousand pounds 20th day of May 1822. Miles **PARKER** appointed guardian to Gilbert G. **SAUNDERS** orphan of Robert **SAUNDERS** deceased. Myles **PARKER** {Seal} John **SPAGHT** {Seal} R.. **GATLING** {Seal} [Wit:] C. E. **SUMNER**.

[498] 53 Thomas **RIDDICK** Henry **RIDDICK** & Pryor **SAVAGE** bound unto W^m. W. **RIDDICK** Humphry /**HUDGINS** Ja^s. **GATLING**/ Esquires, in the sum of One thousand pounds 20th day of May 1822. Thomas

Gates County, North Carolina, Guardian Bonds 1822-1823

RIDDICK appointed guardian to Lassiter RIDDICK orphan of Edward RIDDICK deceased. Thos RIDDICK {Seal} Henry RIDDICK {Seal} Pryer SAVAGE {Seal} [Wit:] C. E. SUMNER.

[499] 54 Thomas RIDDICK Henry RIDDICK & Pryor SAVAGE bound unto Humphry HUDGINS Ja^s. /GATLING & Jno B WALTON/ Esquires, in the sum of One thousand pounds 20th day of May 1822. Thomas RIDDICK appointed guardian to Micajah RIDDICK orphan of Edward RIDDICK deceased. Thos.. RIDDICK {Seal} Henry RIDDICK {Seal} Pryer SAVAGE {Seal} [Wit:] C. E. SUMNER

[500] 55 Reuben NIXON Nathan WARD and Abel ROGERSON bound unto Ja^s GATLIN Mills RIDDICK /Wm S BARNES/ Esquires, in the sum of Two thousand pounds 20th day of May 1822. Reuben NIXON appointed guardian to Joel HURDLE orphan of William HURDLE deceased. Reuben his + mark NIXON {Seal} Nathan WARD {Seal} Abel ROGERSON {Seal} [Wit:] C. E. SUMNER

[501] 56 Charles SMITH, James SMITH & John JORDAN bound unto W^m W RIDDICK James /GATLING Abm BEEMAN/ Esquires, in the sum of Five hundred pounds 20th day of May 1822. Charles SMITH appointed guardian to James HARE orphan of John HARE deceased. Charls [sic] SMITH {Seal} James SMITH {Seal} John JORDAN {Seal} [Wit:] C. E. SUMNER

[502] 57 Charles SMITH, James SMITH & John JORDAN bound unto W^m. W. RIDDICK James /GATLING Am BEEMAN/ Esquires, in the sum of Five hundred pounds 20th day of May 1822. Charles SMITH appointed guardian to Edward HARE orphan of John HARE deceased. Charls SMITH {Seal} James SMITH {Seal} John JORDAN {Seal} [Wit:] C. E. SUMNER

[503] 58 William GOODMAN William W RIDDICK and James GATLING bound unto Jas. GATLING W^m W RIDDICK /Abram BEEMAN/ Esquires, in the sum of One thousand pounds 20th day of May 1822. William GOODMAN appointed guardian to Hardy CROSS orphan of John CROSS deceased. William GOODMAN {Seal} Wm W. RIDDICK {Seal} James GATLING {Seal} [Wit:] C. E. SUMNER.

[504] 59 William GOODMAN William W. RIDDICK and James GATLING bound unto James GATLING William /W. RIDDICK & A. BEEMAN/ Esquires, in the sum of One thousand pounds 20th day of May 1822. William GOODMAN appointed guardian to William CROSS orphan of John CROSS deceased. William GOODMAN {Seal} W^m W RIDDICK {Seal} James GATLING {Seal} [Wit:] C. E. SUMNER.

[505] 60 William GOODMAN William W RIDDICK and James GATLING bound unto Ja^s. GATLING W^m W RIDDICK /& Abram BEEMAN/ Esquires, in the sum of One thousand pounds 20th day of May 1822. William GOODMAN appointed guardian to Polly CROSS orphan of John CROSS deceased. William GOODMAN {Seal} W^m W RIDDICK {Seal} James GATLING {Seal} [Wit:] C. E. SUMNER.

[506] 61 William GOODMAN William W RIDDICK and James GATLING bound unto Jas GATLING W^m W RIDDICK /Abram BEEMAN/ Esquires, in the sum of One thousand pounds 20th day of May 1822. William GOODMAN appointed guardian to John CROSS orphan of John CROSS deceased. William GOODMAN {Seal} W^m W RIDDICK {Seal} James GATLING {Seal} [Wit:] C. E. SUMNER.

[507] 62 William GOODMAN William W. RIDDICK and James GATLING bound unto Ja^s. GATLING, W^m W RIDDICK /Abram BEEMAN/ Esquires, in the sum of One thousand pounds 20th day of May 1822. William GOODMAN appointed guardian to Margaret CROSS orphan of John CROSS deceased. William GOODMAN {Seal} W^m W RIDDICK {Seal} James GATLING {Seal} [Wit:] C. E. SUMNER:

[508] 63 William CLEAVES William W RIDDICK and George KITTRELL bound unto Ja^s. GATLING Kedar BALLARD /Abram HARRELL/ Esquires, in the sum of Five hundred pounds 21st day of May 1822. William CLEAVES appointed guardian to Martha E PRUDEN orphan of Nathaniel PRUDEN deceased. W^m. CLEAVES {Seal} W^m W RIDDICK {Seal} George KITTRELL {Seal} [Wit:] C. E. SUMNER

[509] 64 William CLEAVES William W. RIDDICK and George KITTRELL bound unto Ja^s. GATLING

Gates County, North Carolina, Guardian Bonds 1822-1823

Kedar **BALLARD** /Abram **HARRELL**/ Esquires, in the sum of Five hundred pounds 21st day of May 1822. William **CLEAVES** appointed guardian to William D. **PRUDEN** orphan of Nathaniel **PRUDEN** deceased. W^m. **CLEAVES** {Seal} W^m W **RIDDICK** {Seal} George **KITTRELL** {Seal} [Wit:] C. E. **SUMNER**

[510] 65 William **CLEAVES**, William W **RIDDICK** and George **KITTRELL** bound unto Ja^s. **GATLING** Kedar **BALLARD** /Abram **HARRELL**/ Esquires, in the sum of Five hundred pounds 21st day of May 1822. William **CLEAVES** appointed guardian to Lewis W. **PRUDEN** orphan of Nathaniel **PRUDEN** deceased. W^m. **CLEAVES** {Seal} W^m W **RIDDICK** {Seal} George **KITTRELL** {Seal} [Wit:] C. E. **SUMNER**

[511] 66 Reuben **RIDDICK** Joseph **RIDDICK** Abel **ROGERSON** & Humphry **HUDGINS** bound unto Ja^s. **GATLING** Wills **COWPER** /William **GOODMAN**/ Esquires, in the sum of One thousand pounds 21st day of May 1822. Reuben **RIDDICK** appointed guardian to Jasper **TROTMAN** orphan of Elisha **TROTMAN** deceased. Reuben **RIDDICK** {Seal} Abel **ROGERSON** {Seal} J. **RIDDICK** {Seal} Hy **HUDGINS** {Seal} [Wit:] C. E. **SUMNER**.

[512] 67 Reuben **RIDDICK** Joseph **RIDDICK** Abel **ROGERSON** & Humphry **HUDGINS** bound unto Ja^s. **GATLING** Wills **COWPER** /William **GOODMAN**/ Esquires, in the sum of One thousand pounds 21st day of May 1822. Reuben **RIDDICK** appointed guardian to Agatha **TROTMAN** orphan of Elisha **TROTMAN** deceased. Reuben **RIDDICK** {Seal} Abel **ROGERSON** {Seal} J. **RIDDICK** {Seal} Hy **HUDGINS** {Seal} [Wit:] C. E. **SUMNER**

[513] 68 Reuben **RIDDICK**, Joseph **RIDDICK** Abel **ROGERS** [sic] & Humphry **HUDGINS** bound unto Ja^s. **GATLING** Wills **COWPER** /Wm **GOODMAN**/ Esquires, in the sum of One thousand pounds 21st day of May 1822. Reuben **RIDDICK** appointed guardian to Rebecca **TROTMAN** orphan of Elisha **TROTMAN** deceased. Reuben **RIDDICK** {Seal} Abel **ROGERSON** {Seal} J. **RIDDICK** {Seal} Hy **HUDGINS** {Seal} [Wit:] C E **SUMNER**

[514] 69 Hillory **EURE** Lewis **EURE** and Henry **EURE** bound unto John B **WALTON** Joseph /**RIDDICK** Abram **HARRELL**/ Esquires, in the sum of One thousand pounds 21st day of May 1822. Hillory **EURE** appointed guardian to Peter **EURE** son of Blake **EURE** orphan of [blank] deceased. Hy H **EURE** {Seal} Lewis **EURE** {Seal} Henry **EURE** {Seal} [Wit:] C E **SUMNER**

[515] 70 Barneba [sic] **NIXON** Reuben **RIDDICK** and Moses **HURDLE** bound unto Tim. **WALTON** Geoge /**KITTRELL** & Wm. **GOODMAN**/ Esquires, in the sum of Five hundred pounds 18th day of Novr. 1822. Barneba **NIXON** appointed guardian to Moses **HILL** orphan of David **HILL** deceased. Barnaby **NIXON** {Seal} Reuben **RIDDICK** {Seal} Moses his + mark **HURDLE** {Seal} [Wit:] C E **SUMNER**

[516] 71 James **BOOTH** William **LEE** and Jesse **ARLINE** bound unto George **KITTRELL** Wm: /**GOODMAN** & Tim. **WALTON**/ Esquires, in the sum of Five hundred pounds 18th day of Novr. 1822. James **BOOTH** appointed guardian to Margaret **ODOM** orphan of Benjamin **ODOM** deceased. Jas. **BOOTHE** {Seal} WILLIAM **LEE** {Seal} Jesse **ARLINE** {Seal} [Wit:] C. E. **SUMNER**

[517] 72 James **BOOTH** William **LEE** and Jesse **ARLINE** bound unto Geo. **KITTRELL** Will /**GOODMAN** & Tim. **WALTON**/ Esquires, in the sum of Five hundred pounds 18th day of Novr. 1822. James **BOOTH** appointed guardian to Pricilla **ODOM** orphan of Benjamin **ODOM** deceased. Ja^s. **BOOTHE** {Seal} WILLIAM **LEE** {Seal} Jesse **ARLINE** {Seal} [Wit:] C. E. **SUMNER**

[518] 73 Edward **ARNOLD** James **MORGAN** & Jesse **MATHIAS** bound unto James **GATLING**, William W. **RIDDICK**, William **GOODMAN** Esquires, in the sum of three thousand Dollars 20th day of May 1822. Edward **ARNOLD** appointed Guardian to John **ARNOLD** Orphan of William **ARNOLD** deceased. Edward **ARNOLD** {Seal} Jas.. **MORGAN** {Seal} Jesse **MATHIAS** {Seal} [Wit:] J.. **SUMNER**

[519] 74 Whitmell **STALLINGS** Nathan **WARD** and Nathan **CULLINS** bound unto Kedar **BALLARD** Henry **GILLIAM** & Joseph **RIDDICK** Esquires, in the sum of One thousand Dollars 18th day of August

Gates County, North Carolina, Guardian Bonds 1822-1823

1822. Whitmell **STALLINGS** appointed Guardian to Eliza **HURDLE** orphan of William **HURDLE** deceased. Whit **STALLINGS** {Seal} Nathan **WARD** {Seal} Nathan **CULLENS** {Seal} [Wit:] C. E. **SUMNER**

[520] 75 Whitmell **STALLINGS** Nathan **WARD** and Nathan **CULLINS** bound unto Kedar **BALLARD** Henry **GILLIAM** & Joseph **RIDDICK** Esquires, in the sum of One thousand Dollars 18th day of August 1822. Whitmell **STALLINGS** appointed Guardian to James **HURDLE** Orphan of William **HURDLE** deceased. Whit **STALLINGS** {Seal} Nathan **WARD** {Seal} Nathan **CULLENS** {Seal} [Wit:] C. E. **SUMNER**

[521] 76 James **BOOTH** William **LEE** and Jesse **ARLINE** bound unto George **KITTRELL** Wm: **GOODMAN** & Timothy **WALTON** Esquires, in the sum of One thousand Dollars 18th day of Novr. 1822. James **BOOTH** appointed Guardian to Richard T. **ODOM** Orphan of Benjamin **ODOM** deceased. Ja^s **BOOTHE** {Seal} WILLIAM **LEE** {Seal} Jesse **ARLINE** {Seal} [Wit:] C. E. **SUMNER**

[522] 77 James **MULLIN**, Bartholmew **MULLIN** & Myles **PARKER** bound unto George **KITTRELL** Wm. **GOODMAN** & Timothy **WALTON** Esquires, in the sum of Five hundred Dollars 18th day of Novr. 1822. James **MULLIN** appointed Guardian to Betsey **MULLIN** Orphan of his own child deceased. James his + mark **MULLIN** {Seal} Bartholemew his + mark **MULLIN** {Seal} Myles **PARKER** [Wit:] C. E. **SUMNER**

[523] 78 Ezekiel **TROTMAN**, Henry **GILLIAM** & Isaac R. **HUNTER** bound unto Kedar **BALLARD** James **GATLING** & Hillory **WILLEY** ___uires, in the sum of Two thousand Dollars 17th day of February 1823. Ezekiel **TROTMAN** appointed Guardian to Emiley [Emily] **TROTMAN** Orphan of Noah **TROTMAN** deceased. Ezekiel **TROTMAN** {Seal} H **GILLIAM** {Seal} I R **HUNTER** {Seal} [Wit:] C. E. **SUMNER**

[524] 79 John **FIGG** William W. **RIDDICK** Ja^s. **WILLIAMS** bound unto Kedar **BALLARD** James **GATLING** William W. **RIDDICK** Esquires, in the sum of Two thousand dollars 17th day of February 1823. John **FIGG** appointed Guardian to James **FIGG** Orphan of James **FIGG** deceased. John **FIGG** {Seal} W^m W **RIDDICK** {Seal} James **WILLIAMS** {Seal} [Wit:] C. E. **SUMNER**.

[525] 80 Cloe **LASSITER** Samuel **GREEN** & Kinchen **HOWELL** bound unto Kedar **BALLARD** James **GATLING** W^m. W. **RIDDICK** Esquires, in the sum of One hundred Dollars 17th day of February 1823. Cloe **LASSITER** appointed Guardian to Abner **LASSITER** & Cloe **LASSITER** Orphan of her own Children deceased. Chloe her + mark **LASSITER** {Seal} Samuel his + mark **GREEN** {Seal} Kinchen + **HOWELL** {Seal} ["+" not designated as "his mark."] [Wit:] C. E. **SUMNER**.

[526] 81 Benjamin **BRIGGS** Henry **BALLARD** & John **VOIGT** bound unto James **GATLING** Kedar **BALLARD** W^m. W. **RIDDICK** Esquires, in the sum of Three hundred Dollars 17th day of February 1823. Benjamin **BRIGGS** appointed Guardian to Agatha **BRINKLEY** orphan of William **BRINKLEY** deceased. Benjamin **BRIGGS** {Seal} John **VOIGT** {Seal} R. H **BALLARD** {Seal} [Wit:] C. E. **SUMNER**

[527] 82 Wills **COWPER**, Kedar **BALLARD** & Richard H. **BALLARD** bound unto James **GATLING** Kedar **BALLARD** & William W. **RIDDICK** Esquires, in the sum of Two thousand Dollars 17th day of February 1823. Wills **COWPER** appointed Guardian to William **COWPER** orphan of John **COWPER** deceased. Wills **COWPER** {Seal} K. **BALLARD** {Seal} R. H. **BALLARD** {Seal} [Wit:] J. **SUMNER**

[528] 83 Jesse **ARLINE**, Henry **COPELAND** & James **BOOTH** bound unto James **GATLING** Jno **WALTON** Kedar **BALLARD** Esquires, in the sum of Two thousand Dollars 18th day of February 1823. Jesse **ARLINE** appointed Guardian to Mary, Margaret, Charity & James **ARLINE** /& John **ARLINE**/ Orphan of his own Children deceased. Jesse **ARLINE** {Seal} Henry **COPELAND** {Seal} Jas. **BOOTHE** {Seal} [Wit:] C. E. **SUMNER**

Gates County, North Carolina, Guardian Bonds 1822-1823

[529] 84 Joseph RIDDICK, Nathan WARD and Allen WARD bound unto James GATLING Kedar BALLARD & George KITTRELL Esquires, in the sum of One thousand Dollars 18th day of February 1823. Joseph RIDDICK appointed Guardian to Tamer GRIFFIN orphan of Thomas GRIFFIN deceased. J. RIDDICK {Seal} Nathan WARD {Seal} Allan WARD {Seal} [Wit:] C. E. SUMNER

[530] 85 Garrett HOFFLER William HOFFLER & John OUTLAW bound unto James GATLING Kedar BALLARD & George KITTRELL Esquires, in the sum of Two thousand Dollars 18th day of February 1823. Garrett HOFFLER appointed Guardian to Isaac & Richard BLANCHARD orphan of James HOFFLER deceased. Garrett HOFLER {Seal} William HOFLER {Seal} John his + mark HOFLER /OUTLAW/ {Seal} [Wit:] C. E. SUMNER

[531] 86 Garrett HOFFLER William HOFFLER & John OUTLAW bound unto James GATLING Kedar BALLARD /&/ George KITTRELL Esquires, in the sum of Two thousand Dollars 18th day of February 1823. Garrett HOFFLER appointed Guardian to Eliza HOFFLER orphan of James HOFFLER deceased. Garrett HOFLER {Seal} William HOFLER {Seal} John his + mark OUTLAW {Seal} [Wit:] C. E. SUMNER

[532] 87 John HOFFLER, John HINTON & Garrett HOFFLER bound unto James GATLING Kedar BALLARD & George KITTRELL Esquires, in the sum of One thousand Dollars 18th day of February 1823. John HOFFLER appointed Guardian to Nancy BLANCHARD orphan of James HOFFLER deceased. John HOFLER {Seal} John HINTON {Seal} Garrett HOFLER {Seal} [Wit:] C. E. SUMNER

[533] 88 Jethro H. RIDDICK, Nathan RIDDICK & Abel ROGERSON bound unto William W. RIDDICK John WALTON George KITTRELL Esquires, in the sum of Three thousand Dollars 19th day of February 1823. Jethro H RIDDICK appointed Guardian to Jasper TROTMAN orphan of Elisha TROTMAN deceased. Jet.. H.. RIDDICK {Seal} Nathan RIDDICK {Seal} Abel ROGERSON {Seal} [Wit:] C. E. SUMNER

[534] 89 Jethro H. RIDDICK, Nathan RIDDICK & Abel ROGERSON bound unto William W. RIDDICK John WALTON & George KITTRELL _squires, in the sum of Three thousand Dollars 19th day of February 1823. Jethro H RIDDICK appointed Guardian to Rebecca TROTMAN orphan of Elisha TROTMAN deceased. Jet.. H. RIDDICK {Seal} Nathan RIDDICK {Seal} Abel ROGERSON {Seal} [Wit:] C. E. SUMNER

[535] 90 George KITTRELL, William CLEAVES and Noah HARRELL bound unto William W. RIDDICK James GATLING & John WALTON Esquires, in the sum of Five thousand Dollars 17th day of February 1823. George KITTRELL appointed Guardian to Daniel WILLIAMS orphan of Elisha WILLIAMS deceased. George KITTRELL {Seal} Wm.. CLEAVES {Seal} Noah HARRELL {Seal} [Wit:] C. E. SUMNER

1823-1826

[536] 1 (No. 4) Federick H. MELVIN Benjamin BLANCHARD & John BLANCHARD bound unto Kedar BALLARD Timy. WALTON /& William GOODMAN/ Esquires, in the sum of Three hundred pounds 19th day of May 1823. Frederick H. M [?] MELVIN appointed guardian to Louisa, Sally, & William BROWN orphans of Jesse BROWN decd. [sic] deceased. Frederic H MELVIN {Seal} B BLANCHARD {Seal} John BLANSHARD {Seal} [Wit:] C. E. SUMNER

[537] 2 Abraham HARRELL Joseph GORDON and Nathan RIDDICK bound unto Kedar BALLARD John WALTON /& Isaac L. RIDDICK/ Esquires, in the sum of Three hundred pounds 20th day of May 1823. Abraham HARRELL appointed guardian to Elizabeth MINOR orphan of Nicholas MINOR deceased. Abraham HARRELL {Seal} Jos GORDON {Seal} Nathan RIDDICK {Seal} [Wit:] C. E. SUMNER

[538] 3 Abraham HARRELL Joseph GORDON and Nathan RIDDICK bound unto Kedar BALLARD Jno

Gates County, North Carolina, Guardian Bonds 1823-1826

WALTON /& Isaac L. RIDDICK/ Esquires, in the sum of Three hundred pounds 20th day of May 1823. Abraham HARRELL appointed guardian to Margaret MINOR orphan of Nicholas MINOR deceased. Abraham HARRELL {Seal} Jos GORDON {Seal} Nathan RIDDICK {Seal} [Wit:] C. E. SUMNER

[539] 4 Isaac R. HUNTER [blank] bound unto Jno B BAKER Timothy /WALTON & Joseph RIDDICK/ Esquires, in the sum of Five hundred pounds 17th day of Novr. 1823. Isaac R. HUNTER appointed guardian to Agatha BRINKLEY orphan of William BRINKLEY deceased. I R HUNTER {Seal} E R HUNTER {Seal} Etheld [?] MATHEWS {Seal} [Wit:] [illegible]

[540] 5 David PARKER [blank] bound unto [blank] Esquires, in the sum of three thousand Dollars pounds 17th day of November 1823. David PARKER appointed guardian to James PARKER orphan of Joseph PARKER deceased. David PARKER {Seal} Rubin HINTON {Seal} John P.. HUDGINS {Seal} [Wit:] C. E. SUMNER

[541] 6 Robert PARKER [Next two names are illegible.] bound unto [illegible] Esquires, in the sum of One [?] thousand dollars pounds 18th day of November 1823. Robert PARKER appointed guardian to Richard CROSS orphan of James CROSS deceased. Robert PARKER {Seal} Thos.. RIDDICK {Seal} Jesse HUDGINS {Seal} [Wit:] [illegible]

[542] 7 Willis CROSS David CROSS & Lewis EURE bound unto Jno. B BAKER Kedar BALLARD /& Timothy WALTON/ Esquires, in the sum of Five thousand [?] dollars pounds 18th day of November 1823. Willis CROSS appointed guardian to Jane & Elizabeth CROSS orphans of Taylor CROSS deceased. Willis CROSS {Seal} David CROSS {Seal} Lewis EURE {Seal} [Wit:] C. E. SUMNER

[543] 8 Elizabeth RIDDICK Edward R HUNTER & Isaac R. HUNTER bound unto Lemuel GOODMAN /Abram BEEMAN Timy WALTON/ Esquires, in the sum of === /Three [?]/ hundred /[illegible]/ pounds 16th day of February 1824. Elizabeth RIDDICK appointed guardian to Emaline, Edward, & Jane RIDDICK orphans of Micajah RIDDICK deceased. Elizabeth RIDDICK {Seal} E R HUNTER {Seal} I R HUNTER {Seal} [Wit:] C. E. SUMNER

[544] 9 James GOODMAN [Remainder of bond is crossed out and illegible up to the date, then blank.]

[545] 10 James MURDAUGH Isaac R HUNTER & James M. RIDDICK bound unto Mills RIDDICK Henry PUGH /& Abraham BEEMAN/ Esquires, in the sum of Six thousand dollars pounds 16th day of February 1824. James MURDAUGH appointed guardian to Willis RIDDICK orphan of Micajah RIDDICK deceased. James MURDAUGH {Seal} I R HUNTER {Seal} James M RIDDICK {Seal} [Wit:] C. E. SUMNER

[546] 11 Thomas GREGORY Nathan CULLENS & David OUTLAW bound unto Mills [?] RIDDICK [illegible] /& Abram BEEMAN/ Esquires, in the sum of [illegible] dollars pounds 16th day of February 1824. Thomas GREGORY guardian to Louisa WARD & Almira [?] WARD orphan of Allen WARD deceased. Thomas GREGORY {Seal} Nathan CULLENS {Seal} David OUTLAW {Seal} [Wit:] C. E. SUMNER

[547] 12 Richard BRIGGS Jesse MATTHIAS and Edward BRIGGS bound unto Joseph GORDON, Peter B. MINTON /Isaac T. RIDDICK/ Esquires, in the sum of Five Hundred pounds 16th day of February 1824. Richard BRIGGS appointed guardian to Milley BRINKLEY orphan of William BRINKLEY deceased. Richd BRIGGS {Seal} Jesse MATHIAS {Seal} Edward BRIGGS {Seal} [Wit:] J. SUMNER.

[548] 13 Dailey BARR Isaac BARR and Britton BARR bound unto Joseph GORDON Peter B MINTON /Isaac T RIDDICK/ Esquires, in the sum of One Hundred pounds 16th day of Feby 1824. Dailey BARR appointed guardian to James BARR and Isaac GOODMAN orphan of William BARR and son of William GOODMAN deceased. Dailey her X| mark BARR {Seal} Isaac his | mark BARR {Seal} Briton O [?] BARR {Seal} [Wit:] J. SUMNER

Gates County, North Carolina, Guardian Bonds 1823-1826

[549] 14 Henry **SMITH** Willis **CROSS** & David **CROSS** bound unto Joseph **GORDON** [?] Isaac /**RIDDICK** & Joseph **RIDDICK**/ Esquires, in the sum of One thousand dollars pounds 16th day of February 1824. Henry **SMITH** appointed guardian to Maria **LANGSTON** orphan of Uriah **LANGSTON** deceased. Henry **SMITH** {Seal} Willis **CROSS** {Seal} David **CROSS** {Seal} [Wit:] C. E. **SUMNER**

[550] 15 George **COSTEN** Isaac **COSTEN** & James **GORDON** bound unto Kedar **BALLARD** Wm W **STEDMAN** & [illegible] **RIDDICK** Esquires, in the sum of Five [?] thousand pounds 17th day of February 1824. George **COSTEN** appointed guardian to Henry **COSTEN** & James **COSTEN** orphans of James **COSTEN** deceased. George **COSTEN** {Seal} Isaac **COSTEN** {Seal} James **GORDON** {Seal} [Wit:] C. E. **SUMNER**

[551] 16 Riddick **GATLING** John **GATLING** Sen[r] and John **GATLING** Ju[r] bound unto Henry **GILLIAM** William /**GOODMAN** & Peter **MINTON**/ Esquires, in the sum of Eight thousand dollars pounds 16th day of February 1824. Riddick **GATLING** appointed guardian to William **GATLING** orphan of James **GATLING** deceased. R **GATLING** {Seal} Jno **GATLING** Jr [?] {Seal} Jno **GATLING** {Seal} [Wit:] C. E. **SUMNER**

[552] 17 Riddick **GATLING** John **GATLING** Jun[r] and John **GATLING** sen[r] bound unto Timothy **WALTON** Peter /B **MINTON** & Henry **PUGH**/ Esquires, in the sum of One thousand dollars pounds 17th day of February 1824. Riddick **GATLING** appointed guardian to Evalina **JAMESON** orphan of William P. **JAMESON** deceased. R **GATLING** {Seal} Jno **GATLING** {Seal} [blank] {Seal} [Wit:] C. E. **SUMNER**

[553] 18 David **RIDDICK** Jesse **SAVAGE** and Abraham **MORGAN** bound unto Timothy **WALTON** Peter /**MINTON** & Joseph **RIDDICK**/ Esquires, in the sum of Five hundred pounds 17th day of May 1824. David **RIDDICK** appointed guardian to Sarah **MATTHEWS** orphan of Andrew **MATTHEWS** deceased. David **RIDDICK** {Seal} Jesse **SAVAGE** {Seal} Abraham **MORGAN** {Seal} [Wit:] C. E. **SUMNER**

[554] 19 Ann **MATTHEWS** Etheldred **MATTHEWS** and John **PRUDEN** bound unto Joseph **GORDON** Timy /**WALTON** Mills **EURE**/ Esquires, in the sum of Five hundred dollars pounds 17th day of May 1824. Ann **MATTHEWS** appointed guardian to Jacob **MATTHEWS** orphan of Andrew **MATTHEWS** deceased. Ann her ≠ mark **MATTHEWS** {Seal} Etheldr [sic] **MATHEWS** {Seal} John **PRUDEN** {Seal} [Wit:] C. E. **SUMNER**

[555] 20 Etheldred **MATTHEWS** Isaiah **RIDDICK** and John **PRUDEN** bound unto Joseph **GORDON** Isaac /**RIDDICK** & Timothy **WALTON**/ Esquires, in the sum of Two hundred & fifty pounds 17th day of May 1824. Etheldred **MATTHEWS** appointed guardian to Mildred **MATTHEWS** orphan of Andrew **MATTHEWS** deceased. Etheldr **MATHEWS** {Seal} Isaiah **RIDDICK** {Seal} John **PRUDEN** {Seal} [Wit:] C. E. **SUMNER**

[556] 21 Elizabeth **BROTHERS** Joseph **GORDON** and Etheldred **MATTHEWS** bound unto Kedar **BALLARD**, Peter B /**MINTON** Isaac S. **RIDDICK**/ Esquires, in the sum of five thousand Dollars pounds 17th day of May 1824. Elizabeth **BROTHERS** appointed guardian to Robert **BROTHERS**, James **BROTHERS** & Richard **BROTHERS** orphans of William **BROTHERS** deceased. Elizabeth her / mark **BROTHERS** {Seal} Jos **GORDON** {Seal} Etheldr **MATHEWS** {Seal} [Wit:] J. **SUMNER**

[557] 22 Joseph **GORDON** Abraham **HARRELL** & William HARRELL Joseph **RIDDICK** bound unto Timothy **WALTON** Peter **MINTON** /Henry **PUGH**/ Esquires, in the sum of Five thousand pounds 17th day of May 1824. Joseph **GORDON** appointed guardian to Mary B. **CARTER** orphan of William **CARTER** deceased. Jos **GORDON** {Seal} A.. **HARRELL** {Seal} J. **RIDDICK** {Seal} [Wit:] C. E. **SUMNER**

[558] 23 Henry **BOND** Richard **BOND** and Nathan **CULLENS** bound unto John B. **BAKER** Henry **GILLIAM** /& Kedar **BALLARD**/ Esquires, in the sum of Five thousand pounds 18th day of May 1824. Henry **BOND** appointed guardian to orphan Mary **HARRELL** orphan of Noah **HARRELL** deceased. Henry **BOND** {Seal} Rich[d] **BOND** {Seal} Nathan **CULLENS** {Seal} [Wit:] J. **SUMNER**

Gates County, North Carolina, Guardian Bonds 1823-1826

[559] 24 Joseph GORDON [blank] bound unto Abram HARRELL Joseph /RIDDICK & Isaac RIDDICK/ Esquires, in the sum of One thousand pounds 16th day of August 1824. Joseph GORDON appointed guardian to Martha Eliza BARNES & Adeline BARNES orphans of William S [?] BARNES deceased. [No signatures nor witness.] {Seal} {Seal} {Seal}

[560] 25 David DUKE William HUDGINS & Moses SPEIGHT bound unto Kedar BALLARD Henry /PUGH & Peter MINTON/ Esquires, in the sum of One thousand dollars pounds 15th day of November 1824. David DUKE appointed guardian to James, Elisha, Albert, John Martha, & Mary DUKE orphans of Daniel DUKE deceased. David DUKE {Seal} W^m.. HUDGINS {Seal} Moses his + mark SPEIGHT {Seal} [Wit:] C. E. SUMNER

[561] 26 Salley B. ODOM William W. COWPER and Richard ODOM bound unto Henry PUGH Abram /CROSS & Peter MINTON/ in the sum of Five thousand dollars pounds 15th day of Novr. 1824. Sally B. ODOM appointed guardian to Asa ODOM orphan of Asa ODOM deceased. Sally B ODOM {Seal} Wm W. COWPER {Seal} Richard ODOM {Seal} [Wit:] C. E. SUMNER

[562] 27 John SAUNDERS William W. RIDDICK and Henry RIDDICK bound unto Kedar BALLARD Henry /PUGH & Peter MINTON/ Esquires, in the sum of Two thousand dollars pounds 15th day of Novr. 1824. John SAUNDERS appointed guardian to Peninah COPELAND orphan of Henry COPELAND deceased. John SAUNDERS {Seal} W^m W RIDDICK {Seal} Henry RIDDICK {Seal} [Wit:] C. E. SUMNER

[563] 28 Samuel CROSS Abraham CROSS and William CLEAVES bound unto Kedar BALLARD Henry /PUGH & Peter MINTON/ Esquires, in the sum of Two thousand dollars pounds 15th day of November 1824. Samuel CROSS appointed guardian to Louisa COPELAND orphan of Henry COPELAND deceased. Samuel CROSS {Seal} Abm. CROSS {Seal} W^m.. CLEAVES {Seal} [Wit:] C. E. SUMNER

[564] 29 James SMITH Docton HAYSE and John HAYSE bound unto Kedar BALLARD, Henry PUGH /Peter B. MINTON/ Esquires, in the sum of One hundred pounds 15th day of November 1824. James SMITH appointed guardian to Edward HARE orphan of John HARE deceased. James SMITH {Seal} Docton HAYS {Seal} John his jH mark HAYES {Seal} [Wit:] J.SUMNER

[565] 30 James COPELAND Joseph GORDON & James MORGAN bound unto Kedar BALLARD Henry /PUGH & Peter MINTON/ Esquires, in the sum of Five hundred dollars pounds 15th day of November 1824. James COPELAND appointed guardian to Henry, Elisha, John, Esther & Jesse COPELAND orphan of his own Children deceased. James COPELAND {Seal} Jos GORDON {Seal} James MORGAN {Seal} [Wit:] C. E. SUMNER

[566] 31 Whitmell STALLINGS Nathan CULLENS and David HOBBS bound unto George KITTRELL W^m. W STED/MAN & Joseph RIDDICK/ Esquires, in the sum of Two thousand pounds 21st day of February 1825. Whitmell STALLINGS appointed guardian to Simon WALTERS orphan of Isaac WALTERS deceased. Whit STALLINGS {Seal} Nathan CULLENS {Seal} David his + mark HOBBS {Seal} [Wit:] C. E. SUMNER

[567] 31a [?] Whitmell STALLINGS Nathan CULLENS and David HOBBS bound unto George KITTRELL William W /STEDMAN & Joseph RIDDICK/ Esquires, in the sum of Two thousand pounds 21st day of February 1825. Whitmell STALLINGS appointed guardian to Charles WALTERS orphan of Isaac WALTERS deceased. Whit STALLINGS {Seal} Nathan CULLENS {Seal} David his + mark HOBBS {Seal} [Wit:] C. E. SUMNER

[568] 32 David HOBBS Nathan CULLENS & Whitmell STALLINGS bound unto George KITTRELL William W. /STEDMAN & Joseph RIDDICK/ Esquires, in the sum of Five hundred pounds 21st day of February 1825. David HOBBS appointed guardian to Liddia SPIVEY orphan of Jacob SPIVEY deceased. David his + mark HOBBS {Seal} Nathan CULLENS {Seal} Whit STALLINGS {Seal} [Wit:] C. E. SUMNER

Gates County, North Carolina, Guardian Bonds 1823-1826

[569] 33 Levi **ROGERS** Jonathan **WILLIAMS** and Henry G **WILLIAMS** bound unto George **KITTRELL** William W. /**STEDMAN** & Joseph **RIDDICK**/ Esquires, in the sum of Five hundred pounds 21 day of February 1825. Levi **ROGERS** appointed guardian to Whitmill **WILLIAMS** orphan of Halon **WILLIAMS** deceased. Levi **ROGERS** {Seal}   Jonathan **WILLIAMS** {Seal}   H G **WILLIAMS** {Seal}   [Wit:]   C. E. **SUMNER**

[570] 34 Levi **ROGERS** Jonathan **WILLIAMS** and Henry G **WILLIAMS** bound unto George **KITTRELL** William W. /**STEDMAN** & Jo^s. **RIDDICK**/ Esquires, in the sum of Five hundred pounds 21st day of February 1825. Levi **ROGERS** appointed guardian to Jonathan **WILLIAMS** orphan of Halon **WILLIAMS** deceased. Levi **ROGERS** {Seal}   Jonathan **WILLIAMS** {Seal}   H G **WILLIAMS** {Seal}   [Wit:]   C. E. **SUMNER**

[571] 35 Levi **ROGERS** Jonathan **WILLIAMS** and Henry G **WILLIAMS** bound unto George **KITTRELL** William W. /**STEDMAN** & Jo^s. **RIDDICK**/ Esquires, in the sum of Five hundred pounds 21 day of February 1825. Levi **ROGERS** appointed guardian to Jethro **WILLIAMS** orphan of Halon **WILLIAMS** deceased. Levi **ROGERS** {Seal}   Jonathan **WILLIAMS** {Seal}   H G **WILLIAMS** {Seal}   [Wit:]   C. E. **SUMNER**

[572] 36 Levi **ROGERS** Jonathan **WILLIAMS** and Henry G **WILLIAMS** bound unto George **KITTRELL** William W. /**STEDMAN** & Jo^s. **RIDDICK**/ Esquires, in the sum of Five hundred pounds 21st day of February 1825. Levi **ROGERS** appointed guardian to Mary **WILLIAMS** orphan of Halon **WILLIAMS** deceased. Levi **ROGERS** {Seal}   Jonathan **WILLIAMS** {Seal}   H. G **WILLIAMS** {Seal}   [Wit:]   C. E. **SUMNER**

[573] 37 Abram C. **MORGAN** William W. **STEDMAN** and Levi **ROGERS** bound unto George **KITTRELL** William W. /**STEDMAN** & Jo^s. **RIDDICK**/ Esquires, in the sum of One thousand pounds 21st day of February 1825. Abram C. **MORGAN** appointed guardian to Charles N. **PRUDEN** orphan of Nathaniel **PRUDEN** deceased. A. C. **MORGAN** {Seal}   W^m W **STEDMAN** {Seal}   Levi **ROGERS** {Seal}   [Wit:]   C. E. **SUMNER**

[574] 38 Abram C **MORGAN** William W. **STEDMAN** and Levi **ROGERS** bound unto George **KITTRELL** William W. /**STEDMAN** & Jo^s. **RIDDICK**/ Esquires, in the sum of One thousand pounds 21st day of February 1825. Abram C. **MORGAN** appointed guardian to Celia M. **PRUDEN** orphan of Nathaniel **PRUDEN** deceased. A. C. **MORGAN** {Seal}   Wm W. **STEDMAN** {Seal}   Levi **ROGERS** {Seal}   [Wit:]   C. E. **SUMNER**

[575] 39 William **HINTON** John **HOFFLER** and John **HINTON** bound unto George **KITTRELL** William W. /**STEDMAN** & Jo^s. **RIDDICK**/ Esquires, in the sum of Five thousand pounds 21st day of February 1825. William **HINTON** appointed guardian to Margaret **BOND** orphan of Richard **BOND** Senr. deceased. William **HINTON** {Seal}   Jno. **HOFLER** {Seal}   John **HINTON** {Seal}   [Wit:]   C. E. **SUMNER**

[576] 40 Hardy **CROSS** William **GOODMAN** and William **LEE** bound unto Henry **GILLIAM** William W. /**STEDMAN** & Jo^s. **RIDDICK**/ Esquires, in the sum of Three thousand pounds 21st day of February 1825. Hardy **CROSS** appointed guardian to Jethro **BARNES** orphan of Richard **BARNES** deceased. Hardy **CROSS** {Seal}   William **GOODMAN** {Seal}   WILLIAM **LEE** {Seal}   [Wit:]   C. E. **SUMNER**

[577] 41 William **GOODMAN** William **LEE** and Demsey S. **GOODMAN** bound unto Peter **MINTON**, William W. /**STEDMAN** Mills **EURE**/ Esquires, in the sum of Two hundred pounds 21st day of February 1825. William **GOODMAN** appointed guardian to William **CROSS** orphan of John **CROSS**. William **GOODMAN** {Seal}   WILLIAM **LEE** {Seal}   Dempsey S. **GOODMAN** {Seal}   [Wit:]   C. E. **SUMNER**

[578] 42 William **GOODMAN** William **LEE** and Demsey S. **GOODMAN** bound unto Peter **MINTON**, William W. /**STEDMAN** Mills **EURE**/ Esquires, in the sum of Two hundred pounds 21st day of February 1825. William **GOODMAN** appointed guardian to John **CROSS** orphan of John **CROSS**. William **GOODMAN** {Seal}   WILLIAM **LEE** {Seal}   Dempsey S. **GOODMAN** {Seal}   [Wit:]   C. E. **SUMNER**

[579] 43 William **GOODMAN** William **LEE** and Demsey S. **GOODMAN** bound unto Peter **MINTON**,

Gates County, North Carolina, Guardian Bonds 1823-1826

William W. /STEDMAN Mills EURE/ Esquires, in the sum of Two hundred pounds 21ˢᵗ day of February 1825. William GOODMAN appointed guardian to Margaret CROSS orphan of John CROSS. William GOODMAN {Seal} WILLIAM LEE {Seal} Dempsey S. GOODMAN {Seal} [Wit:] C. E. SUMNER

[580] 44 Henry JONES Willis CROSS and Stephen EURE bound unto Peter MINTON, William W. /STEDMAN Mills EURE/ Esquires, in the sum of Two hundred pounds 21ˢᵗ day of February 1825. Henry JONES appointed guardian to John, Hardy & Susan JONES his own orphan of Children deceased. [sic] Henry JONES {Seal} Willis CROSS {Seal} Stephen EURE {Seal} [Wit:] C. E. SUMNER

[581] 45 Joseph FREEMAN Stephen EURE and John FREEMAN bound unto Peter MINTON, William W. /STEDMAN & Mills EURE/ Esquires, in the sum of Five thousand pounds 21ˢᵗ day of February 1825. Joseph FREEMAN appointed guardian to David FREEMAN a lunatick orphan of [blank] deceased. Joˢ FREEMAN {Seal} Stephen EURE {Seal} Jⁿᵒ FREEMAN {Seal} [Wit:] C. E. SUMNER

[582] 46 Stephen EURE Joseph FREEMAN and Lewis EURE bound unto Abram CROSS Peter MINTON /& Lemˡ GOODMAN/ Esquires, in the sum of Five hundred pounds 21ˢᵗ day of February 1825. Stephen EURE appointed guardian to John BOYCE orphan of Jonathan BOYCE deceased. Stephen EURE {Seal} Joˢ FREEMAN {Seal} Lewis EURE {Seal} [Wit:] C. E. SUMNER

[583] 47 Stephen EURE Joseph FREEMAN and Lewis EURE bound unto Abram CROSS Peter MINTON /& Lemˡ GOODMAN/ Esquires, in the sum of Five hundred pounds 21ˢᵗ day of February 1825. Stephen EURE appointed guardian to William BOYCE orphan of Jonathan BOYCE deceased. Stephen EURE {Seal} Joˢ FREEMAN {Seal} Lewis EURE {Seal} [Wit:] C. E. SUMNER

[584] 48 Stephen EURE Joseph FREEMAN and Lewis EURE bound unto Abram CROSS Peter MINTON /Lemˡ GOODMAN/ Esquires, in the sum of Five hundred pounds 21ˢᵗ day of February 1825. Stephen EURE appointed guardian to James BOYCE orphan of Jonathan BOYCE deceased. Stephen EURE {Seal} Joˢ FREEMAN {Seal} Lewis EURE {Seal} [Wit:] C. E. SUMNER

[585] 49 George KITTRELL William GOODMAN and Abraham CROSS bound unto Abram CROSS, Peter MINTON /Lemuel GOODMAN/ Esquires, in the sum of two thousand pounds 22ⁿᵈ. day of February 1825. George KITTRELL appointed guardian to Elizabeth K. WILLIAMS orphan of Jethro WILLIAMS deceased. George KITTRELL {Seal} William GOODMAN {Seal} Abᵐ CROSS {Seal} [Wit:] C. E. SUMNER

[586] 50 Pryor SAVAGE Abraham PARKER & William SEARS bound unto Henry GILLIAM Abram CROSS /& William W. STEDMAN/ Esquires, in the sum of Two hundred pounds pounds 22ⁿᵈ day of February 1825. Pryor SAVAGE appointed guardian to Martha LEWIS orphan of Luton LEWIS deceased. Pryer SAVAGE {Seal} Abraham his X mark PARKER {Seal} Wᵐ. SEARS {Seal} [Wit:] C. E. SUMNER

[587] 51 Henry BOND John WALTON and Willis J. RIDDICK bound unto Peter MINTON Henry GILLIAM /& Abram BEEMAN/ Esquires, in the sum of Five thousand dollars pounds 22ⁿᵈ day of February 1825. Henry BOND appointed guardian to John BOND orphan of Richard BOND deceased. Henry BOND {Seal} J WALTON {Seal} Willis J RIDDICK {Seal} [Wit:] C. E. SUMNER

[588] 52 Henry BOND John WALTON and Willis J. RIDDICK bound unto Henry GILLIAM Peter MINTON /& Abram CROSS/ Esquires, in the sum of Five thousand dollars pounds 22ⁿᵈ day of February 1825. Henry BOND appointed guardian to James BOND orphan of Richard BOND deceased. Henry BOND {Seal} J WALTON {Seal} Willis J RIDDICK {Seal} [Wit:] C. E. SUMNER

[589] 53 James BOOTH, John P HUDGINS and Jesse ARLINE bound unto Henry GILLIAM, John WALTON /George KITTRELL/ Esquires, in the sum of One thousand pounds 22ⁿᵈ day of February 1825. James BOOTHE appointed guardian to Margaret A ODOM orphan of Benjamin ODOM deceased. Jas. BOOTHE {Seal} John P.. HUDGINS {Seal} Jesse ARLINE {Seal} [Wit:] C. E. SUMNER

Gates County, North Carolina, Guardian Bonds 1823-1826

[590] 54 James BOOTHE, John P HUDGINS and Jesse ARLINE bound unto Henry GILLIAM, John WALTON /& William GOODMAN/ Esquires, in the sum of One thousand pounds 22nd day of February 1825. James BOOTHE appointed guardian to Pricilla ODOM orphan of Benjamin ODOM deceased. Ja^s. BOOTHE {Seal} John P.. HUDGINS {Seal} Jesse ARLINE {Seal} [Wit:] C. E. SUMNER

[591] 55 James BOOTHE, John P HUDGINS and Jesse ARLINE bound unto Henry GILLIAM, John WALTON /& William GOODMAN/ Esquires, in the sum of One thousand pounds 22nd day of February 1825. James BOOTHE appointed guardian to Richard T. ODOM orphan of Benjamin ODOM deceased. Ja^s. BOOTHE {Seal} John P.. HUDGINS {Seal} Jesse ARLINE {Seal} [Wit:] C. E. SUMNER

[592] 56 Jane FELTON Abraham MORGAN and George KITTRELL bound unto Henry GILLIAM, Jno. WALTON /William GOODMAN/ Esquires, in the sum of One thousand pounds 22nd day of February 1825. Jane FELTON appointed guardian to David T. FELTON orphan of Noah FELTON deceased. Jane FELTON {Seal} Abraham MORGAN {Seal} George KITTRELL {Seal} [Wit:] C. E. SUMNER

[593] 57 Jane FELTON Abraham MORGAN and George KITTRELL bound unto Henry GILLIAM, John WALTON, /William GOODMAN/ Esquires, in the sum of One thousand pounds 22nd day of February 1825. Jane FELTON appointed guardian to Noah FELTON orphan of Noah FELTON deceased. Jane FELTON {Seal} Abraham MORGAN {Seal} George KITTRELL {Seal} [Wit:] C. E. SUMNER

[594] 58 Jane FELTON Abraham MORGAN and George KITTRELL bound unto Henry GILLIAM, John WALTON /William GOODMAN/ Esquires, in the sum of One thousand pounds 22nd day of February 1825. Jane FELTON appointed guardian to Samuel H. FELTON orphan of Noah FELTON deceased. Jane FELTON {Seal} Abraham MORGAN {Seal} George KITTRELL {Seal} [Wit:] C. E. SUMNER

[595] 59 James MORGAN Richard H. BALLARD and Jethro BALLARD bound unto Henry GILLIAM, John WALTON /William GOODMAN/ Esquires, in the sum of Two thousand pounds 22nd day of February 1825. James MORGAN appointed guardian to Rebecca HARE orphan of Elisha HARE deceased. James MORGAN {Seal} R. H. BALLARD {Seal} Jethro BALLARD {Seal} [Wit:] C. E. SUMNER

[596] 60 James PILAND John B. BAKER and John BEEMAN bound unto Henry GILLIAM, John WALTON /William GOODMAN/ Esquires, in the sum of Two thousand pounds 22nd. day of February 1825. James PILAND appointed guardian to Exum LEWIS orphan of John LEWIS deceased. James PILAND {Seal} Jno. B. BAKER {Seal} Jno.. BEEMAN {Seal} [Wit:] C. E. SUMNER

[597] 61 James ~~MORGAN~~ PILAND John B. BAKER and John BEEMAN bound unto Henry GILLIAM, John WALTON /William GOODMAN/ Esquires, in the sum of Two thousand pounds 22nd. day of February 1825. James PILAND appointed guardian to John LEWIS orphan of John LEWIS deceased. James PILAND {Seal} Jno. B. BAKER {Seal} Jno. BEEMAN {Seal} [Wit:] C. E. SUMNER

[598] 62 James PILAND John B. BAKER and John BEEMAN bound unto Henry GILLIAM, John WALTON /William GOODMAN/ Esquires, in the sum of Two thousand pounds 22nd. day of February 1825. James PILAND appointed guardian to Selah LEWIS orphan of John LEWIS deceased. James PILAND {Seal} Jn [sic] B. BAKER {Seal} Jno. BEEMAN {Seal} [Wit:] C. E. SUMNER

[599] 63 James PILAND John B. BAKER and John BEEMAN bound unto Henry GILLIAM, John WALTON /William GOODMAN/ Esquires, in the sum of Two thousand pounds 22nd. day of February 1825. James PILAND appointed guardian to Margret LEWIS orphan of John LEWIS deceased. James PILAND {Seal} Jno. B. BAKER {Seal} Jno BEEMAN {Seal} [Wit:] C. E. SUMNER

[600] 64 Lemuel GOODMAN William GOODMAN and William H. GOODMAN bound unto Abram BEEMAN Peter B MINTON /Abraham CROSS/ Esquires, in the sum of One thousand pounds 22nd. day of February 1825. Lemuel GOODMAN appointed guardian to Edith GOODMAN orphan of William GOODMAN deceased. Lem^l.. GOODMAN {Seal} William GOODMAN {Seal} William H GOODMAN {Seal}

Gates County, North Carolina, Guardian Bonds 1823-1826

[Wit:] C. E. **SUMNER**

[601] <u>65</u> William **HUDGINS** William W. **STEDMAN** and Leven **HUDGINS** bound unto Abraham **CROSS**, Peter B. **MINTON** /Abraham **BEEMAN**/ Esquires, in the sum of One thousand pounds 22nd. day of February 1825. William **HUDGINS** appointed guardian to Martha, Edward, & Joseph **STAPLES** orphans of John **STAPLES** deceased. William **HUDGINS** {Seal} Wm W. **STEDMAN** {Seal} Leven **HUDGINGS** {Seal} [Wit:] C. E. **SUMNER**

[602] <u>66</u> Demsey **LANGSTON** Etheldred B. **GATLING** and Lewis **EURE** bound unto Abraham **CROSS**, Peter B. **MINTON** /Abraham **BEEMAN**/ Esquires, in the sum of One thousand pounds 22nd. day of February 1825. Demsey **LANGSTON** appointed guardian to William **BENTON** orphan of Jesse B. **BENTON** deceased. Dempsey **LANGSTUN** {Seal} E B **GATLING** {Seal} Lewis **EURE** {Seal} [Wit:] C. E. **SUMNER**

[603] <u>67</u> Lewis **EURE** Mills **EURE** and John **BEEMAN** bound unto Abraham **CROSS**, Peter B. **MINTON** /Abraham **BEEMAN**/ Esquires, in the sum of One thousand pounds 22nd. day of February 1825. Lewis **EURE** appointed guardian to James **SAUNDERS** orphan of Bryant **SAUNDERS** deceased. Lewis **EURE** {Seal} Mills **EURE** {Seal} Jn°. **BEEMAN** {Seal} [Wit:] C. E. **SUMNER**

[604] <u>68</u> Lewis **EURE** Mills **EURE** and John **BEEMAN** bound unto Abram **CROSS**, Peter B. **MINTON** /Joseph **RIDDICK**/ Esquires, in the sum of One thousand pounds 22nd. day of February 1825. Lewis **EURE** appointed guardian to Benjamin **SAUNDERS** orphan of Bryant **SAUNDERS** deceased. Lewis **EURE** {Seal} Mills **EURE** {Seal} Jn°. **BEEMAN** {Seal} [Wit:] C. E. **SUMNER**

[605] <u>69</u> Lewis **EURE** Mills **EURE** and John **BEEMAN** bound unto Abram **CROSS**, Peter B. **MINTON** /Joseph **RIDDICK**/ Esquires, in the sum of One thousand pounds 22nd. day of February 1825. Lewis **EURE** appointed guardian to Permelia **LANGSTON** orphan of Isaac **LANGSTON** deceased. Lewis **EURE** {Seal} Mills **EURE** {Seal} Jn°. **BEEMAN** {Seal} [Wit:] C. E. **SUMNER**

[606] <u>70</u> Lewis **EURE** Mills **EURE** and John **BEEMAN** bound unto Abram **CROSS**, Peter B. **MINTON** /Joseph **RIDDICK**/ Esquires, in the sum of One thousand pounds 22nd. day of February 1825. Lewis **EURE** appointed guardian to John **LANGSTON** orphan of Isaac **LANGSTON** deceased. Lewis **EURE** {Seal} Mills **EURE** {Seal} Jn°. **BEEMAN** {Seal} [Wit:] C. E. **SUMNER**

[607] <u>71</u> Lewis **EURE** Mills **EURE** and John **BEEMAN** bound unto Abram **CROSS**, Peter B. **MINTON** /Joseph **RIDDICK**/ Esquires, in the sum of One thousand pounds 22nd. day of February 1825. Lewis **EURE** appointed guardian to Nancy **LANGSTON** orphan of Isaac **LANGSTON**. Lewis **EURE** {Seal} Jn°. **BEEMAN** {Seal} James **PILAND** [Wit:] C. E. **SUMNER**

[608] <u>72</u> Riddick **GATLING** Charles E. **SUMNER** and James W. **RIDDICK** bound unto Abram **CROSS**, Peter B. **MINTON** /Joseph **RIDDICK**/ Esquires, in the sum of Two thousand pounds 22nd. day of February 1825. Riddick **GATLING** appointed guardian to John **LEWIS** orphan of Mills **LEWIS** deceased. R **GATLING** {Seal} C E **SUMNER** {Seal} Jas. W. **RIDDICK** {Seal} [Wit:] J. **SUMNER**

[609] <u>73</u> Riddick **GATLING** Charles E. **SUMNER** and James W. **RIDDICK** bound unto Abram **CROSS** Peter B. **MINTON** /Joseph **RIDDICK**/ Esquires, in the sum of two thousand pounds 22nd. day of February 1825. Riddick **GATLING** appointed guardian to Margret **LEWIS** orphan of Mills **LEWIS** deceased. R **GATLING** {Seal} C E **SUMNER** {Seal} Jas. W. **RIDDICK** {Seal} [Wit:] J. **SUMNER**

[610] <u>74</u> Timothy **WALTON** Nathan **RIDDICK** and Joseph **RIDDICK** bound unto Kedar **BALLARD**, George **KITTRELL** /Abraham **HARRELL**/ Esquires, in the sum of One thousand pounds 22nd. day of February 1825. Timothy **WALTON** appointed guardian to Thomas **HUNTER** orphan of Isaac **HUNTER** Jr. deceased. T.. **WALTON** {Seal} Nathan **RIDICK** [sic] {Seal} J. **RIDDICK** {Seal} [Wit:] C. E. **SUMNER**

Gates County, North Carolina, Guardian Bonds 1823-1826

[611] 75 Timothy WALTON Nathan RIDDICK and Joseph RIDDICK bound unto Kedar BALLARD, George KITTRELL /Abraham HARRELL/ Esquires, in the sum of One thousand pounds 22nd. day of February 1825. Timothy WALTON appointed guardian to Elisha H. HUNTER orphan of Isaac HUNTER Jr. deceased. T.. WALTON {Seal} Nathan RIDDICK {Seal} J. RIDDICK {Seal} [Wit:] C. E. SUMNER

[612] 76 Timothy WALTON Nathan RIDDICK and Joseph RIDDICK bound unto Kedar BALLARD, George KITTRELL /Abraham HARRELL/ Esquires, in the sum of One thousand pounds 22nd day of February 1825. Timothy WALTON appointed guardian to Isaac HUNTER orphan of Isaac HUNTER Jr. deceased. T.. WALTON {Seal} Nathan RIDDICK {Seal} J. RIDDICK {Seal} [Wit:] C. E. SUMNER

[613] 77 Nathan RIDDICK Timothy WALTON and Joseph RIDDICK bound unto Peter B MINTON John WALTON /Isaac S. RIDDICK/ Esquires, in the sum of One thousand pounds 22nd. day of February 1825. Nathan RIDDICK appointed guardian to Drew TROTMAN orphan of Noah TROTMAN deceased. Nathan RIDDICK {Seal} T. WALTON {Seal} J. RIDDICK {Seal} [Wit:] C. E. SUMNER

[614] 78 Nathan RIDDICK Timothy WALTON and Joseph RIDDICK bound unto John WALTON, Peter B. MINTON /Isaac S. RIDDICK/ Esquires, in the sum of One thousand pounds 22nd day of February 1825. Nathan RIDDICK appointed guardian to Matthew GREEN heir of Aaron GREEN orphan of [blank] deceased. Nathan RIDDICK {Seal} T. WALTON {Seal} J. RIDDICK {Seal} [Wit:] C. E. SUMNER

[615] 79 James BOOTHE James W RIDDICK and John WALTON bound unto Peter MINTON Mills EURE /Lemuel GOODMAN/ in the sum of One thousand pounds 22nd. day of February 1825. James BOOTH appointed guardian to Wright HAYSE orphan of Hance HAYSE deceased. James BOOTHE {Seal} Jas. W. RIDDICK {Seal} J WALTON {Seal} [Wit:] C. E. SUMNER

[616] 80 James BOOTHE James W RIDDICK and John WALTON bound unto Henry GILLIAM Peter MINTON /Benjamin BALLARD/ in the sum of One thousand pounds 22nd. day of February 1825. James BOOTH appointed guardian to Asa HAYSE orphan of Hance HAYSE deceased. James BOOTHE {Seal} Ja^s. W. RIDDICK {Seal} J WALTON {Seal} [Wit:] C. E. SUMNER

[617] 81 Abram BEEMAN John BEEMAN and John WALTON bound unto Henry GILLIAM Jno. WALTON /& Benjamin BALLARD/ Esquires, in the sum of One thousand pounds 23rd day of February 1825. Abram BEEMAN appointed guardian to Susannah BEEMAN orphan of Israel BEEMAN deceased. A^m.. BEEMAN {Seal} Jno. BEEMAN {Seal} J WALTON {Seal} [Wit:] C. E. SUMNER

[618] 82 Jesse MATHIAS Kedar BALLARD & James MORGAN bound unto Hillory WILLEY Kedar BALLARD /Henry PUGH/ Esquires, in the sum of Two thousand dollars pounds 16th day of May 1825. Jesse MATHIAS appointed guardian to James MATHIAS orphan of William MATHIAS deceased. Jesse MATHIAS {Seal} K BALLARD {Seal} James MORGAN {Seal} [Wit:] C. E. SUMNER

[619] 83 [Illegible.]

[620] 84 Thomas TWINE James COSTEN & George COSTEN bound unto Ben BALLARD Jno B BAKER /Isaac RIDDICK/ Esquires, in the sum of Five hundred pounds 17th day of May 1825. Thomas TWINE appointed guardian to Elisha H. HUNTER orphan of Elisha HUNTER deceased. Thomas TWINE {Seal} James COSTEN {Seal} George COSTEN {Seal} [Wit:] C. E. SUMNER Resinded by Order of Court

[621] 85 Willis J RIDDICK William WALTON & James W RIDDICK bound unto Ben BALLARD W^m. STEDMAN /Isaac RIDDICK/ Esquires, in the sum of Five hundred pounds 17th day of May 1825. Willis J RIDDICK appointed guardian to Mary HINTON orphan of James HINTON deceased. Willis J RIDDICK {Seal} W. WALTON {Seal} Jas. W. RIDDICK {Seal} [Wit:] C. E. SUMNER

[622] 86 Willis J RIDDICK William WALTON & James W RIDDICK bound unto Ben BALLARD W^m.

Gates County, North Carolina, Guardian Bonds 1823-1826

STEDMAN /Isaac **RIDDICK**/ Esquires, in the sum of Five hundred pounds 17th day of May 1825. Willis J **RIDDICK** appointed guardian to Nancy **HINTON** orphan of James **HINTON** deceased. Willis J **RIDDICK** {Seal} W. **WALTON** {Seal} Jas. W. **RIDDICK** {Seal} [Wit:] C. E. **SUMNER**

[623] 87 Willis J **RIDDICK** William **WALTON** & James W **RIDDICK** bound unto Ben **BALLARD** Wm. **STEDMAN** /Isaac **RIDDICK**/ Esquires, in the sum of Five hundred pounds 17th day of May 1825. Willis J **RIDDICK** appointed guardian to Sarah **HINTON** orphan of James **HINTON** deceased. Willis J **RIDDICK** {Seal} W. **WALTON** {Seal} Jas. W. **RIDDICK** {Seal} [Wit:] C. E. **SUMNER**

[624] 88 Willis J **RIDDICK** William **WALTON** & James W **RIDDICK** bound unto Ben **BALLARD** Wm. **STEDMAN** /Isaac **RIDDICK**/ Esquires, in the sum of Five hundred pounds 17th day of May 1825. Willis J **RIDDICK** appointed guardian to James **HINTON** orphan of James **HINTON** deceased. Willis J **RIDDICK** {Seal} W. **WALTON** {Seal} Jas. W. **RIDDICK** {Seal} [Wit:] C. E. **SUMNER**

[625] 89 Willis J **RIDDICK** William **WALTON** & James W. **RIDDICK** bound unto Ben. **BALLARD** Isaac **RIDDICK** /Wm **STEDMAN**/ Esquires, in the sum of Five hundred dollars pounds 17th day of May 1825. Willis J **RIDDICK** appointed guardian to Noah **HINTON** orphan of James **HINTON** deceased. Willis J **RIDDICK** {Seal} W. **WALTON** {Seal} Jas. W. **RIDDICK** {Seal} [Wit:] C. E. **SUMNER**

[626] 90 Daniel **SOUTHALL** John C **GORDON** & Joseph **RIDDICK** bound unto Ben. **BALLARD**, Jo **RIDDICK** /Wm. W. **STEDMAN**/ Esquires, in the sum of Five hundred pounds [blank] day of [blank] 1825. Daniel **SOUTHALL** appointed guardian to Martha Thomas J. & Mary **SOUTHALL** orphans of James **SOUTHALL** deceased. Daniel **SOUTHALL** {Seal} Jno C **GORDON** {Seal} J.. **RIDDICK** {Seal} [Wit:] C. E. **SUMNER**

[627] 91 James **MORGAN** Benjamin **JONES** & Washington **JONES** bound unto Wm. W **STEDMAN** Jno **WALTON** /Joseph **RIDDICK**/ Esquires, in the sum of Five hundred pounds 18th day of May 1825. James **MORGAN** guardian to Joshua **JONES** orphan of Britton **JONES** deceased. James **MORGAN** {Seal} Benjamin his B mark **JONES** {Seal} Washington **JONES** {Seal} [Wit:] C. E. **SUMNER**

[628] 92 Alfred **BALLARD** [blank] [blank] bound unto Henry **PUGH** Geo. **KITTRELL** /Demsey **KNIGHT**/ Esquires, in the sum of Two thousand dollars pounds 15th day of August 1825. Alfred **BALLARD** appointed guardian to Alfred **PARKER** orphan of Edward **PARKER** deceased. Alfred **BALLARD** {Seal} K. **BALLARD** {Seal} Jos. J. **BARNES** {Seal} [Wit:] [blank]

[629] 93 Humphrey **WARD** [blank] [blank] bound unto Geo. **KITTRELL** Henry **PUGH** /Demsey **KNIGHT**/ Esquires, in the sum of One thousand dollars pounds 15th day of August 1825. Humphrey **WARD** appointed guardian to Thomas **WARD** orphan of Henry **WARD** deceased. Humphrey **WARD** {Seal} Whitl **STALLINGS** {Seal} P. B. **MINTON** {Seal} [Wit:] [blank]

[630] 94 Humphrey **WARD** [blank] [blank] bound unto Geo. **KITTRELL** Henry **PUGH** /Demsey **KNIGHT**/ Esquires, in the sum of One thousand dollars pounds 15th day of August 1825. Humphrey **WARD** appointed guardian to Deborah **WARD** orphan of Henry **WARD** deceased. Humphrey **WARD** {Seal} Whitl **STALLINGS** {Seal} P. B. **MINTON** {Seal} [Wit:] [blank]

[631] 95 Humphrey **WARD** [blank] [blank] bound unto Geo. **KITTRELL** Henry **PUGH** /Demsey **KNIGHT**/ Esquires, in the sum of One thousand dollars pounds 15th day of August 1825. Humphrey **WARD** appointed guardian to Elisha **WARD** orphan of Henry **WARD** deceased. Humphrey **WARD** {Seal} Whitl **STALLINGS** {Seal} P. B. **MINTON** {Seal} [Wit:] [blank]

[632] 1 (No 5) William **CLEAVES**, George **KITTRELL** and Henry **GILLIAM** are held and firmly bound unto Abraham **CROSS**, Lemuel **GOODMAN** & Isaac S **RIDDICK** Esquires, Justices of the Peace for the County of Gates, the survivors or survivor of them, their Executors or Administrators in the sum of two thousand pounds 22nd day of February 1825. William **CLEAVES** appointed guardian to Martha E. **PRUDEN** or-

Gates County, North Carolina, Guardian Bonds 1823-1826

phan of Nath¹. orphan of [blank] deceased. Wᵐ.. CLEAVES {Seal} George KITTRELL {Seal} H. GILLIAM {Seal} [Wit:] J. SUMNER

[633] 2 William CLEAVES, George KITTRELL and Henry GILLIAM bound unto Lemˡ GOODMAN Abram CROSS /Isaac S RIDDICK/ Esquires, in the sum of two thousand pounds 22ⁿᵈ day of February 1825. William CLEAVES appointed guardian to Wᵐ. D PRUDEN orphan of Nath¹. orphan of Nathaniel PRUDEN deceased. Wᵐ.. CLEAVES {Seal} George KITTRELL {Seal} H. GILLIAM {Seal} [Wit:] J. SUMNER

[634] 3 William CLEAVES, George KITTRELL and Henry GILLIAM bound unto Lemˡ. GOODMAN Abram CROSS /Isaac RIDDICK/ Esquires, in the sum of two thousand pounds 22ⁿᵈ day of February 1825. [blank] [William CLEAVES] appointed guardian to Lewis W. PRUDEN orphan of Nath¹. orphan of Nathaniel PRUDEN deceased. Wᵐ.. CLEAVES {Seal} George KITTRELL {Seal} H. GILLIAM {Seal} [Wit:] J. SUMNER

[635] 4 Baker WARD Abel ROGERSON, James BRINKLEY and Whitmel STALLINGS bound unto John WALTON, Peter B. MINTON /William W. STEDMAN/ Esquires, in the sum of Five thousand pounds 22ⁿᵈ day of February 1825. Baker WARD appointed guardian to Almira WARD orphan of Allen WARD deceased. Baker WARD {Seal} Abel ROGERSON {Seal} James BRINKLY {Seal} Whit STALLINGS {Seal} [Wit:] C. E. SUMNER

[636] 5 James COSTEN George COSTEN and James BOOTH bound unto John WALTON, Peter B. MINTON /Joseph RIDDICK/ Esquires in the sum of Two thousand pounds 22ⁿᵈ day of February 1825. Isac [sic] [James] COSTEN appointed guardian to David COSTEN orphan of Isaac COSTEN deceased. James COSTEN {Seal} George COSTEN {Seal} James BOOTHE {Seal} [Wit:] J. SUMNER

[637] 6 James COSTEN George COSTEN and James BOOTH bound unto John WALTON, Peter B. MINTON /Joseph RIDDICK/ Esquires in the sum of two thousand pounds 22ⁿᵈ. day of February 1825. James COSTEN appointed guardian to Thomas COSTEN orphan of Isaac COSTEN deceased. James COSTEN {Seal} George COSTEN {Seal} James BOOTHE {Seal} [Wit:] J. SUMNER

[638] 7 John WALTON Henry BOND and Timothy WALTON bound unto Henry GILLIAM, Peter B. MINTON /Lemuel GOODMAN/ Esquires, in the sum of One thousand pounds 22ⁿᵈ. day of February 1825. [blank] [John WALTON] appointed guardian to Riddick TROTMAN orphan of Riddick TROTMAN deceased. J WALTON {Seal} Henry BOND {Seal} Tim WALTON {Seal} [Wit:] C. E. SUMNER

[639] 8 John WALTON Henry BOND and Timothy WALTON bound unto Henry GILLIAM, Peter B. MINTON /Lemuel GOODMAN/ Esquires, in the sum of One thousand pounds 22ⁿᵈ. day of February 1825. John WALTON appointed guardian to Agatha TROTMAN orphan of Riddick TROTMAN deceased. J WALTON {Seal} Henry BOND {Seal} Tim WALTON {Seal} [Wit:] C. E. SUMNER

[640] 9 John WALTON Henry BOND and Timothy WALTON bound unto Henry GILLIAM, Peter B. MINTON /Lemuel GOODMAN/ Esquires, in the sum of One thousand pounds [blank] day of [blank] 182 [blank]. John WALTON appointed guardian to Ezekiel TROTMAN orphan of Riddick TROTMAN deceased. J WALTON {Seal} Henry BOND {Seal} Tim WALTON {Seal} [Wit:] C. E. SUMNER

[641] 10 John WALTON Henry BOND and Timothy WALTON bound unto Henry GILLIAM, Peter B. MINTON /Lemuel GOODMAN/ Esquires, in the sum of One thousand pounds 22ⁿᵈ. day of February 1825. John WALTON appointed guardian to Moses TROTMAN orphan of Riddick TROTMAN deceased. J WALTON {Seal} Henry BOND {Seal} Tim WALTON {Seal} [Wit:] C. E. SUMNER

[642] 11 John WALTON Henry BOND and Timothy WALTON bound unto Henry GILLIAM, Peter B. MINTON /Lemuel GOODMAN/ Esquires, in the sum of One thousand pounds 22ⁿᵈ. day of February 1825. John WALTON appointed guardian to Elisha TROTMAN orphan of Riddick TROTMAN deceased. J WALTON {Seal} Henry BOND {Seal} Tim WALTON {Seal} [Wit:] C. E. SUMNER

Gates County, North Carolina, Guardian Bonds 1823-1826

[643] 12 John WALTON Henry BOND and Timothy WALTON bound unto Henry GILLIAM, Peter B. MINTON /Lemuel GOODMAN/ Esquires, in the sum of One thousand pounds 22nd. day of February 1825. John WALTON appointed guardian to Leah HINTON orphan of William HINTON deceased. J WALTON {Seal} Henry BOND {Seal} Tim WALTON {Seal} [Wit:] C. E. SUMNER

[644] 13 John WALTON Henry BOND and Timothy WALTON bound unto Henry GILLIAM, Peter B. MINTON /Lemuel GOODMAN/ Esquires, in the sum of One thousand pounds 22nd. day of February 1825. John WALTON appointed guardian to Leah HINTON orphan of Robert HINTON deceased. J WALTON {Seal} Henry BOND {Seal} Tim WALTON {Seal} [Wit:] C. E. SUMNER

[645] 14 Abraham BEEMAN John BEEMAN and Mills EURE bound unto Abram CROSS George KITTRELL /Timothy WALTON/ Esquires, in the sum of One thousand pounds 22nd. day of February 1825. Abraham BEEMAN appointed guardian to Josiah HARRELL orphan of Elisha HARRELL deceased. A^m BEEMAN {Seal} Jno. BEEMAN {Seal} Mills EURE {Seal} [Wit:] C. E. SUMNER

[646] 15 Abraham BEEMAN John BEEMAN and Mills EURE bound unto John WALTON, Joseph RIDDICK /William W. STEDMAN/ Esquires, in the sum of One thousand pounds 22nd. day of February 1825. Abraham BEEMAN appointed guardian to Elisha HARRELL orphan of Elisha HARRELL deceased. A^m BEEMAN {Seal} Jno. BEEMAN {Seal} Mills EURE {Seal} [Wit:] C. E. SUMNER

[647] 16 John SAUNDERS Miles PARKER & Elisha EURE bound unto Henry GILLIAM, Jo. RIDDICK /Wm HUDGINS/ Esquires, in the sum of Five hundred pounds 17th day of August 1825. John SAUNDERS appointed guardian to Joseph SPEIGHT orphan of William SPEIGHT deceased. J^{no}.. SAUNDERS {Seal} Myles PARKER {Seal} Elisha EURE {Seal} [Wit:] C. E. SUMNER

[648] 17 James LASSITER George COSTEN and James COSTEN bound unto Mills EURE, Henry PUGH, Peter /MINTON/ Esquires, in the sum of Ten thousand pounds 21st. day of November 1825. James LASSITER appointed guardian to Timothy LASSITER orphan of Henry LASSITER deceased. James LASSITER {Seal} George COSTEN {Seal} James COSTEN {Seal} [Wit:] C. E. SUMNER

[649] 18 James LASSITER George COSTEN and James COSTEN bound unto Mills EURE, Henry PUGH, Peter /MINTON/ Esquires, in the sum of Ten thousand pounds 21st. day of November 1825. James LASSITER appointed guardian to Sarah LASSITER orphan of Henry LASSITER deceased. James LASSITER {Seal} George COSTEN {Seal} James COSTEN {Seal} [Wit:] C. E. SUMNER

[650] 19 James LASSITER George COSTEN and James COSTEN bound unto Mills EURE, Henry PUGH, Peter /MINTON/ Esquires, in the sum of ten thousand pounds 21st. day of Novr. 1825. James LASSITER appointed guardian to Mary LASSITER orphan of Henry LASSITER deceased. James LASSITER {Seal} George COSTEN {Seal} James COSTEN {Seal} [Wit:] C. E. SUMNER

[651] 20 Peter EURE Miles PARKER and Nathaniel EURE bound unto Mills EURE, Henry PUGH, Peter /MINTON/ Esquires, in the sum of One thousand dollars ~~pounds~~ 21st day of Novr. 1825. Peter EURE appointed guardian to James CARTER orphan of James CARTER deceased. Peter EURE {Seal} Myles PARKER {Seal} Nathl.. EURE {Seal} [Wit:] C. E. SUMNER

[652] 21 Miles HOWELL Henry JONES and Miles PARKER bound unto Henry PUGH Peter MIN/TON Wm HUDGINS/ Esquires, in the sum of Five thousand dollars ~~pounds~~ 21st day of November 1825. Miles HOWELL appointed guardian to Amanda CROSS orphan of Elisha CROSS deceased. Miles HOWELL {Seal} Henry JONES {Seal} Myles PARKER {Seal} [Wit:] C. E. SUMNER

[653] 22 Exum JENKINS Henry JONES and Jacob ODOM bound unto Henry PUGH J^o. RIDDICK /Wm HUDGINS/ Esquires, in the sum of Three thousand dollars ~~pounds~~ 21st day of November 1825. Exum JENKINS appointed guardian to Salley ODOM orphan of Ira ODOM deceased. Exum JENKINS {Seal} Henry JONES {Seal} Jacob ODOM {Seal} [Wit:] C. E. SUMNER

Gates County, North Carolina, Guardian Bonds 1823-1826

[654] 23 Exum **JENKINS** Jacob **ODOM** and Henry **JONES** bound unto Henry **PUGH** J°. **RIDDICK** /Wm **HUDGINS**/ Esquires, in the sum of Three thousand dollars ~~pounds~~ 21st day of November 1825. Exum **JENKINS** appointed guardian to Sophia **ODOM** orphan of Ira **ODOM** deceased. Exum **JENKINS** {Seal} Jacob **ODOM** {Seal} Henry **JONES** {Seal} [Wit:] C. E. **SUMNER**

[655] 24 Joseph **HAYSE** Solomon **ROUNTREE** and Simmons **ROUNTREE** bound unto Ben **BALLARD** Henry **PUGH** /William **HUDGINS**/ Esquires, in the sum of Two thousand dollars ~~pounds~~ 22nd day of November 1825. Joseph **HAYSE** appointed guardian to Robert **WILLIAMS** orphan of Seth **WILLIAMS** deceased. Joseph **HAYES** [?] {Seal} Solomon **ROUNTREE** {Seal} Simonds [?] **ROUNTREE** {Seal} [Wit:] C. E. **SUMNER**

[656] 25 John C. **GORDON** Kedar **BALLARD** and Joseph **GORDON** bound unto Benj^a **BALLARD** Henry **PUGH** /William **HUDGINS**/ Esquires, in the sum of Five Hundred pounds 21st day of November 1825. John C. **GORDON** appointed guardian to Eliza **SMALL** orphan of Moses H. **SMALL** deceased. Jn°. C. **GORDON** {Seal} K **BALLARD** {Seal} Jos **GORDON** {Seal} [Wit:] J. **SUMNER**

[657] 26 John C. **GORDON** Kedar **BALLARD** and Joseph **GORDON** bound unto Ben. **BALLARD**, Henry **PUGH** /William **HUDGINS**/ Esquires, in the sum of Five Hundred pounds 21st day of November 1825. John C. **GORDON** appointed guardian to Sophia **SMALL** orphan of Moses H. **SMALL** deceased. Jn°. C. **GORDON** {Seal} K **BALLARD** {Seal} Jos **GORDON** {Seal} [Wit:] J. **SUMNER**

[658] 27 John C. **GORDON** Kedar **BALLARD** and Joseph **GORDON** bound unto Ben. **BALLARD** Henry **PUGH** /William **HUDGINS**/ Esquires, in the sum of Five Hundred pounds 21st day of November 1825. John C. **GORDON** appointed guardian to Thomas **SMALL** orphan of Moses H. **SMALL** deceased. Jn°. C. **GORDON** {Seal} K **BALLARD** {Seal} Jos **GORDON** {Seal} [Wit:] J. **SUMNER**

[659] 28 John C. **GORDON** Kedar **BALLARD** and Joseph **GORDON** bound unto Benj^a **BALLARD** Henry **PUGH** /William **HUDGINS**/ Esquires, in the sum of Five Hundred pounds 21st day of November 1825. John C. **GORDON** appointed guardian to Andrew Jackson **SMALL** orphan of Moses H. **SMALL** deceased. John C. **GORDON** {Seal} K **BALLARD** {Seal} Jos **GORDON** {Seal} [Wit:] J. **SUMNER**

[660] 29 John C. **GORDON** Kedar **BALLARD** and Joseph **GORDON** bound unto Benj^a **BALLARD** Henry **PUGH** /William **HUDGINS**/ Esquires, in the sum of Five Hundred pounds 21st day of November 1825. John C. **GORDON** appointed guardian to Christian **SMALL** orphan of Moses H. **SMALL** deceased. John C. **GORDON** {Seal} K **BALLARD** {Seal} Jos **GORDON** {Seal} [Wit:] J. **SUMNER**

[661] 30 John D. **PIPKIN** Isaac **PIPKIN** and Henry **BOND** bound unto Hutchins G. **BURTON** Esquire /Governor his successors in Office/ in the sum of Four thousand dollars ~~pounds~~ 20th day of February 1826. John D **PIPKIN** appointed guardian to Martha B. **GATLING** orphan of Etheldred B **GATLING** deceased. Jno D **PIPKIN** {Seal} Isaac **PIPKIN** {Seal} Henry **BOND** {Seal} [Wit:] C. E. **SUMNER**

[662] 31 John D. **PIPKIN** Isaac **PIPKIN** and Henry **BOND** bound unto Hutchins G. **BURTON** Esquire /Governor & or his successors in Office/ in the sum of Four thousand dollars ~~pounds~~ 20th day of February 1826. John D **PIPKIN** appointed guardian to John B. **GATLING** orphan of Etheldred B. **GATLING** deceased. Jno D **PIPKIN** {Seal} Isaac **PIPKIN** {Seal} Henry **BOND** {Seal} [Wit:] C. E. **SUMNER**

[663] 32 John D. **PIPKIN** Isaac **PIPKIN** and Henry **BOND** bound unto Hutchins G. **BURTON** Esquire /Governor & or his successors in Office/ in the sum of Four thousand dollars ~~pounds~~ 20th day of February 1826. John D **PIPKIN** appointed guardian to Richard **GATLING** orphan of Etheldred B **GATLING** deceased. Jno D **PIPKIN** {Seal} Isaac **PIPKIN** {Seal} Henry **BOND** {Seal} [Wit:] C. E. **SUMNER**

[664] 33 Edwin **SMITH** John **SAUNDERS** and William **GOODMAN** bound unto Hutchins G. **BURTON** Esquire /Governor or his successors in Office/ in the sum of Two thousand dollars ~~pounds~~ 20th day of February 1826. Edwin **SMITH** appointed guardian to Henrietta **COPELAND** orphan of Henry **COPELAND** de-

Gates County, North Carolina, Guardian Bonds 1823-1826

ceased. E.. **SMITH** {Seal} John **SAUNDERS** {Seal} Wm **GOODMAN** {Seal} [Wit:] C. E. **SUMNER**

[665] 34 Edwin **SMITH** John **SAUNDERS** and William **GOODMAN** bound unto Hutchins G. **BURTON** ~~Esquire~~ /Esqr. Governor or his successors in office/ in the sum of Two thousand dollars ~~pounds~~ 20th day of February 1826. Edwin **SMITH** appointed guardian to Susan **COPELAND** orphan of Henry **COPELAND** deceased. E.. **SMITH** {Seal} John **SAUNDERS** {Seal} William **GOODMAN** {Seal} [Wit:] C. E. **SUMNER**

[666] 35 William ~~**HOFLER**~~ /**TABER**/ John **HOFFLER** and David **OUTLAW** bound unto Hutchins G **BURTON** /Esquire Governor or his successors in office/ in the sum of One thousand dollars ~~pounds~~ 20th day of February 1826. William **TABER** appointed guardian to Sarah **OUTLAW** orphan of John **OUTLAW** deceased. W^m. **TABER** {Seal} John **HOFLER** {Seal} David **OUTLAW** {Seal} [Wit:] C. E. **SUMNER**

[667] 36 William **TABER** John **HOFFLER** and David **OUTLAW** bound unto Hutchins G **BURTON** /Esqr Governor or his successors in office/ in the sum of One thousand dollars ~~pounds~~ 20th day of February 1826. William **TABER** appointed guardian to Julia **OUTLAW** orphan of John **OUTLAW** deceased. W^m.. **TABER** {Seal} Jno **HOFLER** {Seal} David **OUTLAW** {Seal} [Wit:] C. E. **SUMNER**

[668] 37 William **TABER** John **HOFFLER** and David **OUTLAW** bound unto Hutchins G. **BURTON** /Esquires Governor & or his successors in office/ in the sum of One thousand dollars ~~pounds~~ 20th day of February 1826. William **TABER** appointed guardian to Jacob **OUTLAW** orphan of John **OUTLAW** deceased. W^m.. **TABER** {Seal} John **HOFLER** {Seal} David **OUTLAW** {Seal} [Wit:] C. E. **SUMNER**

[669] 38 William **GOODMAN** Isaac **PIPKIN** and John D. **PIPKIN** bound unto Hutchins G. **BURTON** /Esqr. Governor, & or his successors in office/ in the sum of Four [?] thousand dollars ~~pounds~~ 21st day of February 1826. William **GOODMAN** appointed guardian to Elizabeth B **GATLING** orphan of Etheldred B. **GATLING** deceased. William **GOODMAN** {Seal} Isaac **PIPKIN** {Seal} Jno D **PIPKIN** {Seal} [Wit:] C. E. **SUMNER**

[670] 39 William **GOODMAN** Isaac **PIPKIN** and John D. **PIPKIN** bound unto Hutchins G. **BURTON** Esquire /Governor &c or his successors in office/ in the sum of Four thousand dollars ~~pounds~~ 21st day of February 1826. William **GOODMAN** appointed guardian to Jane B **GATLING** orphan of Etheldred B. **GATLING** deceased. William **GOODMAN** {Seal} Isaac **PIPKIN** {Seal} Jno D **PIPKIN** {Seal} [Wit:] C. E. **SUMNER**

[671] 40 William **GOODMAN** Isaac **PIPKIN** and John D. **PIPKIN** bound unto Hutchins G. **BURTON** Esquire /Governor &c or his successors in Office/ in the sum of Four thousand dollars ~~pounds~~ 21st day of February 1826. William **GOODMAN** appointed guardian to Emily /B/ **GATLING** orphan of Etheldred B. **GATLING** deceased. William **GOODMAN** {Seal} Isaac **PIPKIN** {Seal} Jno D **PIPKIN** {Seal} [Wit:] C. E. **SUMNER**

[672] 41 William **GOODMAN** Isaac **PIPKIN** and John D. **PIPKIN** bound unto Hutchins G. **BURTON** Esquire Governor & /or his successors in office/ in the sum of Four thousand dollars ~~pounds~~ 21st day of February 1826. [blank] [William **GOODMAN**] appointed guardian to Harriet /B/ **GATLING** orphan of Etheldred B. **GATLING** deceased. William **GOODMAN** {Seal} Isaac **PIPKIN** {Seal} Jno D. **PIPKIN** {Seal} [Wit:] C. E. **SUMNER**

[673] 42 Prior **SAVAGE** Abraham **PARKER** & Henry **GILLIAM** bound unto Hutchins G **BURTON** Esquire /Governor & or his successors in Office/ in the sum of One thousand Dollars ~~pounds~~ 21st day of February 1826. Prior **SAVAGE** appointed guardian to Martha **LEWIS** orphan of Luton **LEWIS** deceased. Pryer **SAVAGE** {Seal} Abraham **PARKER** {Seal} H. **GILLIAM** {Seal} [Wit:] J. **SUMNER**

[674] 43 James **BRINKLEY** Whitmel **STALLINGS** and Noah **ROUNTREE** bound unto Hutchins G **BURTON** /Esquire Governor & or his successors in office/ in the sum of Two thousand dollars ~~pounds~~ 21st

Gates County, North Carolina, Guardian Bonds 1823-1826

day of February 1826. James **BRINKLEY** appointed guardian to Christian **BRINKLEY** orphan of Elisha **BRINKLEY** deceased. James **BRINKLY** {Seal} Whit^d **STALLINGS** {Seal} Noah **ROUNTREE** {Seal} [Wit:] C. E. **SUMNER**

[675] 44 John **JONES** Solomon **ROUNTREE** & Nathaniel **JONES** bound unto Hutchins G. **BURTON** Esquires /Governor of of [sic] of the state & or his successors in office/ in the sum of five hundred Dollars pounds 21st day of February 1826. John **JONES** appointed guardian to Riddick **CROSS** orphan of James **CROSS** deceased. John **JONES** {Seal} Solomon **ROUNTR** [sic] {Seal} Nathaniel his NJ [?] mark **JONES** {Seal} [Wit:] J. **SUMNER**

[676] 45 John **JONES** Nathan Solomon **ROUNTREE** & Nathaniel **JONES** bound unto Hutchins G. **BURTON** Esquires /Governor [sic] his successors in Office/ in the sum of Five hundred Dollars pounds 21st day of February 1826. John **JONES** appointed guardian to Benjamin **CROSS** orphan of James **CROSS** deceased. John **JONES** {Seal} Solomon **ROUNTREE** {Seal} Nathaniel his NJ [?] mark **JONES** {Seal} [Wit:] J. **SUMNER**

[677] 46 John **JONES** Solomon **ROUNTREE** & Nathaniel **JONES** bound unto Hutchins G. **BURTON** Esquires /Governor & his successors in office/ in the sum of Five Hundred Dollars pounds 21st day of February 1826. John **JONES** appointed guardian to Washington **CROSS** orphan of James **CROSS** deceased. John **JONES** {Seal} Solomon **ROUNTE** [sic] {Seal} Nathaniel his NJ [?] mark **JONES** {Seal} [Wit:] J. **SUMNER**

[678] 47 John **JONES** Solomon **ROUNTREE** & Nathaniel **JONES** bound unto Hutchins G. **BURTON** Esquire /Governor of this State or his successors in office/ in the sum of two Hundred and fifty pounds 21st day of February 1826. John **JONES** appointed guardian to James **CROSS** orphan of James **CROSS** deceased. John **JONES** {Seal} Solomon **ROUNTREE** [?] {Seal} Nathaniel his NJ [?] mark **JONES** {Seal} [Wit:] J. **SUMNER**

[679] [Apprentice Indenture] STATE OF NORTH CAROLINA. Gates County.
This Indenture, Made the 21st.. day of February in the year of our Lord one thousand eight hundred and 43 and in the 67 year of American Independence, between John C **GORDON** Esquire, Chairman of the County Court of Gates and the rest of the Justices of said Court, of the one part, and Samuel **EVANS** of the other part, witnesseth, that the said Jno C **GORDON** Chairman as aforesaid, in pursuance of an order of said Court made this day, doth put, place, and bind unto the said Samuel **EVANS** a certain Girl of Color by the name of Betty **JOHNSON** daughter of Holly [?] **JOHNSON** about 13 years of age to live with the said Samuel **EVANS** after the manner of an apprentice and servant, until the said apprentice shall attain the age of twenty-one years; during all which time the said apprentice his master faithfully shall serve, his lawful commands every where gladly obey; he shall not at any time absent himself from his master's service without leave, but in all things as a good and faithful servant shall behave towards his master. And the said Samuel **EVANS** doth covenant, promise, and agree to and with the said **GORDON** that he will teach and instruct, or cause to be taught or instructed the said Betty **JOHNSON** in the art and mystery of Weaving [?] also to read, write, and cipher, agreeable to law; and that he will constantly find and provide for the said apprentice, during the time aforesaid, sufficient diet, washing, lodging, and apparel, fitting for an apprentice: and also, all other things necessary, both in sickness and in health.

In Witness whereof, the parties to these presents have hereunto interchangeably set their hands and seals, the day and year first above written. John C. **GORDON** ⌐SEAL⌐ Samuel his [blank] mark **EVANS** ⌐SEAL⌐ Sealed and delivered in the presence of W. G. **DAUGHTRY** [Underlining denotes handwritten words filling in blanks in the printed form.]

1826-1828

Gates County, North Carolina, Guardian Bonds 1826-1828

[680] 1. (No 6) Henry **GILLIAM** William **CLEAVES** and Etheldred **MATTHEWS** bound unto Hutchins G. **BURTON** Esquire /Governor of this State & or his successors in Office/ in the sum of Four hundred dollars ~~pounds~~ 22nd day of February 1826. Henry **GILLIAM** appointed guardian to Mary Ann, Charity, Martha & Abel **KITTRELL** orphans of William **KITTRELL** deceased. H. **GILLIAM** {Seal} Wm. **CLEAVES** {Seal} Ethld. **MATTHEWS** {Seal} [Wit:] C. E. **SUMNER**

[681] 2 Joseph **TAYLOR** Whitmel **STALLINGS** and Abraham **HARRELL** bound unto Hutchins G. **BURTON** Esquire /Governor of this state or his successors in Office/ in the sum of Five thousand dollars 15th day of May 1826. Joseph **TAYLOR** appointed guardian to Nathaniel **TAYLOR** orphan of Nathaniel **TAYLOR** deceased. Joseph his + mark **TAYLOR** {Seal} Whitl **STALLINGS** {Seal} A. **HARRELL** {Seal} [Wit:] J. **SUMNER**
[Back of bond:] I Certify that Peter B. **MINTON**, Demsey **KNIGHT**, Timothy **WALTON** Kedar **BALLARD**, Benjamin B. **BALLARD** & Joseph **RIDDICK** Esquires Justices was present in Court and granted the within Guardianship and approved of the securities &c. Teste J. **SUMNER**, Clk.

[682] 3 Edward R. **HUNTER** Isaac R. **HUNTER** and Robert **HILL** bound unto Hutchins G. **BURTON** Esquire /Governor of this State or his successors in Office/ in the sum of Four ~~Two~~ thousand dollars ~~pounds~~ 15th day of May 1826. Edward R **HUNTER** appointed guardian to Martha Eliza **BARNES** Mary Adaline **BARNES** orphans of William S. **BARNES** deceased. E R **HUNTER** {Seal} I R **HUNTER** {Seal} Robert **HILL** {Seal} [Wit:] C. E. **SUMNER**
[Back of bond:] I Certify that Kedar **BALLARD**, Demsey **KNIGHT**, Abraham **HARRELL** Lewis **EURE**, Peter B. **MINTON**, Henry **PUGH** and William **HUDGINS** Esquires Justices was present in Court and granted the within Guardianship and approved of the securities &c. Teste J. **SUMNER** Clk.

[683] 4 Abel **ROGERSON** Nathan **RIDDICK** and Isaiah **RIDDICK** bound unto Hutchins G. **BURTON** Esquire /Governor of this State or his successors in Office/ in the sum of Two thousand dollars ~~pounds~~ 15th day of May 1826. Abel **ROGERSON** appointed guardian to Emiley **TROTMAN** orphan of Noah **TROTMAN** deceased. Abel **ROGERSON** {Seal} Nathan **RIDDICK** {Seal} Isaiah **RIDDICK** {Seal} [Wit:] C. E. **SUMNER**
[Back of bond:] I Certify that Kedar **BALLARD**, Demsey **KNIGHT**, Abraham **HARRELL**, Peter B. **MINTON**, Henry **PUGH** & Lemuel **GOODMAN** Esquires Justices was present in Court and granted the within Guardianship and approved of the Securities &c. Teste, J. **SUMNER** Clk.

[684] 5 Nathan **RIDDICK** Henry **GILLIAM** and David **OUTLAW** bound unto Hutchins G. **BURTON** Esquire /Governor of this State or his Successors in Office/ in the sum of Five thousand dollars ~~pounds~~ 15th day of May 1826. Nathan **RIDDICK** appointed guardian to Jesse Marey [or Macey] & Henry **WALTON** orphans of Jacob **WALTON** deceased. Nathan **RIDDICK** {Seal} H. **GILLIAM** {Seal} David **OUTLAW** {Seal} [Wit:] C. E. **SUMNER**
[Back of bond:] I Certify that Kedar **BALLARD**, Demsey **KNIGHT**, Abram **HARRELL** Lewis **EURE**, Peter B. **MINTON** and William **HUDGINS** Esquires Justices was present in Court and granted the within Guardianship and approved of the securities &c. Teste, J. **SUMNER** Clk.

[685] 6 Miles **HOWELL** Lewis **EURE** and Henry **JONES** bound unto Hutchins G. **BURTON** Esquire /Governor of this State or his successors in Office/ in the sum of Four thousand Dollars ~~pounds~~ 15th day of May 1826. Miles **HOWELL** appointed guardian to John, Sarah, Alfred and Benjamin **CROSS** orphans of Elisha **CROSS** deceased. Miles **HOWELL** {Seal} Lewis **EURE** {Seal} Henry **JONES** {Seal} [Wit:] C. E. **SUMNER**
[Back of bond:] I Certify that Peter B. **MINTON**, Kedar **BALLARD**, Henry **PUGH**, Abraham **HARRELL**, Lemuel **GOODMAN** & Demsey **KNIGHT** Esquires Justices was present in Court and granted the within Guardianship and approved of the Securities &c. Teste, J. **SUMNER** Clk.

[686] 7 Thomas **TWINE**, George **COSTEN** & James **GORDON** ~~of this State~~ bound unto Hutchins G. **BURTON** ~~Esquires~~ /Esqr. Governor of this State or his Successors in Office/ in the sum of Five thousand dollars ~~pounds~~ 15th day of May 1826. Thomas **TWINE** appointed guardian to Thomas B. **HUNTER** orphan of

Gates County, North Carolina, Guardian Bonds 1826-1828

Isaac **HUNTER** deceased. Thomas **TWINE** {Seal} George **COSTEN** {Seal} James **GORDON** {Seal} [Wit:] C. E. **SUMNER**
[Back of bond:] I Certify that Demsey **KNIGHT**, Joseph **RIDDICK**, William **HUDGINS** Kedar **BALLARD**, Timothy **WALTON**, Peter B. **MINTON** & Lemuel **GOODMAN** Esquires Justices were present in Court and granted the within Guardianship and approved of the Securities &c. Teste J. **SUMNER**, Clk.

[687] 8 Catharine **GREGORY**, John B. **BAKER** & Wills **COWPER** bound unto Hutchins G. **BURTON** Esquire /Governor of this state & his successors in Office/ in the sum of [blank] 16th day of May 1826. Catharine **GREGORY** appointed guardian to Elizabeth, Jane, & Mary **GREGORY** orphans of Joseph **GREGORY** deceased. Catharine **GREGORY** {Seal} Jno. B. **BAKER** {Seal} [blank] {Seal} [Wit:] [blank] [Back of bond:] [blank]

[688] 9 Hardy D. **PARKER** Jonathan **WILLIAMS**, William **LEE** & George **KITTRELL** bound unto Hutchins G. **BURTON** Esquire /Governor of this State or his Successors in Office/ in the sum of Four thousand pounds 21st day of August 1826. Hardy D. **PARKER** appointed guardian to John, Mary, Margaret & Jesse **WIGGINS** orphans of James **WIGGINS** dee^d deceased. Hardy D **PARKER** {Seal} Jonathan **WILLIAMS** {Seal} WILLIAM LEE {Seal} George **KITTRELL** {Seal} [Wit:] C. E. **SUMNER**
[Back of bond:] I Certify that Timothy **WALTON**, Benjamin B. **BALLARD**, and Demsey **KNIGHT** Esquires Justices where [sic] present in Court and granted the within Guardianship and app<u>o</u>ved of the securities &c. Teste J. **SUMNER**, Clk.

[689] 10 William S. **BENTON**, Nathaniel **DAUGHTER** [sic] & Levi **ROGERS** bound unto Hutchins G. **BURTON** Esquire /Governor of this State or his successors in Office/ in the sum of Five hundred pounds 21st day of August 1826. William S. **BENTON** appointed guardian to Jesse **BENTON** orphan of Jethro **BENTON** deceased. Wm. S. **BENTON** {Seal} Nathl.. **DOUGHTIE** {Seal} Levi **ROGERS** {Seal} [Wit:] C. E. **SUMNER**
[Back of bond:] I Certify that Timothy **WALTON**, Benjamin B. **BALLARD**, and William **HUDGINS** Esquires Justices were present in Court and granted the within Guardianship and approved of the Securities &c. Teste J. **SUMNER**, Clk.

[690] 11 John C **GORDON** Isaac R. **HUNTER** & John O. **HUNTER** bound unto Hutchins G. **BURTON** Esquire /Governor of this State or his successors in Office/ in the sum of Fifteen hundred dollars ~~pounds~~ 22nd day of August 1826. John C. **GORDON** appointed guardian to John, Mary & Emily **BROTHERS**, orphans of John **BROTHERS** deceased. Jno. C. **GORDON** {Seal} I R **HUNTER** {Seal} J. O. **HUNTER** {Seal} [Wit:] C. E. **SUMNER**
[Back of bond:] I Certify that Henry **PUGH**, George **KITTRELL**, Peter B. **MINTON**, Abraham **HARRELL** and Demsey **KNIGHT** Esquires Justices were present in Court and granted the within Guardianship and approved of the securities &c. Teste J. **SUMNER**, Clk.

[691] 12 James **COSTEN** James **LASSITER** and George **COSTEN** bound unto Hutchins G. **BURTON** Esquire /Governor of this State or his successors in office/ in the sum of Three thousand dollars ~~pounds~~ 22nd day of August 1826. James **COSTEN** appointed guardian to Willis **CALLUM** orphan of Hezekiah **CALLUM** deceased. James **COSTEN** {Seal} James **LASSITER** {Seal} George **COSTEN** {Seal} [Wit:] C. E. **SUMNER**
[Back of bond:] I Certify that Hillory **WILLEY**, Mills **RIDDICK**, Isaac S. **RIDDICK** John **WALTON**, Lemuel **GOODMAN**, Abraham **BEEMAN** and Henry **PUGH** Esquires Justices were present in Court and granted the within Guardianship and approved of the Securities &c Teste J. **SUMNER** Clk

[692] 13 James **COSTEN**, James **LASSITER** & George **COSTEN** bound unto Hutchins G. **BURTON** Esquire /Governor of this State or his successors in Office/ in the sum of Three thousand dollars ~~pounds~~ 22nd day of August 1826. James **COSTEN** appointed guardian to James <u>H</u>insey **COSTEN** ~~orphan of~~ his own son ~~deceased~~. James **COSTEN** {Seal} James **LASSITER** {Seal} George **COSTEN** {Seal} [Wit:] C. E. **SUMNER**
[Back of bond:] I Certify that Hillory **WILLEY**, Mills **RIDDICK**, Isaac S. **RIDDICK** John **WALTON**, Lemuel **GOODMAN**, Abraham **BEEMAN** and Henry **PUGH** Esquires Justices were present in Court and

Gates County, North Carolina, Guardian Bonds 1826-1828

granted the within Guardianship and approved of the Securities &c Teste J. SUMNER Clk

[693] 14 Nathan **RIDDICK**, James **BRINKLEY** & Whitmell **STALLINGS** bound unto Hutchins G. **BURTON** Esquire /Governor of this State or his successors in Office/ in the sum of One thousand pounds 20th day of November 1826. Nathan **RIDDICK** appointed guardian to Julia **HUNTER** orphan of William **HUNTER** deceased. Nathan **RIDDICK** {Seal} James **BRINKLY** {Seal} Whit^l **STALLINGS** {Seal} [Wit:] C. E. **SUMNER**
[Back of bond:] I Certify that Joseph **RIDDICK**, William **HUDGINS**, Timothy **WALTON** and Henry **PUGH** Esquires Justices were present in Court and granted the within Guardianship and approved of the Securities &c Teste J. **SUMNER** Clk

[694] 15 Nathan **RIDDICK**, James **BRINKLEY** & Whitmell **STALLINGS** bound unto Hutchins G. **BURTON** Esquire /Governor of this State or his Successors in Office/ in the sum of One thousand pounds 20th day of November 1826. Nathan **RIDDICK** appointed guardian to John **HUNTER** orphan of William **HUNTER** deceased. Nathan **RIDDICK** {Seal} James **BRINKLY** {Seal} Whit^l **STALLINGS** {Seal} [Wit:] C. E. **SUMNER**
[Back of bond:] I Certify that Joseph **RIDDICK**, William **HUDGINS**, Timothy **WALTON** and Henry **PUGH** Esquires Justices were present in Court and granted the within Guardianship and approved of the Securities &c Teste J: **SUMNER** Clk

[695] 16 Nathan **RIDDICK**, James **BRINKLEY** and Timothy **SPIVEY** bound unto Hutchins G. **BURTON** Esquire /Governor of this State or his successors in office/ in the sum of Fifteen hundred dollars ~~pounds~~ 20th day of Nov. 1826. Nathan **RIDDICK** appointed guardian to Sally, Louisa and William **BROWN** orphan of Jesse **BROWN** deceased. Nathan **RIDDICK** {Seal} James **BRINKLY** {Seal} Timothy **SPIVY** {Seal} [Wit:] C. E. **SUMNER**
[Back of bond:] I Certify that Joseph **RIDDICK**, William **HUDGINS**, Timothy **WALTON** & Henry **PUGH** Esquires Justices were present in Court and granted t__ within Guardianship and approved of the Securities &c Teste J. **SUMNER** Clk.

[696] 17 Elizabeth **HARVEY** William M **HARVEY** and Kinchen **NORFLEET** bound unto Hutchins G. **BURTON** Esquire /Governor of this State/ in the sum of two thousand pounds 21st day of November 1826. Elizabeth **HARVEY** appointed guardian to Mary Ann **HARVEY**, Jacob J. **HARVEY** & George **HARVEY** orphan of George A. **HARVEY** deceased. Eliz **HARVEY** {Seal} W^m W **HARVEY** {Seal} Kinchen **NORFLEET** {Seal} [Wit:] J. **SUMNER**
[Back of bond:] I Certify that John B. **BAKER**, Henry **GILLIAM** & Abraham **BEEMAN** Esquires Justices were present in Court and granted the within Guardianship and approved of the Securities &c Teste J **SUMNER** Clk.

[697] 18 Joel **HUDGINS** William **HUDGINS** and John **RIDDICK** bound unto Hutchins G. **BURTON** Esquire /Governor of this State or his successors in office/ in the sum of Six Hundred dollars ~~pounds~~ 20th day of November 1826. Joel **HUDGINS** appointed guardian to Humphry ~~**HUDGINS**~~ **SAVAGE** orphan of Caleb **SAVAGE** deceased. Joel **HUDGINS** {Seal} W.. **HUDGINS** {Seal} Jno.. **RIDDICK** {Seal} [Wit:] J. **SUMNER** Not p^d
[Back of bond:] I Certify that William **HUDGINS**, Isaac S. **RIDDICK**, Lewis **EURE** & Henry **PUGH** Esquires Justices were present in Court and granted the within Guardianship and approved of the Securities &c Teste J. **SUMNER** Clk.

[698] 19 William M **HARVEY**, Joseph **GORDON** & Riddick **HUNTER** bound unto Hutchins G. **BURTON** Esquire /Governor of this State or his successors in office/ in the sum of One thousand Dollars ~~pounds~~ 21st day of November 1826. William M. **HARVEY** appointed guardian to James A **HARVEY** orphan of George A. **HARVEY** deceased. W^m M **HARVEY** {Seal} Jos **GORDON** {Seal} Riddick **HUNTER** {Seal} [Wit:] J. **SUMNER**
[Back of bond:] I Certify that John B. **BAKER**, Henry **GILLIAM** & Abraham **BEEMAN** Esquires Justices, were present in Court and granted the within Guardianship and approved of the Securities &c Teste J. **SUMNER** Clk.

Gates County, North Carolina Guardian Bonds 1826-1828

[699] 20 Abraham **PARKER** Demsey **EURE** and Reuben **PARKER** bound unto Hutchins G. **BURTON** Esquire, /Governor of this State or his successors in office/ in the sum of three hundred dollars ~~pounds~~ 22nd day of November 1826. Abram **PARKER** appointed guardian to William **JOHNSON** orphan of Esther **BLADES** or **JOHNSON** deceased. Ab^{m}.. W **PARKER** {Seal} Reuben **PARKER** {Seal} Dem_sy_ **EURE** {Seal} [Wit:] C. E. **SUMNER**
[Back of bond:] I Certify that John B. **BAKER**, Henry **GILLIAM** & Abraham **BEEMAN** Esquires Justices were present in Court and granted the within Guardianship and approved of the securities &c Teste J. **SUMNER** Clk.

[700] 21 Whitmell **STALLINGS**, Nathan **CULLENS** and Nathan **WARD** bound unto Hutchins G. **BURTON** Esquire, /Governor of this State or his successors in Office/ in the sum of Four thousand dollars ~~pounds~~ 19th day of February 1827. Whitmell **STALLINGS** appointed guardian to Nathaniel **TAYLOR** orphan of Nathaniel **TAYLOR** deceased. Whitl **STALLINGS** {Seal} Nathan **CULLENS** {Seal} Nathan **WARD** {Seal} [Wit:] C. E. **SUMNER**
[Back of bond:] I Certify that Joseph **RIDDICK**, Demsey **KNIGHT** and Henry **PUGH** Esquires Justices were present in Court and granted the within Guardianship and approved of the securities &c Teste J. **SUMNER** Clk.

[701] 22 George **COSTEN**, David **OUTLAW** and James **COSTEN** bound unto Hutchins G. **BURTON** Esquire, /Governor of this State & his Successors in Office/ in the sum of Three thousand dollars ~~pounds~~ 19th day of February 1827. George **COSTEN** appointed guardian to Emila Eliza **RIDDICK** orphan of John **RIDDICK** deceased. George **COSTEN** {Seal} David **OUTLAW** {Seal} James **COSTEN** {Seal} [Wit:] C. E. **SUMNER**
[Back of bond:] I Certify that Mills **RIDDICK**, William W. **STEDMAN**, Demsey **KNIGHT** and Benjamin B. **BALLARD** Esquires Justices were present in Court and granted the within Guardianship and approved of the securities &c Teste J. **SUMNER**, Clk.

[702] 23 George **COSTEN**, David **OUTLAW** and James **COSTEN** bound unto Hutchins G. **BURTON** Esquire, /Governor of this State & his successors in Office/ in the sum of Three thousand dollars ~~pounds~~ 19th day of February 1827. George **COSTEN** appointed guardian to Sarah **RIDDICK** orphan of John **RIDDICK** deceased. George **COSTEN** {Seal} David **OUTLAW** {Seal} James **COSTEN** {Seal} [Wit:] C. E. **SUMNER**
[Back of bond:] I Certify that Mills **RIDDICK**, William W. **STEDMAN**, Demsey **KNIGHT** and Benjamin B. **BALLARD** Esquires Justices were present in Court and granted the within Guardianship and approved of the Securities &c Teste J. **SUMNER**. Clk.

[703] 24 George **COSTEN**, David **OUTLAW** and James **COSTEN** bound unto Hutchins G. **BURTON** Esquire, /Governor of this State & his successors in Office/ in the sum of Three thousand dollars ~~pounds~~ 19th day of February 1827. George **COSTEN** appointed guardian to John **RIDDICK** orphan of John **RIDDICK** deceased. George **COSTEN** {Seal} David **OUTLAW** {Seal} James **COSTEN** {Seal} [Wit:] C. E. **SUMNER**
[Back of bond:] I Certify that Mills **RIDDICK**, William W. **STEDMAN**, Demsey **KNIGHT** and Benjamin B. **BALLARD** Esquires Justices were present in Court and granted the within Guardianship and approved of the securities &c. Teste J. **SUMNER**. Clk.

[704] 25 George **COSTEN**, David **OUTLAW** and James **COSTEN** bound unto Hutchins G. **BURTON** Esquire, /Governor of this State & his successors in Office/ in the sum of Three thousand dollars ~~pounds~~ 19th day of February 1827. George **COSTEN** appointed guardian to Mary Ann **RIDDICK** orphan of John **RIDDICK** deceased. George **COSTEN** {Seal} David **OUTLAW** {Seal} James **COSTEN** {Seal} [Wit:] C. E. **SUMNER**
[Back of bond:] I Certify that Mills **RIDDICK**, William W. **STEDMAN**, Demsey **KNIGHT** and Benjamin B. **BALLARD** Esquires Justices were present in Court and granted the within Guardianship and approved of the securities &c. Teste J. **SUMNER**. Clk.

Gates County, North Carolina Guardian Bonds 1826-1828

[705] 26 Isaac R. **HUNTER**, John O. **HUNTER** and Henry **PUGH** bound unto Hutchins G. **BURTON** Esquire, /Governor of this State and to his successors in Office/ in the sum of Two hundred dollars ~~pounds~~ 19th day of February 1827. Isaac R. **HUNTER** appointed guardian to Mary, Alce & Julia **BRIGGS** orphans of Benjamin **BRIGGS** deceased. I R **HUNTER** {Seal} John O. **HUNTER** {Seal} Henry **PUGH** {Seal} [Wit:] C. E. **SUMNER**
[Back of bond:] I Certify that Joseph **RIDDICK**, Demsey **KNIGHT** and Henry **PUGH** Esquires Justices were present in Court and granted the within Guardianship and approved of the Securities &c. Teste J. **SUMNER**. Clk.

[706] 27 Willis **BUNCH** Nathan **WARD** and Whitmel **STALLINGS** bound unto Hutchins G. **BURTON** Esquire, /Governor of this State & his successors in Office/ in the sum of Five hundred dollars ~~pounds~~ 21st day of May 1827. Willis **BUNCH** appointed guardian to Nancy **HURDLE** orphan of Kedar **HURDLE** deceased. Willis his + mark **BUNCH** {Seal} Nathan **WARD** {Seal} Whit^l **STALLINGS** {Seal} [Wit:] C. E. **SUMNER**
[Back of bond:] I Certify that William W **STEDMAN**, Peter B. **MINTON**, Henry **PUGH** and Abraham **CROSS** Esquires Justices were present in Court and granted the within Guardianship and approved of the securities &c. Teste J. **SUMNER** Clk.

[707] 28 Jesse **SAVAGE** Henry **GILLIAM** & Ab. **BEEMAN** bound unto Hutchins G. **BURTON** Esquire, /Governor &c of this State & his successors in Office/ in the sum of Two Hundred & fifty pounds 20th day of Fe^{bry}. [sic] 1827. Jesse **SAVAGE** appointed guardian to Mary **SAVAGE** his Own Child ~~orphan of~~ [blank] ~~deceased~~. Jesse **SAVAGE** {Seal} H.. **GILLIAM** {Seal} A^m. **BEEMAN** {Seal} [Wit:] C. E. **SUMNER**
[Back of bond:] I Certify that Mills **RIDDICK**, William W. **STEDMAN**, Joseph **RIDDICK** Demsey **KNIGHT** and Benjamin B. **BALLARD** Esquires Justices were present in Court and granted the within Guardianship and approved of the securities &c. Teste J. **SUMNER** Clk.

[708] 29 Jesse **SAVAGE** Henry **GILLIAM** & Ab^m **BEEMAN** bound unto Hutchins G. **BURTON** Esquires [sic] in the sum of Two Hundred & fifty pounds 20th day of May 1827. Jesse **SAVAGE** appointed guardian to Benj **SAVAGE** his Own Child ~~orphan of~~ [blank] deceased. Jesse **SAVAGE** {Seal} H.. **GILLIAM** {Seal} A^m. **BEEMAN** {Seal} [Wit:] C. E. **SUMNER**
[Back of bond:] I Certify that Mills **RIDDICK**, William W. **STEDMAN**, Joseph **RIDDICK** Demsey **KNIGHT** and Benjamin B. **BALLARD** Esquires Justices were present in Court and granted the within Guardianship and approved of the Securities &c. Teste J. **SUMNER**. Clk.

[709] 30 John W. **PARKER**, Abraham **MORGAN**, and Henry **GILLIAM** bound unto Hutchins G. **BURTON** Esquire, /Governor &c & his successors in Office/ in the sum of Two thousand dollars ~~pounds~~ 20th day of February 1827. John W. **PARKER** appointed guardian to William **POWELL** orphan of John **POWELL** deceased. John W.. **PARKER** {Seal} Abraham **MORGAN** {Seal} H.. **GILLIAM** {Seal} [Wit:] C. E. **SUMNER**
[Back of bond:] I Certify that Mills **RIDDICK**, Demsey **KNIGHT**, Hillory **WILLEY** & Abraham **CROSS** Esquires Justices were present in Court and granted the within Guardianship and approved of the Securities &c Teste J. **SUMNER** Clk.

[710] 31 Lavinia **PARKER**, James W. **RIDDICK** & William **HINTON** bound unto Hutchins G. **BURTON** Esquire, /Governor &c and to his successors in Office/ in the sum of One thousand dollars ~~pounds~~ 20th day of February 1827. Lavinia **PARKER** appointed guardian to Isaac **PARKER** orphan of John **PARKER** deceased. Lavinia her + mark **PARKER** {Seal} W^m. **HINTON** {Seal} James W. **RIDDICK** {Seal} [Wit:] J. **SUMNER**
[Back of bond:] I Certify that George **KITTRELL**, Abraham **BEEMAN**, Lemuel **GOODMAN**, Demsey **KNIGHT**, William **HUDGINS**, John **WALTON** & Henry **GILLIAM** Esquires Justices were present in Court and granted the within Guardianship and approved of the Securities &c Teste J. **SUMNER** Clk.

[711] 32 Lavinia **PARKER**, William **HINTON** and James W. **RIDDICK** bound unto Hutchins G. **BURTON** Esquire, /Governor &c and his successors in Office/ in the sum of One thousand dollars ~~pounds~~ 20th day

Gates County, North Carolina Guardian Bonds 1826-1828

of February 1827. Lavinia **PARKER** appointed guardian to Ann **PARKER** orphan of John **PARKER** deceased. Lavinia her + mark **PARKER** {Seal} W^m. **HINTON** {Seal} James W. **RIDDICK** {Seal} [Wit:] J. **SUMNER**
[Back of bond:] I Certify that George **KITTRELL**, Abraham **BEEMAN**, Lemuel **GOODMAN**, Demsey **KNIGHT**, William **HUDGINS** John **WALTON** & Henry **GILLIAM** Esquires Justices were present in Court and granted the within Guardianship and approved of the Securities &c. Teste J **SUMNER** Clk.

[712] 33 Lavinia **PARKER**, William **HINTON** and James W. **RIDDICK** bound unto Hutchins G. **BURTON** Esquire, /Governor and his successors in office/ in the sum of One thousand dollars ~~pounds~~ 20th day of February 1827. Lavinia **PARKER** appointed guardian to Nathan G. **PARKER** orphan of John **PARKER** deceased. Lavinia her + mark **PARKER** {Seal} Wm **HINTON** {Seal} Jas W. **RIDDICK** {Seal} [Wit:] J. **SUMNER**
[Back of bond:] I Certify that George **KITTRELL**, Abraham **BEEMAN**, Lemuel **GOODMAN**, Demsey **KNIGHT**, William **HUDGINS**, John **WALTON** and Henry **GILLIAM** Esquires Justices were present in Court and granted the within Guardianship and approved of the Securities &c. Teste J. **SUMNER** Clk.

[713] 34 Lavinia **PARKER**, William **HINTON** and James W. **RIDDICK** bound unto Hutchins G. **BURTON** Esquire, /Governor and his successors in office/ in the sum of One thousand dollars ~~pounds~~ 20th day of February 1827. Lavinia **PARKER** appointed guardian to Martha **PARKER** orphan of John **PARKER** deceased. Lavinia her + mark **PARKER** {Seal} Wm **HINTON** {Seal} Jas W. **RIDDICK** {Seal} [Wit:] J. **SUMNER**
[Back of bond:] I Certify that George **KITTRELL**, Abraham **BEEMAN**, Lemuel **GOODMAN**, Demsey **KNIGHT**, William **HUDGINS**, John **WALTON** & Henry **GILLIAM** Esquires Justices were present in Court and granted the within Guardianship and approved of the Securities &c Teste J. **SUMNER** Clk.

[714] 35 Hardy D **PARKER**, George **KITTRELL** and Jonathan **RODGERS** bound unto Hutchins G. **BURTON** ~~Esquires~~ /Esquire, Governor of this State and his successors in office/ in the sum of Four thousand dollars ~~pounds~~ 20th day of February 1827. Hardy D **PARKER** appointed guardian to Elizabeth and Martha **WIGGINS** orphans of James **WIGGINS** deceased. Hardy D **PARKER** {Seal} George **KITTRELL** {Seal} Jonathan **ROGERS** {Seal} [Wit:] C. E. **SUMNER**
[Back of bond:] I Certify that Henry **GILLIAM**, Demsey **KNIGHT**, Abraham **BEEMAN** Lemuel **GOODMAN** and William **HUDGINS** Esquires Justices were in Court and granted the within Guardianship and approved of the securities &c Teste J. **SUMNER** Clk.

[715] 36 Peter **HARRELL**, Henry **GILLIAM**, and John **BEEMAN** bound unto Hutchins G. **BURTON** Esquire, /Governor of the State and his successors in office/ in the sum of Two hundred dollars ~~pounds~~ 21st day of February 1827. Peter **HARRELL** appointed guardian to George **HARRELL** his son ~~orphan of~~ [blank] ~~deceased~~. Peter his + mark **HARRELL** {Seal} H. **GILLIAM** {Seal} Jno. **BEEMAN** {Seal} [Wit:] C. E. **SUMNER**
[Back of bond:] I Certify that ~~Henry GILLIAM~~, Abraham **BEEMAN**, Lemuel **GOODMAN** Demsey **KNIGHT** and William **HUDGINS** Esquires Justices were present in Court and granted the within Guardianship and approved of the Securities &c Teste J **SUMNER** Clk.

[716] 37 Bryant **HARE**, John **HARE** and Whitmell **JONES** bound unto Hutchins G. **BURTON** Esquire, /Governor of this State, and his successors in office/ in the sum of Five hundred dollars ~~pounds~~ 21st day of May 1827. Bryant **HARE** appointed guardian to Westley **HARE** orphan of Joseph **HARE** deceased. Brian **HARE** {Seal} John **HARE** {Seal} Whitmill his X mark **JONES** {Seal} } [Wit:] C. E. **SUMNER** not p^d.
[Back of bond:] I Certify that Peter B. **MINTON**, Henry **PUGH** & Joseph **RIDDICK** Esquires Justices were present in Court and granted the within Guardianship and approved of the Securities &c. Teste J. **SUMNER** Clk.

[717] 38 ~~Joseph GORDON~~, /John O **HUNTER**/ Joseph **GORDON** and John C. **GORDON** bound unto Hutchins G. **BURTON** Esquire, /Governor of this State and his Successors in Office/ in the sum of Five thousand dollars ~~pounds~~ 22nd day of May 1827. ~~Joseph GORDON~~ John O. **HUNTER** appointed guardian to

Gates County, North Carolina Guardian Bonds 1826-1828

James A. **HARVEY** orphan of George A. **HARVEY** deceased. John O. **HUNTER** {Seal} Jos **GORDON** {Seal} Jnº. C. **GORDON** {Seal} [Wit:] C. E. **SUMNER**
[Back of bond:] I Certify that Abraham **BEEMAN**, William **HUDGINS**, William W. **RIDDI__** and Lewis **EURE** Esquires Justices where present in Court and granted the within Guardianship and approved of the Securities &c Teste J. **SUMNER** Clk.

[718] 39 Thomas **TWINE** Noah **HARRELL** & Abram **BEEMAN** bound unto Hutchins G. **BURTON** Esquire, /Governor &c of this State, & his Successors in Office/ in the sum of Five thousand pounds 20th day of August 1827. Thomas **TWINE** appointed guardian to Elisha H. **HUNTER** orphan of Isaac **HUNTER** deceased. Thomas **TWINE** {Seal} Noah **HARRELL** {Seal} Aᵐ.. **BEEMAN** {Seal} [Wit:] Chs. E. **SUMNER**
[Back of bond:] I Certify that George **KITTRELL**, Joseph **RIDDICK**, Henry **PUGH**, Peter B. **MINTON** and John **WALTON** Esquires Justices were present in Court when the Guardian within named was appointed and approved of the Securities to the within Bond. Teste J. **SUMNER**. Clk.

[719] 40 Thomas **TWINE** Noah **HARRELL** & Abram **BEEMAN** bound unto Hutchins G. **BURTON** Esquire, /Governor &c of this State and his Successors in Office/ in the sum of Five thousand pounds 20th day of August 1827. Thomas **TWINE** appointed guardian to Isaac **HUNTER** orphan of Isaac **HUNTER** deceased. Thomas **TWINE** {Seal} Noah **HARRELL** {Seal} Aᵐ.. **BEEMAN** {Seal} [Wit:] Chs. Ed. **SUMNER**
[Back of bond:] I Certify that George **KITTRELL**, Joseph **RIDDICK**, Henry **PUGH**, Peter B. **MINTON** and John **WALTON** Esquires Justices were present in Court when the Guardian within named was appointed and approved of the Securities to the within Bond. Teste J. **SUMNER**. Clk.

[720] 41 Charles E. **SUMNER** Jethro **SUMNER** and Demsey **KNIGHT** bound unto Hutchins G. **BURTON** Esquire, /Governor &c of this State and his Successors in Office/ in the sum of Six hundred pounds 21st day of August 1827. Charles E **SUMNER** appointed guardian to John, Josiah and Marmaduke **JONES** orphan of Children of Whitmell **JONES** deceased. [sic] Chs. Ed. **SUMNER** {Seal} J. **SUMNER** {Seal} Demsey **KNIGHT** {Seal} [Wit:] J. **SUMNER**
[Back of bond:] I Certify that William W. **STEDMAN**, Mills **EURE** & Abraham **CROSS** Esquires Justices were present in Court when the Guardian within named was appointed, and approved of the Securities to the within Bond. Teste J. **SUMNER**. Clk.

[721] 42 Marmaduke **BROTHERS** John C. **GORDON** & Tilley W. **CARR** bound unto Hutchins G. **BURTON** Esquire, /Governor &c of this State and his Successors in Office/ in the sum of One thousand dollars pounds 21st day of August 1827. Marmaduke **BROTHERS** appointed guardian to John and Emmala **BROTHERS** orphans of John **BROTHERS** deceased. Marmaduke **BROTHERS** {Seal} Jnº. C. **GORDON** {Seal} T. W. **CARR** {Seal} [Wit:] Chs. Ed. **SUMNER**
[Back of bond:] I Certify that William W. **STEDMAN**, Mills **EURE** & Abraham **CROSS** Esquires Justices were present in Court when the Guardian within named was appointed and approved of the securities to the within Bond. Teste J. **SUMNER**. Clk.

[722] 43 Henry William H. **GOODMAN** Abraham **CROSS** and William **LEE** bound unto Hutchins G. **BURTON** Esquire, /Governor &c of this State and his Successors in Office/ in the sum of three thousand pounds 19th day of November 1827. William H. **GOODMAN** appointed guardian to Edith **GOODMAN** orphan of William **GOODMAN** deceased. Wᵐ.. H. **GOODMAN** {Seal} Abᵐ. **CROSS** {Seal} WILLIAM **LEE** {Seal} [Wit:] J. **SUMNER**
[Back of bond:] I certify that Kedar **BALLARD**, Henry **PUGH** and George **KITTRELL** Esquires were present in Court and granted the within Guardianship and approved of the securities &c Teste J. **SUMNER**. Clk.

[723] 44 William **BLANCHARD** Junʳ. Reuben **HINTON** Junʳ. and James W **RIDDICK** bound unto Hutchins G. **BURTON** Esquire, /Governor &c of this State and his Successors in Office/ in the sum of Six thousand Dollars pounds 20th day of November 1827. William **BLANCHARD** Junʳ. appointed guardian to Joseph, Mary Ann and Caroline Matilda **SUTTON** orphans of George **SUTTON** deceased. Wᵐ **BLANCHARD** Junʳ {Seal} Reuben **HINTON** Junr {Seal} Jaˢ. W. **RIDDICK** {Seal} [Wit:] J. **SUMNER**

Gates County, North Carolina Guardian Bonds 1826-1828

[Back of bond:] I certify that John **WALTON**, Demsey **KNIGHT** & Abraham **CROSS** Esqr[s]. were present in Court when the Guardian within named was appointed, and approved of the Securities to the within bond. Teste J. **SUMNER** Clk.

[724] 45 Jane A. **GREGORY** John B. **BAKER** and Joseph **GORDAN** bound unto James **IREDELL** Esquire, /Governor &c of this State and his Successors in Office/ in the sum of Eight thousand dollars ~~pounds~~ 19th day of February 1828. Jane A **GREGORY** appointed guardian to Richard John, Mary Ann & Frances E **GREGORY** orphans of Richard B. **GREGORY** deceased. Jane A **GREGORY** {Seal} Jn[o]: B. **BAKER** {Seal} Jos **GORDON** {Seal} [Wit:] [blank]
[Back of bond:] I Certify that Hillory **WILLEY**, William **GOODMAN**, Joseph **RIDDICK** and Henry **GILLIAM** Esquires Justices were present in Court when the Guardian within named was appointed, and approved of the Securities to the within Bond. Teste J. **SUMNER** Clk.

[725] 46 David L. **MILTEAR**, William **LEE** and Barnes **GOODMAN** bound unto James **IREDELL** Esquire, /Governor &c of this State and his Successors in Office/ in the sum of Two thousand dollars ~~pounds~~ 19th day of February 1828. David L. **MILTEAR** appointed guardian to Thana **PARKER** orphan of David **PARKER** deceased. David L. **MELTEER** {Seal} WILLIAM **LEE** {Seal} Barnes **GOODMAN** {Seal} [Wit:] Chs. Ed. **SUMNER**
[Back of bond:] I Certify that William **HUDGINS**, Abraham **BEEMAN**, John **WALTON** and John B **BAKER** Esquires were present in Court when the Guardian within named was appointed and approved of the securities to the within Bond. Teste J. **SUMNER**. Clk.

[726] 47 David L. **MILTEAR**, William **LEE** and Barnes **GOODMAN** bound unto James **IREDELL** Esquire, /Governor &c of this State and his Successors in Office/ in the sum of Two thousand dollars ~~pounds~~ 19th day of February 1828. David L. **MILTEAR** appointed guardian to Keadey [Kiddy] **PARKER** orphan of David **PARKER** deceased. David L. **MELTEER** {Seal} WILLIAM **LEE** {Seal} Barnes **GOODMAN** {Seal} [Wit:] Chs. Ed. **SUMNER**
[Back of bond:] I Certify that William **HUDGINS**, Abraham **BEEMAN**, John **WALTON** and John B **BAKER** Esquires were present in Court when the Guardian within named was appointed and approved of the securities to the within Bond. Teste J. **SUMNER** Clk.

[727] 48 James **BOOTHE**, Jesse **ARLINE** and Levi **ROGERS** bound unto James **IREDELL** Esquire, /Governor &c of this State and his Successors in Office/ in the sum of One thousand dollars ~~pounds~~ 19th day of February 1828. James **BOOTHE** appointed guardian to Pricilla **ODOM** orphan of Benjamin **ODOM** deceased. Jas. **BOOTHE** {Seal} Jesse **ARLINE** {Seal} Levi **ROGERS** {Seal} [Wit:] Chs. Ed. **SUMNER**
[Back of bond:] I Certify that William **HUDGINS**, Demsey **KNIGHT** John **WALTON** Esquires Justices were present in Court when the Guardian within named was appointed and approved of the securities to the within Bond. Teste J. **SUMNER** Clk.

[728] 49 James **BOOTHE**, Jesse **ARLINE** and Levi **ROGERS** bound unto James **IREDELL** Esquire, /Governor &c of this State and his Successors in Office/ in the sum of One thousand dollars ~~pounds~~ 19th day of February 1828. James **BOOTHE** appointed guardian to Richard T. **ODOM** orphan of Benjamin **ODOM** deceased. Jas. **BOOTHE** {Seal} Jesse **ARLINE** {Seal} Levi **ROGERS** {Seal} [Wit:] Chs. Ed. **SUMNER**
[Back of bond:] I Certify that William **HUDGINS**, Demsey **KNIGHT** and John **WALTON** Esquires Justices were present in Court when the within Guardian was appointed and approved of the Securities to the within Bond. Teste J. **SUMNER** Clk.

[729] 50 Levi **RODGERS**, James **BOOTHE** and Jesse **ARLINE** bound unto James **IREDELL** Esquire, /Governor &c of this State and his Successors in Office/ in the sum of One thousand pounds 19th day of February 1828. Levi **ROGERS** appointed guardian to Jethro **WILLIAMS** orphan of Halon **WILLIAMS** deceased. Levi **ROGERS** {Seal} Jas. **BOOTHE** {Seal} Jesse **ARLINE** {Seal} [Wit:] Chs. Ed. **SUMNER**
[Back of bond:] I Certify that William **HUDGINS**, Demsey **KNIGHT** and John **WALTON** Esquires Justices were present in Court when the within named Guardian was appointed and approved of the Securities to the within Bond. Teste J. **SUMNER**. Clk.

Gates County, North Carolina Guardian Bonds 1826-1828

[730] 51 Levi **ROGERS**, James **BOOTHE** and Jesse **ARLINE** bound unto James **IREDELL** Esquire, /Governor &c of this State and his Successors in Office/ in the sum of One thousand pounds 19th day of February 1828. Levi **ROGERS** appointed guardian to Mary **WILLIAMS** orphan of Halon **WILLIAMS** deceased. Levi **ROGERS** {Seal} Jas. **BOOTHE** {Seal} Jesse **ARLINE** {Seal} [Wit:] C. E. **SUMNER**
[Back of bond:] I Certify that William **HUDGINS**, Demsey **KNIGHT** and John **WALTON** Esquires Justices were present in Court when the within named Guardian was appointed and approved of the securities to the within Bond. Teste J. **SUMNER** Clk.

[731] 52 Whitmill **JONES**, Seth **BENTON** and Etheldred **MATTHEWS** bound unto James **IREDELL** Esquire, /Governor &c of this State and his Successors in Office/ in the sum of Three hundred dollars ~~pounds~~ 19th day of February 1828. Whitmill **JONES** appointed guardian to John **JONES** his own Child ~~orphan of~~ [blank] ~~deceased~~. Whitmill his + mark **JONES** {Seal} Seth **BENTON** {Seal} Ethel^d. **MATHEWS** {Seal} [Wit:] Chs. Ed. **SUMNER**
[Back of bond:] I Certify that Demsey **KNIGHT** Abraham **HARRELL** and Mills **RIDDICK** Esquires Justices were present in Court when the Guardian within named was appointed and approved of the Securities to the within Bond. Teste J. **SUMNER** Clk.

[732] 53 Whitmill **JONES**, Seth **BENTON** and Etheldred **MATTHEWS** bound unto James **IREDELL** Esquire, /Governor &c of this State and his Successors in Office/ in the sum of Three hundred dollars ~~pounds~~ 19th day of February 1828. Whitmill **JONES** appointed guardian to Joseph **JONES** his own Child ~~orphan of~~ [blank] ~~deceased~~. Whitmill his + mark **JONES** {Seal} Seth **BENTON** {Seal} Ethel^d. **MATHEWS** {Seal} [Wit:] Chs Ed **SUMNER**
[Back of bond:] I Certify that Demsey **KNIGHT** Abraham **HARRELL** and Mills **RIDDICK** Esquires Justices were present in Court when the Guardian within named was appointed and approved of the securities to the within Bond. Teste J. **SUMNER** Clk.

[733] 54 Whitmill **JONES**, Seth **BENTON** and Etheldred **MATTHEWS** bound unto James **IREDELL** Esquire, /Governor &c of this State, and his Successors in Office/ in the sum of Three hundred dollars ~~pounds~~ 19th day of February 1828. Whitmill **JONES** appointed guardian to Marmaduke **JONES** (his own Child) ~~orphan of~~ [blank] ~~deceased~~. Whitmill his + mark **JONES** {Seal} Seth **BENTON** {Seal} Ethel^d. **MATHEWS** {Seal} [Wit:] Chs Ed **SUMNER**
[Back of bond:] I Certify that Demsey **KNIGHT**, Abraham **HARRELL** and Mills **RIDDICK** Esquires Justices were present in Court when the Guardian within named was appointed and approved of the securities to the within Bond. Teste J. **SUMNER** Clk.

[734] 55 Richard **BRIGGS** Edward **BRIGGS** and James **BRIGGS** bound unto James **IREDELL** Esquire, /Governor &c of this State and his Successors in Office/ in the sum of One thousand Dollars ~~pounds~~ 19th day of February 1828. Richard **BRIGGS** appointed guardian to Milley **BRINKLEY** orphan of William **BRINKLEY** deceased. Rich^d. **BRIGGS** {Seal} Edward **BRIGGS** {Seal} James **BRIGGS** {Seal} [Wit:] J. **SUMNER**
[Back of bond:] I Certify that Demsey **KNIGHT**, Abraham **HARRELL** and Mills **RIDDICK** Esquires Justices were present in Court when the Guardian within named was appointed and approved of the Securities to the within Bond. Teste J. **SUMNER** Clk.

[735] 56 William **CLEAVES**, George **KITTRELL** and Henry **GILLIAM** bound unto James **IREDELL** Esquire, /Governor &c of this State and his Successors in Office/ in the sum of Two thousand Dollars ~~pounds~~ 20th day of February 1828. William **CLEAVES** appointed guardian to William D **PRUDEN** orphan of Nathaniel **PRUDEN** deceased. W^m. **CLEAVES** {Seal} George **KITTRELL** {Seal} H.. **GILLIAM** {Seal} [Wit:] Chs Ed **SUMNER**
[Back of bond:] I Certify that William **HUDGINS**, Demsey **KNIGHT** and William W **STEDMAN** Esquires Justices were present in Court when the Guardian within named was appointed and approved of the Securities to the within Bond. Teste J. **SUMNER** Clk.

[736] 57 William **CLEAVES** George **KITTRELL** and Henry **GILLIAM** bound unto James **IREDELL** Es-

Gates County, North Carolina Guardian Bonds 1826-1828

quire, /Governor &c of this State and his Successors in Office/ in the sum of Two thousand Dollars ~~pounds~~ 20th day of February 1828. William **CLEAVES** appointed guardian to Lewis W. **PRUDEN** orphan of Nathaniel [sic] deceased. W^m. **CLEAVES** {Seal} George **KITTRELL** {Seal} H.. **GILLIAM** {Seal} [Wit:] Chs Ed **SUMNER**

[Back of bond:] I Certify that William **HUDGINS**, Demsey **KNIGHT** and William W. **STEDMAN** Esquires Justices were present in Court when the Guardian within named was appointed and approved of the securities to the within Bond. Teste J. **SUMNER**. Clk.

[737] 58 Nathaniel **EURE**, Demsey **PARKER** & William **GATLING** Jr. bound unto James **IREDELL** Esquire, /Governor &c of this State and his Successors in Office/ in the sum of Three hundred dollars ~~pounds~~ 20th day of February 1828. Nathaniel **EURE** appointed guardian to William **BABB** orphan of Christopher **BABB** deceased. Nathl.. **EURE** {Seal} Wm **GATLING** {Seal} Demsey **PARKER** {Seal} [Wit:] Chs. Ed. **SUMNER**

[Back of bond:] I Certify that Demsey **KNIGHT**, Abraham **HARRELL**, William **GOODMAN** and John B. **BAKER** Esquires Justices were present in Court when the Guardian within named was appointed and approved of the securities to the within Bond. Teste J. **SUMNER** Clk.

[738] 59 Nathaniel **EURE**, William W. **CAWPER**, & Abram **PARKER** bound unto James **IREDELL** Esquire, /Governor &c. of this State and his successors in office/ in the sum of Two hundred dollars ~~pounds~~ 20th day of February 1828. Nathaniel **EURE** appointed guardian to Evalina **SPIEGHT** [SPEIGHT] orphan of Henry **SPEIGHT** deceased. Nathl.. **EURE** {Seal} Ab^r.. W **PARKER** {Seal} W^m W **COWPER** {Seal} [Wit:] Chs Ed **SUMNER**

[Back of bond:] I Certify that John B. **BAKER**, Henry **GILLIAM**, Abraham **HARRELL** and Abraham **BEEMAN** Esquires Justices were present in Court when the Guardian within named was appointed and approved of the securities to the within Bond. Teste J. **SUMNER**, Clk.

[739] 60 Nathaniel **EURE**, William W. **CAWPER**, & Abram **PARKER** bound unto James **IREDELL** Esquire, /Governor &c of this State and his Successors in Office/ in the sum of Two hundred dollars ~~pounds~~ 20th day of February 1828. Nathaniel **EURE** appointed guardian to Susannah **SPIEGHT** orphan of Henry **SPIEGHT** deceased. Nathl.. **EURE** {Seal} Ab^r.. W **PARKER** {Seal} W^m W **COWPER** {Seal} [Wit:] Chs Ed **SUMNER**

[Back of bond:] I Certify that John B. **BAKER**, Henry **GILLIAM**, Abraham **HARRELL** and Abraham **BEEMAN** Esquires Justices were present in Court when the Guardian within named was appointed and approved of the Securities to the within Bond. Teste J. **SUMNER** Clk.

[740] 61 William W. **CAWPER** Nathaniel **EURE** & John D **PIPKIN** bound unto James **IREDELL** Esquire, /Governor &c of this State and his successors in Office/ in the sum of Two hundred dollars ~~pounds~~ 20th day of February 1828. William W. **COWPER** appointed guardian to Uriah **BABB** orphan of Christopher **BABB** deceased. W^m. W **COWPER** {Seal} Nathl.. **EURE** {Seal} Jno D **PIPKIN** {Seal} [Wit:] Chs. Ed. **SUMNER**

[Back of bond:] I Certify that William **GOODMAN**, Abraham **BEEMAN**, John B. **BAKER** Henry **GILLIAM** and Demsey **KNIGHT** Esquires Justices were present in Court when the Guardian within named was appointed and approved of the Securities to the within Bond. Teste J. **SUMNER**, Clk.

[741] 62 Abram **HARRELL**, John V. **SUMNER** & Moses **HARRELL** bound unto James **IREDELL** Esquire, /Governor &c of this State and his Successors in Office/ in the sum of Eight hundred dollars ~~pounds~~ 20th day of February 1828. Abraham **HARRELL** appointed guardian to Elizabeth **EASON** & Sena **EASON** orphans of Frederick **EASON** deceased. A. **HARRELL** {Seal} Jno. V. **SUMNER** {Seal} M B **HARRELL** {Seal} [Wit:] Chs Ed **SUMNER**

[Back of bond:] I Certify that Demsey **KNIGHT**, William **GOODMAN**, John B. **BAKER** and Abraham **BEEMAN** Esquires Justices were present in Court when the Guardian within named was appointed and approved of the securities to the within Bond. Teste J. **SUMNER** Clk.

[742] 63 Garrett **HOFLER**, John **JORDAN** and John **HINTON** Senr. bound unto James **IREDELL** Esquire, /Governor &c of this State and his successors in Office/ in the sum of Three hundred dollars ~~pounds~~ 20th

Gates County, North Carolina Guardian Bonds 1826-1828

day of February 1828. Garrett **HOFFLER** appointed guardian to Nancy **JORDAN** ~~orphan of~~ Daughter of William A. **JORDAN** deceased. [sic] G.. **HOFLER** {Seal} John **HINTON** {Seal} John **JORDAN** {Seal} [Wit:] Chs. Ed. **SUMNER**
[Back of bond:] I Certify that Joseph **RIDDICK**, Abraham **BEEMAN**, Abraham **HARRELL** Demsey **KNIGHT** and Henry **GILLIAM** Esquires Justices were present in Court when the Guardian within named was appointed and approved of the securities to the within Bond. Teste J. **SUMNER** Clk.

[743] 64 Willis **CROSS**, Abraham **CROSS** & Etheldred **CROSS** bound unto James **IREDELL** Esquire, /Governor &c of this State and his successors in Office/ in the sum of Three thousand dollars ~~pounds~~ 20th day of February 1828. Willis **CROSS** appointed guardian to Jane **CROSS** orphan of Taylor **CROSS** deceased. Willis **CROSS** {Seal} Abm. **CROSS** {Seal} Etheldred **CROSS** {Seal} [Wit:] C. E. **SUMNER**
[Back of bond:] I Certify that Joseph **RIDDICK**, Abraham **BEEMAN**, Abraham **HARRELL** Demsey **KNIGHT** and Henry **GILLIAM** Esquires Justices were present in Court when the Guardian within named was appointed and approved of the securities to the within Bond. Teste J. **SUMNER** Clk.

[744] 65 Miles **PARKER**, Henry **JONES** and Nathaniel **EURE** bound unto James **IREDELL** Esquire, /Governor &c of this State and his successors in Office/ in the sum of Three thousand dollars ~~pounds~~ 20th day of February 1828. Miles **PARKER** appointed guardian to Drew M. **SAUNDERS** orphan of Robert **SAUNDERS** deceased. Myles **PARKER** {Seal} Nathl.. **EURE** {Seal} Henry **JONES** {Seal} [Wit:] Chs. Ed. **SUMNER**
[Back of bond:] I Certify that Joseph **RIDDICK**, William W. **STEDMAN**, Abraham **HARRELL**, William **GOODMAN** and Abraham **BEEMAN** Esquires Justices were present in Court when the Guardian therein was appointed and approved of the securities to the within Bond. Teste J. **SUMNER** Clk.

[745] 66 Miles **PARKER**, Henry **JONES**, Nathaniel **EURE** bound unto James **IREDELL** Esquire, /Governor &c of this State and his successors in Office/ in the sum of Three thousand dollars ~~pounds~~ 20th day of February 1828. Miles **PARKER** appointed guardian to Gilbert G. **SAUNDERS** orphan of Robert **SAUNDERS** deceased. Myles **PARKER** {Seal} Nathl.. **EURE** {Seal} Henry **JONES** {Seal} [Wit:] Chs. Ed. **SUMNER**
[Back of bond:] I Certify that Joseph **RIDDICK**, William W. **STEDMAN**, Abraham **HARRELL**, William **GOODMAN** and Abraham **BEEMAN** Esquires Justices were present in Court when the Guardian therein named was appointed and approved of the securities to the within Bond. Teste J. **SUMNER** Clk.

[746] 67 John **GATLING** senr Abraham **BEEMAN**, & Abraham **CROSS** bound unto James **IREDELL** Esquire, /Governor &c of this State, and his successors in Office/ in the sum of Eight hundred dollars ~~pounds~~ 20th day of February 1828. John **GATLING** appointed guardian to Lewis **HURDLE** & Sophia **HURDLE** orphan of Henry **HURDLE** deceased. Jno **GATLING** {Seal} A^n. **BEEMAN** {Seal} Abm **CROSS** {Seal} [Wit:] Chs. Ed. **SUMNER**
[Back of bond:] I Certify that Henry **GILLIAM**, Demsey **KNIGHT**, Joseph **RIDDICK** and George **KITTRELL** Esquires Justices were present in Court when the Guardian therein named was appointed and approved of the Securities to the within Bond. Teste J. **SUMNER** Clk.

[747] 68 John **BRINKLEY**, Jesse **MATHIAS** and Whitmell **STALLINGS** bound unto James **IREDELL** Esquire, /Governor &c of this State, and his successors in Office/ in the sum of Twelve hundred dollars ~~pounds~~ 20th day of February 1828. John **BRINKLEY** appointed guardian to Mary **BRINKLEY** orphan of Elisha **BRINKLEY** deceased. Jno.. **BRINKLY** {Seal} Whit^l **STALLINGS** {Seal} Jesse **MATHIAS** {Seal} [Wit:] Chs. Ed. **SUMNER**
[Back of bond:] [illegible]

[748] 69 John **BRINKLEY**, Jesse **MATHIAS** & Whitmell **STALLINGS** bound unto James **IREDELL** Esquire, /Governor &c of this State and his Successors in Office/ in the sum of Twelve hundred dollars ~~pounds~~ 20th day of February 1828. John **BRINKLEY** appointed guardian to Calvin **BRINKLEY** orphan of Elisha **BRINKLEY** deceased. Jno.. **BRINKLY** {Seal} Whit^l **STALLINGS** {Seal} Jesse **MATHIAS** {Seal} [Wit:] Chs. Ed. **SUMNER**

Gates County, North Carolina Guardian Bonds 1826-1828

[Back of bond:] I certify that ===== ===== Joseph **RIDDICK**, Abraham **BEEMAN** Demsey **KNIGHT**, and Henry **GILLIAM** Esquires Justices were present in Court when the Guardian within named was appointed and approved of the Securities to the within Bond. Teste J. **SUMNER** Clk.

[749] 70 Jesse **MATHIAS**, John **BRINKLEY** James **MORGAN** bound unto James **IREDELL** Esquire, /Governor &c of this State and his Successors in Office/ in the sum of Six thousand dollars pounds 20th day of February 1828. Jesse **MATTHIAS** appointed guardian to James **MATHIAS** orphan of William **MATHIAS** deceased. Jesse **MATHIAS** {Seal} Jno.. **BRINKLY** {Seal} James **MORGAN** {Seal} [Wit:] Chs. Ed. **SUMNER**
[Back of bond:] I Certify that Hillory **WILLEY**, Abraham **BEEMAN**, Joseph **RIDDICK** and Henry **GILLIAM** Esquires Justices were present in Court when the Guardian within named was appointed and approved of the securities to the within Bond. Teste J. **SUMNER** Clk.

[750] 71 Joseph **FREEMAN**, Nathaniel **EURE** and John **FREEMAN** bound unto James **IREDELL** Esquire, /Governor &c of this State and his successors in Office/ in the sum of Three thousand dollars pounds 20th day of February 1828. Joseph **FREEMAN** appointed guardian to David **FREEMAN** a lunatic orphan of [blank] deceased. [sic] Jo^{s}. **FREEMAN** {Seal} Nathl.. **EURE** {Seal} Jno [?] **FREEMAN** {Seal} [Wit:] Chs. E. **SUMNER**
[Back of bond:] I certify that Demsey **KNIGHT**, Mills **RIDDICK**, William **GOODMAN** and George **KITTRELL** Esquires Justices were in Court when the Guardian therein named was appointed and approved of the securities to the within Bond. Teste J. **SUMNER** Clk.

[751] 72 William **HOFLER**, Hance **HOFLER** and Garrett **HOFLER** bound unto James **IREDELL** Esquire, /Governor &c of this State and his successor in Office/ in the sum of One thousand dollars pounds 20th day of February 1828. William **HOFLER** appointed guardian to Sally **POWELL** orphan of Daniel **POWELL** deceased. [No signatures, nor witness.] {Seal} {Seal} {Seal}
[Back of bond:] I certify that Demsey **KNIGHT**, Mills **RIDDICK**, William **GOODMAN** and George **KITTRELL** Esquires Justices were in Court when the Guardian therein named was appointed and approved of the securities to the within Bond. Teste J. **SUMNER** Clk.
   [The following appear as separate sheets of paper overlaid on the back of the above bond.]

Order$\underline{d}$ that Timo. **HAYS** be appointed Guardian to Rob **PARKER** orphan of Josiah **PARKER** dec^{d}.. & that he bound in a bond of $200--& offers for Security$\underline{s}$ Zac **HAYS** & Ab **PARKER**

Ordered that William **HOFFLER** be appointed guardian [sic] Sally **POWELL** orphan of Daniel **POWELL** and that he be bound in the sum of One thousand dollars he offers Hance **HOFFLER** & Garret **HOFFLER** as security who are approved by the Court Mills **RIDDICK** W^{m} W **RIDDICK** George **KITTRELL**

[752] 73 Lewis **EURE**, Henry **JONES** and William **GOODMAN** bound unto James **IREDELL** Esquire, /Governor &c of said State and his successors in Office/ in the sum of Five thousand pounds 20th day of February 1828. Lewis **EURE** appointed guardian to James **SAUNDERS** orphan of Brian **SAUNDERS** deceased. Lewis **EURE** {Seal} Henry **JONES** {Seal} William **GOODMAN** {Seal} [Wit:] Chs. Ed. **SUMNER**
[Back of bond:] I Certify that Mills **RIDDICK**, George **KITTRELL** & William W **RIDDICK** Esquires Justices were present in Court when the Guardian within named was appointed and approved of the securities to the within Bond. Teste J. **SUMNER** Clk.

[753] 74 Lewis **EURE**, Henry **JONES** and William **GOODMAN** bound unto James **IREDELL** Esquire, /Governor &c of this State and his successors in Office/ in the sum of Five thousand pounds 20th day of February 1828. Lewis **EURE** appointed guardian to Benjamin **SAUNDERS** orphan of Brian **SAUNDERS** deceased. Lewis **EURE** {Seal} Henry **JONES** {Seal} William **GOODMAN** {Seal} [Wit:] Chs. E. **SUMNER**
[Back of bond:] I Certify that Mills **RIDDICK**, George **KITTRELL** & Wm W. **RIDDICK** Esquires Justices were in Court when the Guardian therein named was appointed and approved of the Securities to the within Bond. Teste J. **SUMNER**. Clk.

Gates County, North Carolina Guardian Bonds 1826-1828

[754] 75 James **BOOTHE** and Henry **GILLIAM** bound unto James **IREDELL** Esquire, /Governor &c of this State and his Successors in Office/ in the sum of One hundred dollars ~~pounds~~ 21st day of February 1828. James **BOOTHE** appointed guardian to Asa **HAYSE** orphan of Hance **HAYSE** deceased. James **BOOTHE** {Seal} H.. **GILLIAM** {Seal} [blank] {Seal} [Wit:] J. **SUMNER**
[Back of bond:] I Certify that Demsey **KNIGHT**, Abraham **BEEMAN**, John B. **BAKER** and George **KITTRELL** Esquires Justices were present in Court when the Guardian within named was appointed and approved of the Security to the within Bond. Teste J. **SUMNER** Clk.

[755] 76 Abraham **BEEMAN**, John **BEEMAN** & Henry **GILLIAM** bound unto James **IREDELL** Esquire, /Governor &c of this State and his successors in Office/ in the sum of Two thousand dollars ~~pounds~~ 21st day of February 1828. Abraham **BEEMAN** appointed guardian to Susan **BEEMAN** orphan of Israel **BEEMAN** deceased. A^m. **BEEMAN** {Seal} Jno.. **BEEMAN** {Seal} H. **GILLIAM** {Seal} [Wit:] Chs. Ed. **SUMNER**
[Back of bond:] I Certify that William **GOODMAN**, Abraham **HARRELL**, George **KITTRELL** and John B. **BAKER** Esquires Justices were in Court when the Guardian within named was appointed and approved of the Securities to the within Bond. Teste J. **SUMNER** Clk.

[756] 77 Abraham **BEEMAN**, John **BEEMAN** & Henry **GILLIAM** bound unto James **IREDELL** Esquire, /Governor &c of this State and his successors in Office/ in the sum of Two thousand dollars ~~pounds~~ 21st day of February 1828. Abraham **BEEMAN** appointed guardian to Elisha **HARRELL** orphan of Elisha **HARRELL** deceased. A^m. **BEEMAN** {Seal} Jno.. **BEEMAN** {Seal} H. **GILLIAM** {Seal} [Wit:] Chs. Ed. **SUMNER**
[Back of bond:] I Certify that William **GOODMAN**, Abraham **HARRELL**, George **KITTRELL** and John B. **BAKER** Esquires Justices were present in Court when the Guardian within named was appointed and approved of the Securities to the within Bond. Teste J. **SUMNER** Clk.

[757] 78 William **GOODMAN**, John **WILLEY** and George **KITTRELL** bound unto James **IREDELL** Esquire, /Governor &c of this State and his successors in Office/ in the sum of One thousand dollars ~~pounds~~ 21st day of February 1828. William **GOODMAN** appointed guardian to John **CROSS** orphan of John **CROSS** deceased. William **GOODMAN** {Seal} John **WILLEY** {Seal} George **KITTRELL** {Seal} [Wit:] Chs. Ed. **SUMNER**
[Back of bond:] I Certify that Abraham **HARRELL**, Mills **RIDDICK**, Joseph **RIDDICK**, Abraham **BEEMAN** and John B. **BAKER** Esquires Justices were present in Court when the Guardian within named was appointed and approved of the securities to the within Bond. Teste J. **SUMNER**. Clk.

[758] 79 William **GOODMAN**, John ~~**BEEMAN**~~ /**WILLEY**/ and George **KITTRELL** bound unto James **IREDELL** Esquire, /Governor &c of this State and his successors in Office/ in the sum of One thousand dollars ~~pounds~~ 21st day of February 1828. William **GOODMAN** appointed guardian to Margaret **CROSS** orphan of John **CROSS** deceased. William **GOODMAN** {Seal} John **WILLEY** {Seal} George **KITTRELL** {Seal} [Wit:] Chs. Ed. **SUMNER**
[Back of bond:] I Certify that Abraham **HARRELL**, Mills **RIDDICK**, Joseph **RIDDICK**, Abraham **BEEMAN** and John B. **BAKER** Esquires Justices were present in Court when the Guardian within named was appointed and approved of the securities to the within Bond. Teste J. **SUMNER**. Clk.

[759] 80 James **PILAND**, John **BEEMAN** and Mills **PILAND** bound unto James **IREDELL** Esquire, /Governor &c of this State and his successors in Office/ in the sum of Two thousand dollars ~~pounds~~ 21st day of February 1828. James **PILAND** appointed guardian to John **LEWIS** orphan of John **LEWIS** deceased. James **PILAND** {Seal} Jno. **BEEMAN** {Seal} Mills **PILAND** {Seal} [Wit:] Chs. Ed. **SUMNER**
[Back of bond:] I Certify that Abraham **HARRELL**, Joseph **RIDDICK** & George **KITTRELL** Esquires Justices were present in Court when the Guardian within named was appointed and approved of the Securities to the within Bond. Teste J. **SUMNER** Clk.

[760] 81 James **PILAND**, John **BEEMAN** and Mills **PILAND** bound unto James **IREDELL** Esquire, /Governor &c of this State and his successors in Office/ in the sum of Two thousand dollars ~~pounds~~ 21st day of February 1828. James **PILAND** appointed guardian to Margaret **LEWIS** orphan of John **LEWIS** deceased. James **PILAND** {Seal} Jno. **BEEMAN** {Seal} Mills **PILAND** {Seal} [Wit:] Chs. Ed. **SUMNER**

Gates County, North Carolina Guardian Bonds 1826-1828

[Back of bond:] I certify that Abraham **HARRELL**, Joseph **RIDDICK** & George **KITTRELL** Esquires Justices were present in Court when the Guardian within named was appointed and approved of the Securities to the within Bond. Teste J. **SUMNER** Clk.

[761] 82 Joseph **RIDDICK**, Willis **RIDDICK** and Jethro H. **RIDDICK** bound unto James **IREDELL** Esquire, /Governor &c of this State and his successors in Office/ in the sum of One thousand dollars ~~pounds~~ 21st day of February 1828. Joseph **RIDDICK** appointed guardian to Thamor **GRIFFIN** orphan of Thomas **GRIFFIN** deceased. J: **RIDDICK** {Seal} Willis **RIDDICK** {Seal} [blank] {Seal} [Wit:] Chs. Ed. **SUMNER**
[Back of bond:] I Certify that [End of entry.]

[762] 83 George **COSTON**, James **COSTON** & Isaac R. **HUNTER** bound unto James **IREDELL** Esquire, /Governor &c of this State and his successors in Office/ in the sum of Ten thousand dollars ~~pounds~~ 19th day of May 1828. George **COSTON** appointed guardian to Henry **COSTON** orphan of James **COSTON** deceased. George **COSTEN** {Seal} James **COSTEN** Senior {Seal} I R **HUNTER** {Seal} [Wit:] Chs. Ed. **SUMNER**
[Back of bond:] I certify that Henry **PUGH**, Peter B **MINTON**, Abraham **BEEMAN** and John **WALTON** Esquires Justices were present in Court when the Guardian within named was appointed, and approved of the securities to the within Bond. Teste J. **SUMNER** Clk.

[763] 84 George **COSTON**, James **COSTON** & Isaac R. **HUNTER** bound unto James **IREDELL** Esquire, /Governor &c of this State and his successors in Office/ in the sum of Ten thousand dollars ~~pounds~~ 19th day of May 1828. George **COSTON** appointed guardian to James **COSTON** orphan of James **COSTON** deceased. George **COSTEN** {Seal} Jas **COSTEN** Senior {Seal} I R **HUNTER** {Seal} [Wit:] Chs. Ed. **SUMNER**
[Back of bond:] I Certify that Henry **PUGH**, Peter B **MINTON**, Abraham **BEEMAN** and John **WALTON** Esquires Justices were present in Court when the Guardian within named was appointed and approved of the securities to the within Bond. Teste J. **SUMNER** Clk.

[764] 85 ~~George COSTON~~, /James **COSTON**/ George **COSTON** & Isaac R. **HUNTER** bound unto James **IREDELL** Esquire, /Governor &c of this State and his successors in Office/ in the sum of One thousand dollars pounds [sic] 19th day of May 1828. ~~George COSTON~~ /James **COSTON**/ appointed guardian to James ~~COSTON~~ Kinsey **COSTON** ~~orphan of~~ his own Child ~~deceased~~. James **COSTEN** Senior {Seal} George **COSTEN** {Seal} I R **HUNTER** {Seal} [Wit:] Chs. E. **SUMNER**
[Back of bond:] I Certify that Henry **PUGH**, Peter B **MINTON** /&/ Abraham **BEEMAN** Esquires Justices were present in Court when the Guardian within named was appointed and approved of the securities to the within Bond. Teste J. **SUMNER** Clk.

[765] 86 David **RIDDICK** John O **HUNTER** and Barnes **GOODMAN** bound unto James **IREDELL** Esquire, /Governor &c of this State and his Successors in Office/ in the sum of One thousand dollars ~~pounds~~ 19th day of May 1828. David **RIDDICK** appointed guardian to John **BENTON** orphan of Jethro **BENTON** deceased. David **RIDDICK** {Seal} John O. **HUNTER** {Seal} Barnes **GOODMAN** {Seal} [Wit:] C. E. **SUMNER**
[Back of bond:] I Certify that Henry **PUGH** Mills **RIDDICK** and Peter B **MINTON** Esquires Justices were present in Court when the Guardian within named was appointed and approved of the securities to the with [sic] Bond. Teste J. **SUMNER**. Clk.

[766] 87 Elizabeth **RIDDICK** Edward R. **HUNTER** and Isaac R. **HUNTER** bound unto James **IREDELL** Esquire, /Governor &c of this State and his successors in Office/ in the sum of Two thousand dollars ~~pounds~~ 19th day of May 1828. Elizabeth **RIDDICK** appointed guardian to Thomas E. **RIDDICK** orphan of Micajah **RIDDICK** deceased. Elizabeth **RIDDICK** {Seal} E R **HUNTER** {Seal} I R **HUNTER** {Seal} [Wit:] C. E. **SUMNER**
[Back of bond:] I Certify that Mills **RIDDICK** Peter B **MINTON**, Henry **PUGH** John **WALTON** and Abraham **BEEMAN** Esquires Justices were present in Court when the Guardian within named was appointed and approved of the securities to the within Bond. Teste. J. **SUMNER**. Clk.

Gates County, North Carolina Guardian Bonds 1826-1828

[767] 88 Elizabeth **RIDDICK** Edward R. **HUNTER** and Isaac R. **HUNTER** bound unto James **IREDELL** Esquire, /Governor &c of this State and his successors in Office/ in the sum of Two thousand dollars ~~pounds~~ 19th day of May 1828. [blank] [Elizabeth **RIDDICK**] appointed guardian to Jane R.. **RIDDICK** orphan of Micajah **RIDDICK** deceased. Elizabeth **RIDDICK** {Seal} E R **HUNTER** {Seal} I R **HUNTER** {Seal} [Wit:] C. E. **SUMNER**
[Back of bond:] I Certify that Mills **RIDDICK**, Peter B **MINTON**, Henry **PUGH**, John **WALTON** and Abraham **BEEMAN** Esquires Justices were present in Court when the Guardian within named was appointed and approved of the securities to the within Bond. Teste J. **SUMNER** Clk.

[768] 89 James **SMITH** Lemuel **HOWELL** and John **HAYSE** bound unto James **IREDELL** Esquire, /Governor &c of this State and his successors in Office/ in the sum of Five hundred dollars ~~pounds~~ 19th day of May 1828. James **SMITH** appointed guardian to Edward **HARE** orphan of John **HARE** deceased. James **SMITH** {Seal} Lemuel E **HOWELL** {Seal} John his JH mark **HAYSE** {Seal} [Wit:] C. E. **SUMNER**
[Back of bond:] I Certify that Henry **PUGH**, Peter B **MINTON**, Abraham **BEEMAN** and John **WALTON** Esquires Justices were present in Court when the Guardian within named was appointed and approved of the securities to the within Bond. Teste J. **SUMNER** Clk.

[769] 90 Isaac R **HUNTER** Edward R **HUNTER** and John O. **HUNTER** bound unto James **IREDELL** Esquire, /Governor &c of this State and his successors in Office/ in the sum of Five hundred dollars ~~pounds~~ 19th day of May 1828. Isaac R. **HUNTER** appointed guardian to Agathy [Agatha] **BRINKLEY** orphan of William **BRINKLEY** deceased. I R **HUNTER** {Seal} E R **HUNTER** {Seal} John O. **HUNTER** {Seal} [Wit:] C. E. **SUMNER**
[Back of bond:] I Certify that Henry **PUGH**, John **WALTON**, Abraham **BEEMAN** and Peter B **MINTON** Esquires Justices were present in Court when the Guardian within named was appointed and approved of the securities to the within Bond. Teste J. **SUMNER** Clk.

[770] 91 Henry **BOND** William **HINTON** and Willis J. **RIDDICK** bound unto James **IREDELL** Esquire, /Governor &c of this State and his successors in Office/ in the sum of Five thousand dollars ~~pounds~~ 19th day of May 1828. Henry **BOND** appointed guardian to John **BOND** orphan of Richard **BOND** deceased. Henry **BOND** {Seal} W. **HINTON** {Seal} W J **RIDDICK** {Seal} [Wit:] C. E. **SUMNER**
[Back of bond:] I Certify that Henry **PUGH**, John **WALTON**, Hillory **WILLEY**, Peter B **MINTON** and Abraham **CROSS** Esquires Justices were present in Court when the Guardian within named was appointed and approved of the securities to the within Bond. Teste J. **SUMNER**, Clk.

[771] 92 Henry **BOND** William **HINTON** and Willis J. **RIDDICK** bound unto James **IREDELL** Esquire, /Governor &c of this State and his successors in Office/ in the sum of Five thousand [sic] ~~pounds~~ 19th day of May 1828. Henry **BOND** appointed guardian to James **BOND** orphan of Richard **BOND** deceased. Henry **BOND** {Seal} W^m. **HINTON** {Seal} W J. **RIDDICK** {Seal} [Wit:] C. E. **SUMNER**
[Back of bond:] I Certify that Henry **PUGH**, John **WALTON**, Hillory **WILLEY** Peter B **MINTON** and Abraham **CROSS** Esquires Justices were present in Court when the Guardian within named was appointed and approved of the Securities to the within Bond. Teste J. **SUMNER**. Clk.

[772] 93 William **HINTON** Henry **BOND** and Willis J. **RIDDICK** bound unto James **IREDELL** Esquire, /Governor &c of this State and his successors in Office/ in the sum of Four thousand dollars ~~pounds~~ 19th day of May 1828. William **HINTON** appointed guardian to Margaret **BOND** orphan of Richard **BOND** deceased. Wm. **HINTON** {Seal} Henry **BOND** {Seal} Willis J **RIDDICK** {Seal} [Wit:] C. E. **SUMNER**
[Back of bond:] I Certify that Hillory **WILLEY**, Abraham **CROSS**, John **WALTON** and Henry **PUGH** Esquires Justices were present in Court when the Guardian within named was appointed and approved of the securities to the within Bond. Teste, J. **SUMNER** Clk.

[773] 94 Willis J. **RIDDICK** Henry **BOND** and William **HINTON** bound unto James **IREDELL** Esquire, /Governor &c of this State and his successors in Office/ in the sum of Eight hundred dollars ~~pounds~~ 19th day of May 1828. Willis J. **RIDDICK** appointed guardian to Mary **HINTON** orphan of James **HINTON** deceased. Willis J **RIDDICK** {Seal} Henry **BOND** {Seal} W^m.. **HINTON** {Seal} [Wit:] C. E. **SUMNER**

Gates County, North Carolina Guardian Bonds 1826-1828

[Back of bond:] I Certify that William **HUDGINS**, Abraham **CROSS**, Hillory **WILLEY** John **WALTON** and Henry **PUGH** Esquires Justices were present in Court when the Guardian within named was appointed and approved of the securities to the within Bond. Teste J. **SUMNER** Clk.

[774] 95 Willis J. **RIDDICK** Henry **BOND** and William **HINTON** bound unto James **IREDELL** Esquire, /Governor &c of this State and his successors in Office/ in the sum of Eight hundred dollars pounds 19th day of May 1828. Willis J. **RIDDICK** appointed guardian to Nancy **HINTON** orphan of James **HINTON** deceased. W J **RIDDICK** {Seal} Henry **BOND** {Seal} Wm **HINTON** {Seal} [Wit:] C. E. **SUMNER**
[Back of bond:] I Certify that William **HUDGINS**, Abraham **CROSS**, Hillory **WILLEY** John **WALTON** and Henry **PUGH** Esquires Justices were present in Court when the Guardian within named was appointed and approved of the Securities to the within Bond. Teste J. **SUMNER** Clk.

[775] 96 Willis J. **RIDDICK** Henry **BOND** and William **HINTON** bound unto James **IREDELL** Esquire, /Governor &c. of this State and his successors in office/ in the sum of Eight hundred dollars pounds 19th day of May 1828. Willis J. **RIDDICK** appointed guardian to Sally **HINTON** orphan of James **HINTON** deceased. W J. **RIDDICK** {Seal} Henry **BOND** {Seal} William **HINTON** {Seal} [Wit:] C. E. **SUMNER**
[Back of bond:] I certify that William **HUDGINS**, Abraham **CROSS**, Hillory **WILLEY** John **WALTON** and Henry **PUGH** Esquires Justices were present in Court when the Guardian within named was appointed and approved of the securities to the within Bond. Teste, J. **SUMNER**. Clk.

1828-1829

[776] 1 (N°. 7) STATE OF NORTH-CAROLINA.
Know all men by these presents, That we <u>Willis J. **RIDDICK**, Henry **BOND** and William **HINTON**</u> are held and firmly bound unto His Excellency <u>James **IREDELL**</u> Esquire, Governor &c. of the State aforesaid and to his successor in office; in the full and just sum of <u>Eieght [sic] hundred</u> Dollars; To which payment well and truly to be made, we bind ourselves, our heirs, executors and administrators, jointly and severally, firmly by these presents. Sealed with our seals, and dated this <u>19</u>th day of <u>May</u> 1828.
    Whereas the above bounden <u>Willis J. **RIDDICK**</u> hath been this day, by the Worshipful Court of Gates County, appointed guardian to <u>James **HINTON**</u> orphan of <u>James **HINTON**</u> deceased: Now the condition of the above obligation is such, That if the said <u>Willis J **RIDDICK**</u> guardian as aforesaid, shall well and truly discharge his said guardianship, by taking care of, and improving all the estate belonging to the said orphan; and shall also settle his guardianship account with the Court of said County, as is required by law; and that he will deliver up to the said <u>James **HINTON**</u> orphan, as aforesaid, when he shall attain lawful age, all such estate as he ought of right to be possessed of, or sooner if required, agreeable to the true intent and meaning of the Act of the General Assembly in such case made and provided: then this obligation to be void, otherwise to remain in full force and virtue. W. J **RIDDICK** {Seal} Henry **BOND** {Seal} W^m.. **HINTON** {Seal} Signed, Sealed and delivered in the presence of C. E. **SUMNER**
[Back of bond:] I Certify that William **HUDGINS**, Abraham **CROSS**, Hillory **WILLEY** John **WALTON** and Henry **PUGH** Esquires Justices were present in Court when the Guardian within named was appointed and approved of the securities to the within Bond. Teste J. **SUMNER** Clk.

[777] 2 Willis J. **RIDDICK** Henry **BOND** and William **HINTON** bound unto James **IREDELL** Esquire, Governor &c of the State aforesaid and his successor in office in the sum of Eight hundred Dollars 19 day of May 1828. Willis J. **RIDDICK** appointed guardian to Noah **HINTON** orphan of James **HINTON** deceased. W J. **RIDDICK** {Seal} Henry **BOND** {Seal} Wm **HINTON** {Seal} [Wit:] C. E. **SUMNER**
[Back of bond:] I certify that William **HUDGINS**, Abraham **CROSS**, Hillory **WILLEY**, John **WALTON** and Henry **PUGH** Esquires Justices were present in Court when the Guardian within named was appointed and approved of the securities to the within Bond. Teste J. **SUMNER**, Clk.

[778] 3 Lewis **EURE** Abraham **HARRELL** and Jason **SAUNDERS** bound unto James **IREDELL** Esquire, Governor &c of the State aforesaid and to his successor in office in the sum of Two thousand Dollars 19th day of May 1828. Lewis **EURE** appointed guardian to John **BOYCE** orphan of Jonathan **BOYCE** deceased. Lewis **EURE** {Seal} A. **HARRELL** {Seal} Jason **SAUNDERS** {Seal} [Wit:] C. E. **SUMNER**
[Back of bond:] I certify that Hillory **WILLEY**, John **WALTON**, Abraham **BEEMAN** and Henry **PUGH** Es-

Gates County, North Carolina Guardian Bonds 1828-1829

quires Justices were present in Court when the Guardian within named was appointed and approved of the securities to the within Bond. Teste J. SUMNER Clk.

[779] 4 Lewis **EURE** Abraham **HARRELL** and Jason **SAUNDERS** bound unto James **IREDELL** Esquire, Governor &c of the State aforesaid and to his successor in office in the sum of Two thousand Dollars 19th day of May 1828. Lewis **EURE** appointed guardian to James **BOYCE** orphan of Jonathan **BOYCE** deceased. Lewis **EURE** {Seal} A. **HARRELL** {Seal} Jason **SAUNDERS** {Seal} [Wit:] Chs. Ed. **SUMNER**
[Back of bond:] I certify that Hillory **WILLEY**, John **WALTON**, Abraham **BEEMAN** and Henry **PUGH** Esquires Justices were present in Court when the Guardian within named was appointed, and approved of the securities to the within Bond. Teste J. **SUMNER**, Clk.

[780] 6 [sic] H. **GILLIAM** Jos **GORDON** & Jos **RIDDICK** bound unto Ja^s **IREDELL** Esquire, Governor &c of the State aforesaid and to his successor in office in the sum of Fifteen Hundred Dollars 19th day of May 1828. Henry **GILLIAM** appointed guardian to Joshua **SKINNER** orphan of Stephen **SKINNER** deceased. H.. **GILLIAM** {Seal} Jos **GORDON** {Seal} J. **RIDDICK** {Seal} [Wit:] J. **SUMNER**
[Back of bond:] I certify that William **HUDGINS**, Henry **PUGH**, Abraham **BEEMAN** and Lewis **EURE** Esquires Justices were present in Court when the Guardian within named was appointed and approved of the securities to the within Bond. Teste J. **SUMNER** Clk.

[781] 7 H. **GILLIAM** Jos. **GORDON** & Jos. **RIDDICK** bound unto James **IREDELL** Esquire, Governor &c of the State aforesaid and to his successor in office in the sum of Fifteen Hundred Dollars 19th day of May 1828. Henry **GILLIAM** appointed guardian to Henry **SKINNER** orphan of Stephen **SKINNER** deceased. H.. **GILLIAM** {Seal} Jos **GORDON** {Seal} J. **RIDDICK** {Seal} [Wit:] J. **SUMNER**
[Back of bond:] I Certify that William **HUDGINS**, Henry **PUGH**, Abraham **BEEMAN** and Lewis **EURE** Esquires Justices were present in Court when the Guardian within named was appointed and approved of the Securities to the within Bond. Teste J. **SUMNER**, Clk.

[782] 8 Jane **FELTON**, George KITTRELL /James M. **RIDDICK**/ and Abraham **MORGAN** bound unto James **IREDELL** Esqr Governor &c Esquire, Governor &c of the State aforesaid and to his successor in office in the sum of Two thousand Dollars 20th day of May 1828. Jane **FELTON** appointed guardian to Samuel **FELTON** orphan of Noah **FELTON** deceased. Jane **FELTON** {Seal} Ja^s.. M **RIDDICK** {Seal} Abraham **MORGAN** {Seal} [Wit:] J. **SUMNER**
[Back of bond:] I certify that William W **STEDMAN**, Joseph **RIDDICK** & Abraham **HARREL**_ Esquires Justices were present in Court when the Guardian within named was appointed and approved of the securities to the within Bond. Teste J. **SUMNER**. Clk.

[783] 9 Whitmell **STALLINGS**, Nathan **WARD** & Nathan **CULLENS** bound unto James **IREDELL** Esquire, Governor &c of the State aforesaid and his successor in office in the sum of Ten thousand Dollars 20th day of May 1828. Whitmell **STALLINGS** appointed guardian to Charles **WALTERS** orphan of Isaac **WALTERS** deceased. Whit^l **STALLINGS** {Seal} Nathan **WARD** {Seal} Nathan **CULLENS** {Seal} [Wit:] Chs. Ed. **SUMNER**
[Back of bond:] I certify that William W **STEDMAN**, Joseph **RIDDICK**, Abraham **HARREL**_ and Mills **RIDDICK** Esquires Justices where present in Court when the Guardian within named was appointed and approved of the securities to the within Bond. Teste, J. **SUMNER**, Clk.

[784] 10 Thomas **SAUNDERS**, Henry **GILLIAM** & Abraham **CROSS** bound unto Ja^s **IREDELL** Esquire, Governor &c of the State aforesaid and his successor in office in the sum of Five thousand Dollars 20th day of May 1828. Thomas **SAUNDERS** appointed guardian to Asa **ODOM** orphan of Asa **ODOM** deceased. T. **SAUNDERS** {Seal} H.. **GILLIAM** {Seal} Abm. **CROSS** {Seal} [Wit:] J: **SUMNER**
[Back of bond:] I Certify that Abraham **HARRELL**, Peter B. **MINTON** and Mills **RIDDICK** Esquires Justices were present in Court when the Guardian within nam__ was appointed and approved of the securities to the within Bond. Teste J. **SUMNER**, Clk.

[785] 11 James **BOOTHE** Willis J. **RIDDICK** and Henry **GILLIAM** bound unto James **IREDELL** Esquire,

Gates County, North Carolina Guardian Bonds 1828-1829

Governor &c of the State aforesaid and to his successor in office in the sum of One thousand Dollars 20th day of May 1828. James BOOTH appointed guardian to Sarah POWELL orphan of Daniel POWELL deceased. James BOOTHE {Seal} Willis J. RIDDICK {Seal} H. GILLIAM {Seal} [Wit:] C. E. SUMNER
[Back of bond:] I Certify that Mills RIDDICK, Demsey KNIGHT and John WALTON Esquires Justices were present in Court when the Guardian within named was appointed and approved of the securities to the within Bond &c. Teste J. SUMNER, Clk.

[786] 12 Nathan RIDDICK Whitmel STALLINGS and Mills RIDDICK bound unto James IREDELL Esquire, Governor &c of the State aforesaid and to his successor in office in the sum of One thousand Dollars 20th day of May 1828. Nathan RIDDICK appointed guardian to Drew TROTMAN orphan of Noah TROTMAN deceased. Nathan RIDDICK {Seal} Whit^l STALLINGS {Seal} Mills RIDDICK {Seal} [Wit:] Chs. Ed. SUMNER
[Back of bond:] I certify that Henry PUGH, John WALTON and Demsey KNIGHT Esquires Justices were present in Court when the Guardian within named was appointed and approved of the securities to the within Bond. Teste, J. SUMNER, Clk.

[787] 13 Timothy HAYSE Zackriah HAYSE and William HAYSE bound unto James IREDELL Esquire, Governor &c of the State aforesaid and to his successor in office in the sum of Five hundred Dollars 20th day of May 1828. Timothy HAYSE appointed guardian to Robert PARKER orphan of Josiah PARKER deceased. Timothy HAYS {Seal} Zaccra [sic] HAYS {Seal} William HAYS {Seal} [Wit:] Chs. Ed. SUMNER
[Back of bond:] I certify that Mills RIDDICK, Demsey KNIGHT and John WALTON Esquires Justices were present in Court when the Guardian within named was appointed, and approved of the securities to the within Bond. Teste, J. SUMNER, Clk.

[788] 14 John WALTON Timothy WALTON and Henry BOND bound unto James IREDELL Esquire, Governor &c of the State aforesaid and to his successor in office in the sum of One thousand Dollars 20th day of May 1828. John WALTON appointed guardian to Agatha TROTMAN orphan of Riddick TROTMAN deceased. J. WALTON {Seal} Tim WALTON {Seal} Henry BOND {Seal} [Wit:] C. E. SUMNER
[Back of bond:] I certify that Mills RIDDICK, Demsey KNIGHT and Abraham HARRELL Esquires Justices were present in Court when the Guardian within named was appointed and approved of the Securities to the within Bond. Teste, J. SUMNER Clk.

[789] 15 John WALTON Timothy WALTON and Henry BOND bound unto James IREDELL Esquire, Governor &c of the State aforesaid and to his successor in office in the sum of One thousand Dollars 20th day of May 1828. John WALTON appointed guardian to Ezekiel TROTMAN orphan of Riddick TROTMAN deceased. J. WALTON {Seal} Tim WALTON {Seal} Henry BOND {Seal} [Wit:] C. E. SUMNER
[Back of bond:] I certify that Mills RIDDICK, Demsey KNIGHT and Abraham HARRELL Esquires Justices were present in Court when the Guardian within named was appointed and approved of the securities to the within Bond. Teste, J. SUMNER, Clk.

[790] 16 John WALTON Timothy WALTON and Henry BOND bound unto James IREDELL Esquire, Governor &c of the State aforesaid and to his successor in office in the sum of One thousand Dollars 20th day of May 1828. John WALTON appointed guardian to Moses TROTMAN orphan of Riddick TROTMAN deceased. J. WALTON {Seal} Tim WALTON {Seal} Henry BOND {Seal} [Wit:] C. E. SUMNER
[Back of bond:] I certify that Mills RIDDICK, Demsey KNIGHT & Abraham HARRELL Esquires Justices were present in Court when the Guardian within named was appointed and approved of the securities to the within Bond. Teste J. SUMNER Clk.

[791] 17 John WALTON Timothy WALTON and Henry BOND bound unto James IREDELL Esquire, Governor &c of the State aforesaid and to his successor in office in the sum of One thousand Dollars 20th day of May 1828. John WALTON appointed guardian to Elisha TROTMAN orphan of Riddick TROTMAN deceased. J. WALTON {Seal} Tim WALTON {Seal} Henry BOND {Seal} [Wit:] C. E. SUMNER
[Back of bond:] I certify that Mills RIDDICK, Demsey KNIGHT & Abraham HARRELL Esquires Justices

Gates County, North Carolina Guardian Bonds 1828-1829

were present in Court when the Guardian within named was appointed, and approved of the securities to the within Bond. Teste, J. SUMNER Clk.

[792] 18 Whitmell STALLINGS Abraham HARRELL and Nathan WARD bound unto James IREDELL Esquire, Governor &c of the State aforesaid and to his successor in office in the sum of One thousand Dollars 20th day of May 1828. Whitmell STALLINGS appointed guardian to Ann Elizabeth ROUNTREE orphan of James ROUNTREE deceased. Whit^l STALLINGS {Seal} A. HARRELL {Seal} Nathan WARD {Seal} [Wit:] Chs. Ed. SUMNER
[Back of bond:] I Certify that John WALTON, Demsey KNIGHT and William W. STEDMAN Esquires Justices were present in Court when the Guardian within named was appointed and approved of the Securities to the within Bond. Teste J. SUMNER, Clk.

[793] 19 David PARKER, William WALTON, & Willis J. RIDDICK bound unto James IREDELL Esquire, Governor &c of the State aforesaid and to his successor in office in the sum of Five thousand Dollars 18th day of August 1828. David PARKER appointed guardian to John FELTON orphan of Charles FELTON deceased. David PARKER {Seal} Willis J. RIDDICK {Seal} W. WALTON {Seal} [Wit:] Chs. Ed. SUMNER
[Back of bond:] I certify that Joseph RIDDICK, Peter B. MINTON and Demsey KNIGHT Esquires Justices were present in Court when the Guardian within named was appointed and approved of the securities to the within Bond. Teste J. SUMNER Clk.

[794] 20 Andrew MATTHEWS William W. STEDMAN & Riddick MATTHEWS bound unto James IREDELL Esquire, Governor &c of the State aforesaid and to his successor in office in the sum of Two hundred Dollars 18th day of August 1828. Andrew MATTHEWS appointed guardian to Holloday JONES & Kedar JONES orphans of Benjamin JONES deceased. Andrew his + mark MATTHEWS {Seal} Wm W. STEDMAN {Seal} R.. MATTHEWS {Seal} [Wit:] Chs. E. SUMNER
[Back of bond:] I certify that Mills RIDDICK, Demsey KNIGHT and John B. BAKER Esquires Justices where present in Court when the Guardian within named was appointed and approved of the securities to the within Bond. Teste J. SUMNER Clk.

[795] 21 John V. SUMNER, Nathan CULLENS and Etheldred MATTHEWS bound unto James IREDELL Esquire, Governor &c of the State aforesaid and to his successor in office in the sum of four hundred Dollars 19th day of August 1828. John V. SUMNER appointed guardian to Margaret HARVEY and Mary HARVEY orphans of Children of Edmond B. HARVEY deceased. Jno. V. SUMNER {Seal} Nathan CULLENS {Seal} Ethel^d. MATHEWS {Seal} [Wit:] J. SUMNER
[Back of bond:] I Certify that Abraham HARRELL, William HUDGINS and Peter B. MINTON Esquires Justices were present in Court when the Guardian within named was appointed and approved of the securities to the within Bond. Teste J. SUMNER Clk.

[796] 22 James PILAND Mills PILAND and Jesse PILAND bound unto James IREDELL Esquire, Governor &c of the State aforesaid and to his successor in office in the sum of One thousand Dollars 19th day of August 1828. James PILAND appointed guardian to Celia LEWIS a lunitick [sic] orphan of [blank] deceased. "he will deliver up to the said Celia LEWIS when she shall become of sound mind..." James PILAND {Seal} Mills PILAND {Seal} Jesse PILAND {Seal} [Wit:] J. SUMNER
[Back of bond:] I Certify that Abraham HARRELL, William W STEDMAN and William HUDGINS Esquires Justices were present in Court when the Guardian within named was appointed and approved of the Securities to the within Bond. Teste J: SUMNER Clk.

[797] 23 Thomas ROUNTREE, Noah ROUNTREE & Abel ROGERSON bound unto James IREDELL Esquire, Governor &c of the State aforesaid and to his successor in office in the sum of Two hundred Dollars 18th day of November 1828. Thomas ROUNTREE appointed guardian to Miley GREEN orphan of Aaron GREEN deceased. Thomas ROUNTREE {Seal} Noah ROUNTREE {Seal} Abel ROGERSON {Seal} [Wit:] Chs. Ed. SUMNER
[Back of bond:] I Certify that William W. RIDDICK, Abraham CROSS & Joseph RIDDICK Esquires Jus-

Gates County, North Carolina Guardian Bonds 1828-1829

tices were present in Court when the Guardian within named was appointed and approved of the securities to the within Bond. Teste J. SUMNER Clk.

[798] 24 Henry GILLIAM Riddick GATLING & Ja^s R RIDDICK bound unto Ja^s IREDELL Esquire, Governor &c of the State aforesaid and to his successor in office in the sum of Eight thousand Dollars 19th day of November 1828. H GILLIAM appointed guardian to Sarah E. Micajah D. John A, Nathan P. Lucreatia & John P. /FRANKLIN/ orphans of Jonas FRANKLIN deceased. H. GILLIAM {Seal} R GATLING {Seal} J.. R.. RIDDICK {Seal} [Wit:] J. SUMNER
[Back of bond:] I Certify that William GOODMAN, Demsey KNIGHT, Joseph RIDDICK and William HUDGINS Esquires Justices were present in Court when the Guardian within named was appointed and approved of the securities to the within Bond. Teste J. SUMNER Clk.

[799] 25 Etheldred MATTHEWS, John MATTHEWS, & John V. SUMNER bound unto James IREDELL Esquire, Governor &c of the State aforesaid and to his successor in office in the sum of One thousand Dollars 19th day of November 1828. Etheldred MATTHEWS appointed guardian to Jesse, Lemuel, Margaret & Eliza BENTON orphans of Jethro BENTON deceased. Ethel^d. MATHEWS {Seal} John MATHEWS {Seal} Jno. V. SUMNER {Seal} [Wit:] J. SUMNER
[Back of bond:] I Certify that Joseph RIDDICK, Henry GILLIAM, William GOODMAN & Abraham BEEMAN Esquires Justices were present in Court when the Guardian within named was appointed and Approved of the Securities to the within Bond. Teste J. SUMNER Clk.

[800] 26 Nathaniel EURE Mills EURE and Demsey PARKER bound unto James IREDELL Esquire, Governor &c of the State aforesaid and to his successor in office in the sum of five Hundred Dollars 19th day of November 1828. Nathaniel EURE appointed guardian to John BOYCE orphan of Jonathan BOYCE deceased. Nathl.. EURE {Seal} Mills EURE {Seal} Demsey PARKER {Seal} [Wit:] J. SUMNER
[Back of bond:] I Certify that William GOODMAN, Demsey KNIGHT, Joseph RIDDICK & William HUDGINS Esquires Justices were present in Court when the Guardian within named was appointed and approved of the securities to the within Bond. Teste J. SUMNER Clk.

[801] [blank] Nathaniel EURE Mills EURE and Demsey PARKER bound unto James IREDELL Esquire, Governor &c of the State aforesaid and to his successor in office in the sum of Five Hundred Dollars 19th day of November 1828. Nathaniel EURE appointed guardian to William BOYCE orphan of Jonathan BOYCE deceased. Nathl.. EURE {Seal} Mills EURE {Seal} Demsey PARKER {Seal} [Wit:] J. SUMNER
[Back of bond:] I Certify that William GOODMAN, Demsey KNIGHT, Joseph RIDDICK and William HUDGINS Esquires Justices were present in Court when the Guardian within named was appointed and Approved of the Securities to the within Bond. Teste J. SUMNER Clk.

[802] 27 Nathaniel EURE Mills EURE and Demsey PARKER bound unto James IREDELL Esquire, Governor &c of the State aforesaid and to his successor in office in the sum of Five Hundred Dollars 19th day of November 1828. Nathaniel EURE appointed guardian to James BOYCE orphan of Jonathan BOYCE deceased. Nathl.. EURE {Seal} Mills EURE {Seal} Demsey PARKER {Seal} [Wit:] J. SUMNER
[Back of bond:] I Certify that William GOODMAN, Demsey KNIGHT, Joseph RIDDICK and William HUDGINS Esquires Justices were present in Court when the Guardian within named was appointed and approved of the Securities to the within Bond. Teste J. SUMNER Clk.

[803] 28 Henry GILLIAM Levi ROGERS & Jos RIDDICK bound unto Jas IREDELL Esquire, Governor &c of the State aforesaid and to his successor in office in the sum of Three Hundred Dollars 19th day of November 1828. Henry GILLIAM appointed guardian to Celia PRUDEN orphan of Nathaniel PRUDEN deceased. H. GILLIAM {Seal} Levi ROGERS {Seal} J. RIDDICK {Seal} [Wit:] J. SUMNER
[Back of bond:] I Certify that William GOODMAN, Demsey KNIGHT and Mills RIDDICK Esquires Justices were present in Court when the Guardian within named was appointed [Remainder is illegible.] Teste J. SUMNER Clk.

[804] 29 Edwin SMITH George KITTRELL & Hardy D. PARKER bound unto John OWEN Esquire,

Gates County, North Carolina Guardian Bonds 1828-1829

Governor &c. of the State aforesaid and to his successor in office in the sum of Two Thousand Dollars 16th day of February 1829. Edwin **SMITH** appointed guardian to Susan **COPLAND** [COPELAND] orphan of Henry **COPLAND** deceased. Ed **SMITH** {Seal} George **KITTRELL** {Seal} Hardy D. **PARKER** {Seal} [Wit:] Wm. E **PUGH**
[Back of bond:] [Illegible.] J. **SUMNER** Clk.

[805] 30 Edwin **SMITH** George **KITTRELL** & Hardy D. **PARKER** bound unto John **OWEN** Esquire, Governor &c. of the State aforesaid and to his successor in office in the sum of Two Thousand Dollars 16th day of February 1829. Edwin **SMITH** appointed guardian to Henrietta **COPELAND** orphan of Henry **COPELAND** deceased. Ed. **SMITH** {Seal} George **KITTRELL** {Seal} Hardy D. **PARKER** {Seal} [Wit:] Wm. E. **PUGH**
[Back of bond:] I Certify that Joseph **RIDDICK**, William **GOODMAN** & Abraham **BEEMAN** Esquires Justices were present in Court when the Guardian within named was appointed and approved of the securities to the within Bond. Teste J. **SUMNER** Clk.

[806] 31 Exum **JENKINS** John **SAUNDERS** & John **RIDDICK** bound unto John **OWEN** Esquire, Governor &c. of the State aforesaid and to his successor in office in the sum of one Thousand five hundred Dollars 16th day of February 1829. Exum **JENKINS** appointed guardian to Sarah E. **ODAM** orphan of Ira **ODAM** deceased. Exum **JENKINS** {Seal} John **SAUNDERS** {Seal} Jno **RIDDICK** {Seal} } [Wit:] Wm. E. **PUGH**
[Back of bond:] I Certify that Henry **GILLIAM**, Joseph **RIDDICK** & John **WALTON** Esquires Justices were present in Court when the Guardian within named was appointed and approved of the securities to the within Bond. Teste J. **SUMNER** Clk.

[807] 32 Exum **JENKINS** John **SAUNDERS** & John **RIDDICK** bound unto John **OWEN** Esquire, Governor &c. of the State aforesaid and to his successor in office in the sum of one Thousand five hundred Dollars 16th day of February 1829. Exum **JENKINS** appointed guardian to Sophia A **ODAM** orphan of Ira **ODAM** deceased. Exum **JENKINS** {Seal} John **SAUNDERS** {Seal} Jno. **RIDDICK** {Seal} } [Wit:] Wm. E **PUGH**
[Back of bond:] I Certify that Henry **GILLIAM**, Joseph **RIDDICK** and John **WALTON** Esquires Justices were present in Court when the Guardian within named was appointed and approved of the securities to the within Bond. Teste J. **SUMNER** Clk.

[808] 33 James **LASSITER** George **COSTEN** & James **COSTEN** bound unto John **OWEN** Esquire, Governor &c. of the State aforesaid and to his successor in office in the sum of Ten Thousand Dollars 16. day of February 1829. James **LASITER** appointed guardian to Timothy **LASITER** orphan of Henry **LASITER** deceased. James **LASSITER** {Seal} James **COSTEN** {Seal} George **COSTEN** {Seal} [Wit:] Wm. E **PUGH**
[Back of bond:] I Certify that Henry **GILLIAM**, Peter B. **MINTON** and Joseph **RIDDICK** Esquires Justices were present in Court when the Guardian within named was appointed and approved of the securities to the within Bond. J. **SUMNER** Clk.

[809] 34 James **LASITER** George **COSTEN** & James **COSTEN** bound unto John **OWEN** Esquire, Governor &c. of the State aforesaid and to his successor in office in the sum of Ten Thousand Dollars 16 day of February 1829. James **LASITER** appointed guardian to Sally M. [Sarah M.] **LASITER** orphan of Henry **LASITER** deceased. James **LASSITER** {Seal} James **COSTEN** {Seal} George **COSTEN** {Seal} [Wit:] Wm E **PUGH**
[Back of bond:] I Certify that Henry **GILLIAM**, Peter B. **MINTON** and Joseph **RIDDICK** Esquires Justices were present in Court when the Guardian within named was appointed and approved of the Securities to the within Bond. Teste J. **SUMNER** Clk.

[810] 35 James **LASITER** George **COSTEN** & James **COSTEN** bound unto [blank] Esquire, Governor &c. of the State aforesaid and to his successor in office in the sum of Ten Thousand Dollars 16 day of February 1829. James **LASITER** appointed guardian to Mary **LASITER** orphan of Henry **LASITER** deceased. James **LASSITER** {Seal} James **COSTEN** {Seal} George **COSTEN** {Seal} [Wit:] Wm E **PUGH**

Gates County, North Carolina Guardian Bonds 1828-1829

[Back of bond:] I certify that Henry **GILLIAM**, Peter B. **MINTON** & Joseph **RIDDICK** Esquires Justices were present in Court when the Guardian within named was appointed and approved of the securities to the within Bond. Teste J. **SUMNER** Clk.

[811] 36 Joseph **RIDDICK** Jethro H **RIDDICK** & Henry **GILLIAM** bound unto John **OWEN** Esquire, Governor &c. of the State aforesaid and to his successor in office in the sum of one thousand Dollars 19th day of February 1829. Joseph **RIDDICK** appointed guardian to Thaner **GRIFFIN** orphan of Thomas **GRIFFIN** deceased. J. **RIDDICK** {Seal} Jet H **RIDDICK** {Seal} H.. **GILLIAM** {Seal} [Wit:] Wm. E. **PUGH**
[Back of bond:] I Certify that Benjamin B. **BALLARD** Abraham [Remainder is illegible.]

[812] 37 Humphry **WARD** Jethro **RIDDICK** & Whitmel **STALLINS** bound unto John **OWEN** Esquire, Governor &c. of the State aforesaid and to his successor in office in the sum of Three hundred Dollars 17th day of February 1829. Humphry **WARD** appointed guardian to Thomas **WARD** orphan of Henry **WARD** deceased. Humphrey **WARD** {Seal} Jet H **RIDDICK** {Seal} Whit^l **STALLINGS** {Seal} [Wit:] Wm E **PUGH**
[Back of bond:] I Certify that Henry **GILLIAM**, Joseph **RIDDICK** and John **WALTON** Esquires Justices were present in Court when the Guardian within named was appointed and approved of the Securities to the within Bond. Teste J. **SUMNER**, Clk.

[813] 38 Humphry **WARD** Jethro **RIDDICK** & Whimel **STALLINS** bound unto John **OWEN** Esquire, Governor &c. of the State aforesaid and to his successor in office in the sum of Three hundred Dollars 19th day of February 1829. Humphry **WARD** appointed guardian to Deborah **WARD** orphan of Henry **WARD** deceased. Humphrey **WARD** {Seal} Jet H **RIDDICK** {Seal} Whit^l **STALLINGS** {Seal} [Wit:] Wm E **PUGH**
[Back of bond:] I Certify that Henry **GILLIAM**, Joseph **RIDDICK** and John **WALTON** Esquires Justices were present in Court when the Guardian within named was appointed and approved of the Securities to the within Bond. Teste J. **SUMNER** Clk.

[814] 39 James W. **RIDDICK** Ja^s. **COSTEN** George **COSTEN** bound unto John **OWEN** Esquire, Governor &c. of the State aforesaid and to his successor in office in the sum of One hundred Dollars 19th day of February 1829. Ja^s. W. **RIDDICK** appointed guardian to Sally **BOND** orphan of Richard **BOND** deceased. Jas. W **RIDDICK** {Seal} James **COSTEN** {Seal} George **COSTEN** {Seal} [Wit:] Wm E **PUGH**
[Back of bond:] I Certify that Henry **GILLIAM**, Joseph **RIDDICK** and John **WALTON** Esquires Justices were present in Court when the Guardian within named was appointed and approved of the securities to the within Bond. Teste J. **SUMNER** Clk.

[815] 40 Ja^s. W. **RIDDICK** Ja^s. **COSTEN** George **COSTEN** bound unto John **OWEN** Esquire, Governor &c. of the State aforesaid and to his successor in office in the sum of One hundred Dollars 19th day of February 1829. Ja^s. W. **RIDDICK** appointed guardian to Noah **BOND** orphan of Richard **BOND** deceased. Jas W **RIDDICK** {Seal} James **COSTEN** {Seal} George **COSTEN** {Seal} [Wit:] Wm E **PUGH**
[Back of bond:] I Certify that Henry **GILLIAM**, Joseph **RIDDICK** and John **WALTON** Esquires Justices were present in Court when the Guardian within named was appointed and approved of the securities to the within Bond. Teste J. **SUMNER** Clk.

[816] 42 [sic] Ja^s. W. **RIDDICK** Ja^s. **COSTEN** George **COSTEN** bound unto John **OWEN** Esquire, Governor &c. of the State aforesaid and to his successor in office in the sum of One Hundred Dollars 17th day of February 1829. Ja^s. W. **RIDDICK** appointed guardian to Nancy **BOND** orphan of Richard **BOND** deceased. Jas. W. **RIDDICK** {Seal} James **COSTEN** {Seal} George **COSTEN** {Seal} [Wit:] Wm E **PUGH**
[Back of bond:] I Certify that Henry **GILLIAM**, Joseph **RIDDICK** and John **WALTON** Esquires Justices were present in Court when the Guardian within named was appointed and approved of the securities to the within Bond. Teste J. **SUMNER** Clk.

[817] 43 Ja^s. W. **RIDDICK** Ja^s. **COSTEN** George **COSTEN** bound unto John **OWEN** Esquire, Governor &c. of the State aforesaid and to his successor in office in the sum of one hundred Dollars 17th day of February

Gates County, North Carolina Guardian Bonds 1828-1829

1829. Ja**ˢ**. W. **RIDDICK** appointed guardian to Elizabeth **BOND** orphan of Richard **BOND** deceased. Jas W **RIDDICK** {Seal} James **COSTEN** {Seal} George **COSTEN** {Seal} [Wit:] Wm E. **PUGH**
[Back of bond:] I Certify that Henry **GILLIAM**, Joseph **RIDDICK** and John **WALTON** Esquires Justices were present in Court when the Guardian within named was appointed and approved of the securities to the within Bond. Teste J. **SUMNER** Clk.

[818] 44 Miles **HOWELL** Willis **CROSS** & John **LANGSTON** bound unto John **OWEN** Esquire, Governor &c. of the State aforesaid and to his successor in office in the sum of eight hundred Dollars 17th day of February 1829. Miles **HOWELL** appointed guardian to Amanda **BOIT** orphan of Elisha **CROSS** deceased. Miles **HOWELL** {Seal} Willis **CROSS** {Seal} John **LANGSTON** {Seal} [Wit:] Wm. E **PUGH**
[Back of bond:] I Certify that Benjamin B. **BALLARD**, Abraham **HARRELL** and William W **RIDDICK** Esquires Justices were present in Court when the Guardian within named was appointed and approved of the Securities to the within Bond. Teste J. **SUMNER** Clk.

[819] 45 Miles **HOWELL** Willis **CROSS** & John **LANGSTON** bound unto John **OWEN** Esquire, Governor &c. of the State aforesaid and to his successor in office in the sum of eight hundred Dollars 19th day of February 1829. Miles **HOWELL** appointed guardian to John **CROSS** orphan of Elisha **CROSS** deceased. Miles **HOWELL** {Seal} Willis **CROSS** {Seal} John **LANGSTON** {Seal} [Wit:] Wm E. **PUGH**
[Back of bond:] I Certify that Benjamin B. **BALLARD**, Abraham **HARRELL** and William W. **RIDDICK** Esquires Justices were present in Court when the Guardian within named was appointed and approved of the Securities to the within Bond. Teste J. **SUMNER**, Clk.

1829-1835

[820] No 8 1 STATE OF NORTH-CAROLINA, Gates County. KNOW ALL MEN BY THESE PRESENTS, That we Miles **HOWELL** Willis **CROSS** & John **LANGSTON** are held and firmly bound unto his Excellency John **OWEN** Esquire, Governor in and over the State of North-Carolina, in the just and full sum of eight hundred dollars lawful money of the State aforesaid, for which payment well and truly to be made we bind ourselves, our heirs, executors and administrators, jointly and severally, firmly by these presents. Sealed with our Seals and dated this 17th day of February Anno Domini one thousand eight hundred and twenty nine.
  Whereas Miles **HOWELL** hath been this day by the Worshipful Court of Gates County, appointed Guardian to Alfred **CROSS** Orphan of Elisha **CROSS** deceased.
  THE CONDITION OF THE ABOVE OBLIGATION IS SUCH, That if the said Miles **HOWELL** Guardian aforesaid, shall well and truly discharge his Guardianship by taking care of and improving all the Estate belonging to the said Orphan, and shall also settle his Guardian Accounts with the Court of said county, as is required by Law, and that he will deliver up to the said Alfred **CROSS** Orphan, aforesaid, when he shall attain to lawful age, all such Estate as he ought of right to be possessed of, or sooner if required, agreeable to the true intent and meaning of an act of the General Assembly in such case made and provided—then, in that case, the above Obligation to be void and of no effect.—otherwise to be and remain in full force and virtue. Miles **HOWELL** (LS) Willis **CROSS** (LS) John **LANGSTON** (LS) Signed and Sealed in presence of } Wm E **PUGH**
[Back of bond:] I Certify that Benjamin B. **BALLARD**, Abraham **HARRELL** and William W **RIDDICK** Esquires Justices were present in Court when the Guardian within named was appointed and approved of the securities to the within Bond. Teste J. **SUMNER** Clk.

[821] 2 Miles **HOWELL** Willis **CROSS** John **LANGSTON** bound unto John **OWEN** Esquire, Governor in and over the State of North-Carolina, in the sum of eight hundred dollars this 17 day of February Anno Domini one thousand eight hundred and twenty nine. Miles **HOWELL** appointed Guardian to Sally **CROSS** Orphan of Elisha **CROSS** deceased. Miles **HOWELL** (LS) Willis **CROSS** (LS) John **LANGSTON** (LS) [Wit:] Wm. E **PUGH**
[Back of bond:] I certify that Benjamin B. **BALLARD**, Abraham **HARRELL** and William W **RIDDICK** Esquires Justices were present in Court when the Guardian === === within named was appointed and approved of the Securities to the within Bond. Teste J. **SUMNER** Clk.

[822] 3 Riddick **GATLING** Ja^s W. **RIDDICK** & Miles **PARKER** bound unto John **OWEN** Esquire, Gover-

Gates County, North Carolina Guardian Bonds 1829-1835

nor in and over the State of North-Carolina, in the sum of four Thousand dollars this 17th day of February Anno Domini one thousand eight hundred and twenty nine. Riddick **GATLING** appointed Guardian to Benja **SAUNDERS** Orphan of Briant **SAUNDERS** deceased. R **GATLING** (LS) Jas. W. **RIDDICK** (LS) Myles **PARKER** (LS) [Wit:] Wm. E **PUGH**
[Back of bond:] I Certify that Henry **GILLIAM** Joseph **RIDDICK** and John **WALTON** Esquires Justices were present in Court when the Guardian within named was appointed and approved of the securities to the within Bond. Teste J. **SUMNER**, Clk.

[823] 4 Miles **HOWELL** Willis **CROSS** John **LANGSTON** bound unto John **OWEN** Esquire, Governor in and over the State of North-Carolina, in the sum of eight hundred dollars this 17 day of February Anno Domini one thousand eight hundred and twenty nine. Miles **HOWELL** appointed Guardian to Benja **CROSS** Orphan of Elisha **CROSS** deceased. Miles **HOWELL** (LS) Willis **CROSS** (LS) John **LANGSTON** (LS) [Wit:] Wm E **PUGH**
[Back of bond:] I Certify that Benjamin B. **BALLARD**, Abraham **HARRELL** and William W **RIDDICK** Esquires Justices were present in Court when the Guardian within named was appointed and approved of the securities to the within Bond. Teste J. **SUMNER** Clk.

[824] 5 Pryer **SAVAGE** Henry **GUILLIAM** & John **WILLEY** bound unto John **OWEN** Esquire, Governor in and over the State of North-Carolina, in the sum of Three hundred dollars this 18 day of February Anno Domini one thousand eight hundred and twenty nine. Pryer **SAVAGE** appointed Guardian to Mary Ann **SAVAGE** Orphan of his own Child deceased. Pryor **SAVAGE** (LS) H. **GILLIAM** (LS) John **WILLEY** (LS) [Wit:] Wm. E. **PUGH**
[Back of bond:] I certify that William W **STEDMAN**, John B. **BAKER**, Abraham **BEEMAN** and William [?] **HUDGINS** Esquires Justices were present in Court when the Guardian within named was appointed and approved of the Securities to the within Bond. Teste J. **SUMNER** Clk.

[825] 6 Solomon **ROUNTREE** William **BOOTH** & Simion [?] **ROUNTREE** bound unto John **OWEN** Esquire, Governor in and over the State of North-Carolina, in the sum of Sixteen hundred dollars this 18th day of February Anno Domini one thousand eight hundred and twenty nine. Solomon **ROUNTREE** appointed Guardian to Louisa & Wm J **HUDGINS** Orphan of Joseph **HUDGINS** deceased. Solomon **ROUNTREE** (LS) Simonds **ROUNTREE** (LS) Wm. L. **BOOTHE** (LS) [Wit:] Wm. E. **PUGH**
[Back of bond:] I Certify that Henry **GILLIAM**, William W **STEDMAN**, Abraham **HARRELL** and Joseph **RIDDICK** Esquires Justices were present in Court when the Guardian within named was appointed and approved of the securities to the within Bond. Teste J. **SUMNER** Clk.

[826] 7 Nancy **BABB**, Nathaniel **EURE** Wm. W. **COWPER** Miles **HOWELL** John **SAUNDERS** bound unto John **OWEN** Esquire, Governor in and over the State of North-Carolina, in the sum of five hundred dollars this 18th day of February Anno Domini one thousand eight hundred and twenty nine. Nancy **BABB** appointed Guardian to Sarah **BABB** ==== ==== Orphan of Christerpher [sic] **BABB** deceased. Nancy her & mark **BABB** (LS) Miles **HOWEL** [?] (LS) Nathl.. **EURE** (LS) Wm W. **COWPER** {Seal} John **SAUNDERS** {Seal} [Wit:] Wm. E **PUGH**
[Back of bond:] [Illegible.] to the within Bond. J. **SUMNER**, Clk.

[827] 8 Nancy **BABB**, Nathiel [sic] **EURE** Wm. W. **COWPER** Miles **HOWELL** & John **SAUNDERS** bound unto John **OWEN** Esquire, Governor in and over the State of North-Carolina, in the sum of five hundred dollars this 18th day of February Anno Domini one thousand eight hundred and twenty nine. Nancy **BABB** appointed Guardian to John **BABB** Orphan of Christerpher **BABB** deceased. Nancy her & mark **BABB** (LS) Nathl.. **EURE** (LS) Miles **HOWEL** (LS) Wm W. **COWPER** {Seal} John **SAUNDERS** {Seal} [Wit:] Wm. E **PUGH**
[Back of bond:] I Certify that Hillory **WILLEY**, William W. **STEDMAN**, John B. **BAKER** William **HUDGINS**, Joseph **RIDDICK**, Henry **GILLIAM**, Abraham **BEEMAN** & John **WALTON** Esquires Justices were in Court when the Guardian within named was appointed and approved of the securities to the within Bond. Teste J. **SUMNER** Clk.

Gates County, North Carolina Guardian Bonds 1829-1835

[828] 9 Jethro **RIDDICK** Henry **GUILIAM** [sic] Nathan **WARD** bound unto John **OWEN** Esquire, Governor in and over the State of North-Carolina, in the sum of twelve hundred dollars this 19th day of February Anno Domini one thousand eight hundred and twenty nine. Jethro **RIDDICK** appointed Guardian to Calvin **BRINKLEY** Orphan of Elisha **BRINKLEY** deceased. Jet H **RIDDICK** (LS) Nathan **WARD** (LS) H. **GILLIAM** (LS) [Wit:] Wm. E **PUGH**
[Back of bond:] I Certify that John B. **BAKER**, John **WALTON** and Mills **RIDDICK** Esquires Justices were present in Court when the Guardian within named was appointed and approved of the securities to the Bond. Teste J. **SUMNER** Clk.

[829] 10 Tilly W. **CARR**, Benj. **SUMNER** & Jethro **SUMNER** bound unto Jno **OWEN** Esquire, Governor in and over the State of North-Carolina, in the sum of fourteen hundred dollars this 20th day of May Anno Domini one thousand eight hundred and twenty nine. Tilly W. **CARR** appointed Guardian to Margaret **BALLARD** Orphan of Child of Benj B deceased **BALLARD**. T. W. **CARR** (LS) Ben. **SUMNER** (LS) J. **SUMNER** (LS)) [Wit:] Wm. E. **PUGH**
[Back of bond:] [Illegible.]

[830] 11 Etheldred **MATTHEWS** Jno **MATTHEWS** Wm **HUDGINS** bound unto Jno **OWEN** Esquire, Governor in and over the State of North-Carolina, in the sum of five hundred dollars this 20th day of February [sic] Anno Domini one thousand eight hundred and twenty nine. Etheldred **MATTHEWS** appointed Guardian to Jno **BENTON** Orphan of Jethro **BENTON** deceased. Ethed.. **MATTHEWS** (LS) John **MATTHEWS** (LS) W.. **HUDGINS** (LS) [Wit:] Wm. E. **PUGH**
[Back of bond:] [Illegible.]

[831] 12 Exum **LEWIS** David **LEWIS** & James **FIGG** bound unto Jno **OWEN** Esquire, Governor in and over the State of North-Carolina, in the sum of one Thousand dollars this 17 day of August Anno Domini one thousand eight hundred and twenty nine. Exum **LEWIS** appointed Guardian to Celah **LEWIS** Orphan of Jno **LEWIS** deceased. Exum **LEWS** [sic] (LS) James **FIGG** (LS) David his X mark **LEWIS** (LS) [Wit:] Wm E **PUGH**
[Back of bond:] [Illegible.]

[832] 13 Exum **LEWIS** David **LEWIS** & James **FIGG** bound unto Jno **OWEN** Esquire, Governor in and over the State of North-Carolina, in the sum of Three Thousand dollars this 17 day of August Anno Domini one thousand eight hundred and twenty nine. Exum **LEWIS** appointed Guardian to Jno **LEWIS** Orphan of Jno **LEWIS** deceased. Exum **LEWS** (LS) James **FIGG** (LS) David his X mark **LEWIS** (LS) [Wit:] Wm. E **PUGH**
[Back of bond:] I Certify that John B. **BAKER**, Henry **PUGH** Abraham **BEEMAN** & Peter B. **MINTON** Esquires Justices were present in Court when the Guardian within named was appointed and approved of the Securities to the within Bond. Teste J. **SUMNER** Clk.

[833] 14 James W **RIDDICK** James R. **RIDDICK** & Benbury **WALTON** bound unto Jno **OWEN** Esquire, Governor in and over the State of North-Carolina, in the sum of Two thousand dollars this 17 day of August Anno Domini one thousand eight hundred and twenty nine. James W **RIDDICK** appointed Guardian to Mary Ann **SUTTON** Orphan of George **SUTTON** deceased. Jas. W. **RIDDICK** (LS) J. R. **RIDDICK** (LS) Benbury **WALTON** (LS) [Wit:] J. **SUMNER**
[Back of bond:] I Certify that Henry **PUGH** John **WALTON** and Peter B **MINTON** Esquires Justices were present in Court when the Guardian within named was appointed and approved of the securities to the within Bond and concured with appointment. Teste J. **SUMNER** Clk.

[834] 15 James W **RIDDICK** James R. **RIDDICK** & Benbury **WALTON** bound unto Jno **OWEN** Esquire, Governor in and over the State of North-Carolina, in the sum of Two thousand dollars this 17 day of August Anno Domini one thousand eight hundred and twenty nine. James W **RIDDICK** appointed Guardian to Caroline **SUTTON** Orphan of George **SUTTON** deceased. Jas. W. **RIDDICK** (LS) J.. R. **RIDDICK** (LS) Benbury **WALTON** (LS) [Wit:] J. **SUMNER**
[Back of bond:] I Certify that Henry **PUGH** John **WALTON** and Peter B **MINTON** Esquires Justices were

Gates County, North Carolina Guardian Bonds 1829-1835

present in Court when the Guardian within named was appointed and approved of the securities to the within Bond &c. Teste J. **SUMNER** Clk.

[835] <u>16</u> James W **RIDDICK** James R. **RIDDICK** & Benbury **WALTON** bound unto Jno **OWEN** Esquire, Governor in and over the State of North-Carolina, in the sum of one thousand dollars this 17 day of August Anno Domini one thousand eight hundred and twenty nine. James R [sic] **RIDDICK** appointed Guardian to Joseph **SUTTON** Orphan of George **SUTTON** deceased. Jas. W. **RIDDICK** (LS) J.. R.. **RIDDICK** (LS) Benbury **WALTON** (LS) [Wit:] J. **SUMNER**
[Back of bond:] I Certify that Henry **PUGH** John **WALTON** and Peter B **MINTON** Esquires Justices were present in Court when the Guardian within named was appointed and approved of the securities to the within Bond &c. Teste J. **SUMNER** Clk.

[836] <u>17</u> Mills **PILAND** Etheldred **CROSS** & Elijah **HARRELL** bound unto Jno **OWEN** Esquire, Governor in and over the State of North-Carolina, in the sum of five hundred dollars this 18th day of August Anno Domini one thousand eight hundred and twenty nine. Mills **PILAND** appointed Guardian to Susannah John & Mildred /**PILAND**/ Orphans of Elisha **PILAND** deceased. Mills **PILAND** (LS) Elijah **HARRELL** (LS) Etheldred **CROSS** (LS) [Wit:] Wm E. **PUGH**
[Back of bond:] I Certify that Henry **GILLIAM** Abraham **HARRELL** & William W. **STEDMAN** Esquires Justices were present in Court when the Guardian within named was appointed and approved of the securities to the within Bond &c. Teste J. **SUMNER** Clk.

[837] <u>18</u> Jno **HOFLER** Garret **HOFLER** & Hance **HOFLER** bound unto Jno **OWEN** Esquire, Governor in and over the State of North-Carolina, in the sum of one thousand dollars this 18th day of August Anno Domini one thousand eight hundred and twenty nine. Jno **HOFLER** appointed Guardian to John **SUMNER** Orphan of Jethro W **SUMNER** deceased. John **HOFLER** (LS) G. **HOFLER** (LS) Hance **HOFLER** (LS) [Wit:] Wm E. **PUGH**
[Back of bond:] I Certify that Henry **GILLIAM** Abraham **HARRELL** & William W. **STEDMAN** Esquires Justices were present in Court when the Guardian within named was appointed and approved of the securities to the within Bond &c. Teste J. **SUMNER** Clk.

[838] <u>19</u> Isaac R **HUNTER** Edward S [sic] **HUNTER** & Jno O **HUNTER** bound unto Jno **OWEN** Esquire, Governor in and over the State of North-Carolina, in the sum of five Hundred dollars this 16th day of November Anno Domini one thousand eight hundred and twenty 9. [sic] Isaac R **HUNTER** appointed Guardian to Cynthia **BRINKLEY** Orphan of William **BRINKLEY** deceased. I R **HUNTER** (LS) E R **HUNTER** (LS) Jno. O **HUNTER** (LS) [Wit:] Wm E. **PUGH**
[Back of bond:] I Certify that Henry **PUGH** George **KITTRELL** Abraham **BEEMAN** & Benjamin **BALLARD** Esquires Justices were present in Court when the Guardian within named was appointed and approved of the securities to the within Bond. Teste J. **SUMNER** Clk.

[839] <u>20</u> William H. **GOODMAN** William **LEE** & Henry **GUILLIAM** bound unto Jno **OWEN** Esquire, Governor in and over the State of North-Carolina, in the sum of fifteen thousand dollars this 16 day of November Anno Domini one thousand eight hundred and twenty 9. William H. **GOODMAN** appointed Guardian to William Henry John Rich^d. Peninah & Maria [?] **GOODMAN** Orphans of Lemuel **GOODMAN** deceased. W^m H **GOODMAN** (LS) WILLIAM LEE (LS) H.. **GILLIAM** (LS) [Wit:] Wm E. **PUGH**
[Back of bond:] I Certify that George **KITTRELL** Abraham **BEEMAN** & Henry **PUGH** Esquires Justices were present in Court when [Remainder is illegible.] Teste J. **SUMNER** Clk.

[840] <u>21</u> Lassiter **RIDDICK** Joseph **RIDDICK** James C **RIDDICK** bound unto Jno **OWEN** Esquire, Governor in and over the State of North-Carolina, in the sum of three thousand dollars this 17 day of November Anno Domini one thousand eight hundred and twenty nine. Lassiter **RIDDICK** appointed Guardian to Elizabeth Sarah Caroline Mary & Julia **RIDDICK** Orphans of Thomas **RIDDICK** deceased. Lassiter **RIDDICK** (LS) Jos. **RIDDICK** (LS) Jas C. **RIDDICK** (LS) [Wit:] Wm E. **PUGH**
[Back of bond:] [Illegible.] J. **SUMNER** Clk.

Gates County, North Carolina Guardian Bonds 1829-1835

[841] 22 Nathan **NIXON**, Nathan **RIDDICK** & Reuben **NIXON** bound unto John **OWEN** Esquire, Governor in and over the State of North-Carolina, in the sum of two thousand dollars this 18th day of November Anno Domini one thousand eight hundred and twenty nine. Nathan **NIXON** appointed Guardian to Mary Ann **WALTON** Orphan of Timothy **WALTON** deceased. Nathan **NIXON** (LS) Nathan **RIDDICK** (LS) Reuben his |. mark **NIXON** (LS) [Wit:] J. **SUMNER**
[Back of bond:] I Certify that Joseph **RIDDICK** Henry [Remainder of certificate is illegible.] J. **SUMNER** Clk

[842] 23 Nathan **NIXON**, Nathan **RIDDICK** & Reuben **NIXON** bound unto John **OWEN** Esquire, Governor in and over the State of North-Carolina, in the sum of ___ thousand Dollars this 18th day of November Anno Domini one thousand eight hundred and twenty nine. Nathan **NIXON** appointed Guardian to Joseph G. **WALTON** Orphan of Timothy **WALTON** deceased. Nathan **NIXON** (LS) Nathan **RIDDICK** (LS) Reuben his |. mark **NIXON** (LS) [Wit:] J. **SUMNER**
[Back of bond:] [Illegible.]

[843] 24 Jethro [?] H. **RIDDICK**, John **WALTON** and Peter B. **MINTON** bound unto John **OWEN** Esquire, Governor in and over the State of North-Carolina, in the sum of five [?] Hundred Dollars this 16th day of February Anno Domini one thousand eight hundred and twenty thirty. Jethro H. **RIDDICK** appointed Guardian to Agatha **TROTMAN** Orphan of Riddick **TROTMAN** deceased. Jet H. **RIDDICK** (LS) J. **WALTON** (LS) P. B. **MINTON** (LS) [Wit:] J. **SUMNER**
[Back of bond:] I certify that Abraham **BEEMAN** George **KITTRELL** and William W **COWPER** Esquires Justices were present in Court when the Guardian within named was appointed and approved of the securities to the within Bond and concured in the appointment. [Illegible.]

[844] 25 Jethro H. **RIDDICK**, John **WALTON** and Peter B. **MINTON** bound unto John **OWEN** Esquire, Governor in and over the State of North-Carolina, in the sum of Five Hundred dollars this 16 day of February Anno Domini one thousand eight hundred and twenty [sic] Thirty. Jethro H. **RIDDICK** appointed Guardian to Moses **TROTMAN** Orphan of Riddick **TROTMAN** deceased. Jet H. **RIDDICK** (LS) J. **WALTON** (LS) P. B. **MINTON** (LS) [Wit:] Thomas **GARY**
[Back of bond:] I certify that Abraham **BEEMAN** George **KITTRELL** and William W **COWPER** Esquires Justices were present in Court when the Guardian within named was appointed and approved of the securities to the within Bond and concured in the appointment. [Illegible.] J. **SUMNER** Clk.

[845] 26 Jethro H. **RIDDICK**, John **WALTON** and Peter B. **MINTON** bound unto John **OWEN** Esquire, Governor in and over the State of North-Carolina, in the sum of Five hundred dollars this 16th day of February Anno Domini one thousand eight hundred and twenty Thirty. Jethro H. **RIDDICK** appointed Guardian to Elisha **TROTMAN** Orphan of Riddick **TROTMAN** deceased. Jet H. **RIDDICK** (LS) J. **WALTON** (LS) P. B. **MINTON** (LS) [Wit:] Thomas **GARY**
[Back of bond:] I certify that Abraham **BEEMAN** George **KITTRELL** and William W **COWPER** Esquires Justices were present in Court when the Guardian within named was appointed and approved of the securities to the within Bond and concured in the appointment. Teste J. **SUMNER** Clk.

[846] 27 Jethro H. **RIDDICK**, John **WALTON** and Peter B. **MINTON** bound unto John **OWEN** Esquire, Governor in and over the State of North-Carolina, in the sum of Five hundred dollars this 16th day of February Anno Domini one thousand eight hundred and twenty Thirty. Jethro H. **RIDDICK** appointed Guardian to Ezekiel **TROTMAN** Orphan of Riddick **TROTMAN** deceased. Jet H. **RIDDICK** (LS) J.. **WALTON** (LS) P. B. **MINTON** (LS) [Wit:] Thos. **GARY**
[Back of bond:] I certify that Abraham **BEEMAN** George **KITTRELL** _____ _____ Esquires Justices were present in Court when the Guardian within named was appointed and approved of the securities to the within Bond and concured in the appointment. Teste J. **SUMNER** Clk.

[847] 28 Eli **WORRELL**, Lassiter **RIDDICK** Elijah **HARRELL** bound unto John **OWEN** Esquire, Governor in and over the State of North-Carolina, in the sum of One thousand dollars this 18th day of February Anno Domini one thousand eight hundred and twenty Thirty. Eli **WORRELL** appointed Guardian to Wm James

Gates County, North Carolina Guardian Bonds 1829-1835

HUDGINS Orphan of Josiah J [?] HUDGINS deceased. Eli WORRELL (LS) Elijah HARRELL (LS) Lassiter RIDDICK (LS) [Wit:] Thos GARY
[Back of bond:] I certify that Henry GILLIAM John C. GORDON [Remainder of certificate is illegible.]

[848] 29 William HOFFLER, Hance HOFFLER and James T. FREEMAN bound unto John OWEN Esquire, Governor in and over the State of North-Carolina, in the sum of Three Hundred Dollars this 17th day of May Anno Domini one thousand eight hundred and twenty thirty. William HOFFLER appointed Guardian to Thomas DAVIS Orphan of John DAVIS deceased. William HOFLER (LS) Ja^s T. FREEMAN (LS) Hance HOFLER (LS) [Wit:] J. SUMNER
[Back of bond:] I certify that Henry PUGH, William W COWPER and Riddick GATLING Esquires Justices were present in Court when the Guardian within named was appointed and approved of the securities to the within Bond and concurred in the appointment. Teste J. SUMNER Clk.

[849] 30 Henry GILLIAM, John BEEMAN and John WILLEY bound unto John OWEN Esquire, Governor in and over the State of North-Carolina, in the sum of One thousand dollars this 18th day of May Anno Domini one thousand eight hundred and twenty thirty. Henry GILLIAM appointed Guardian to Elizabeth LANDING & William LANDING Orphan of William LANDING deceased. H. GILLIAM (LS) Jn°. BEEMAN (LS) John WILLEY (LS) [Wit:] J. SUMNER
[Back of bond:] [Illegible.] J. SUMNER Clk.

[850] 31 John MATTHEWS, James BROWN [?] and Lassiter RIDDICK bound unto John OWEN Esquire, Governor in and over the State of North-Carolina, in the sum of three Hundred dollars this 19th day of May Anno Domini one thousand eight hundred and twenty thirty. John MATTHEWS appointed Guardian to Lemuel BENTON Orphan of Jethro BENTON deceased. John MATTHEWS (LS) James ____ (LS) Lassiter RIDDICK (LS) [Wit:] J. SUMNER
[Back of bond:] I certify that Henry PUGH John WILLEY and John C. GORDON Esquires Justices were present in Court when the guardian within named was appointed and approved of the securities to the within Bond and concured in the appointment Teste J. SUMNER Clk.

[851] 32 John MATTHEWS, James BROWN and Lassiter RIDDICK bound unto John OWEN Esquire, Governor in and over the State of North-Carolina, in the sum of three hundred Dollars this 19th day of May Anno Domini one thousand eight hundred and twenty thirty. John MATTHEWS appointed Guardian to John BENTON Orphan of Jethro BENTON deceased. John MATTHEWS (LS) James BROWN (LS) Lassiter RIDDICK (LS) [Wit:] J. SUMNER
[Back of bond:] I Certify that Henry GILLIAM John WILLEY and John C. GORDON [Remainder of certificate is illegible.] Teste J. SUMNER Clk.

[852] 33 John MATTHEWS, James BROWN and Lassiter RIDDICK bound unto John OWEN Esquire, Governor in and over the State of North-Carolina, in the sum of three Hundred Dollars this 19th day of May Anno Domini one thousand eight hundred and twenty thirty. John MATTHEWS appointed Guardian to Jesse BENTON Orphan of Jethro BENTON deceased. John MATTHEWS (LS) James BROWN (LS) Lassiter RIDDICK (LS) [Wit:] J. SUMNER
[Back of bond:] I Certify that Henry GILLIAM John WILLEY [Remainder of certificate illegible.] Teste J SUMNER Clk.

[853] 34 John MATTHEWS, James BROWN and Lassiter RIDDICK bound unto John OWEN Esquire, Governor in and over the State of North-Carolina, in the sum of three hundred Dollars this 19th day of May Anno Domini one thousand eight hundred and twenty thirty. John MATTHEWS appointed Guardian to Margaret BENTON Orphan of Jethro BENTON deceased. John MATTHEWS (LS) James BROWN (LS) Lassiter RIDDICK (LS) [Wit:] J. SUMNER
[Back of bond:] I Certify that Henry GILLIAM [Remainder of certificate illegible.] Teste J. SUMNER Clk.

[854] 35 John MATTHEWS, James BROWN and Lassiter RIDDICK bound unto John OWEN Esquire, Governor in and over the State of North-Carolina, in the sum of three hundred dollars this 19th day of May

Gates County, North Carolina Guardian Bonds 1829-1835

Anno Domini one thousand eight hundred and ~~twenty~~ thirty. John **MATTHEWS** appointed Guardian to Elizabeth **BENTON** Orphan of Jethro **BENTON** deceased. John **MATTHEWS** (LS) James **BROWN** (LS) Lassiter **RIDDICK** (LS) [Wit:] J. **SUMNER**
[Back of bond:] I Certify that Henry **GILLIAM** [Remainder of certificate illegible.] J. **SUMNER** Clk.

[855] 36 [Paper overlaid on top of this bond:] "Elizabeth N. **EASON** Joseph **GORDON** & Kinchen **NORFLEET** Securities to Charles **EASON**. the Guardian—Edmond [or Edward] B. **WHITE** the husband." [Back of paper:] E. B. **WHITE** Memorandum

[856] 36 Charles **EASON** Joseph **GORDON** & Kinchen **NORFLEET** bound unto John **OWEN** Esquire, Governor in and over the State of North-Carolina, in the sum of five hundred dollars this 16 day of August Anno Domini one thousand eight hundred and ~~twenty~~ thirty. Charles **EASON** appointed Guardian to Elizabeth **EASON** Orphan of Frederick **EASON** deceased. Charles **EASON** (LS) Jos **GORDON** (LS) Kinchen **NORFLEET** (LS) [Wit:] J. **SUMNER**
[Back of bond:] I Certify that Abraham **BEEMAN** John **WALTON** and Demsey **KNIGHT** Esquires Justices were present in Court when the Guardian within named was appointed and approved of the securities to the within Bond and concurred in the appointment Teste J. **SUMNER** Clk.

[857] 37 Charles **EASON** Joseph **GORDON** & Kinchen **NORFLEET** bound unto John **OWEN** Esquire, Governor in and over the State of North-Carolina, in the sum of five hundred dollars this 16th day of August Anno Domini one thousand eight hundred and ~~twenty~~ thirty. Charles **EASON** appointed Guardian to Senah **EASON** Orphan of Frederick **EASON** deceased. Charles **EASON** (LS) Jos **GORDON** (LS) Kinchen **NORFLEET** (LS) [Wit:] J. **SUMNER**
[Back of bond:] I Certify that Abraham **BEEMAN** John **WALTON** and Demsey **KNIGHT** Esquires Justices were present in Court when the Guardian within named was appointed and approved of the securities to the within Bond and concurred in the appointment Teste J. **SUMNER** Clk.

[858] 38 Jesse **BROWN** Abraham **BEEMAN** & John **BEEMAN** bound unto John **OWEN** Esquire, Governor in and over the State of North-Carolina, in the sum of five thousand dollars this 17th day of August Anno Domini one thousand eight hundred and ~~twenty~~ thirty. Jesse **BROWN** appointed Guardian to Eliza **CROSS** Orphan of Abraham **CROSS** deceased. Jesse **BROWN** (LS) A^m. **BEEMAN** (LS) Jn°. **BEEMAN** (LS) [Wit:] J. **SUMNER** [?]
[Back of bond:] I Certify that Henry **PUGH**, George **KITTRELL** and William **LEE** [?] Esquires Justices were present in Court when the Guardian within named was appointed and approved of the securities to the within Bond and concurred in the appointment Teste J. **SUMNER** Clk.

[859] 39 Lemuel G **DARDEN** W^m. **LEE**, W^m G **DAUGHTIE** Jn° R **NORFLEET** bound unto John **OWEN** Esquire, Governor in and over the State of North-Carolina, in the sum of five thousand dollars this 16th day of November Anno Domini one thousand eight hundred and ~~twenty~~ thirty. Lemuel G. **DARDEN** appointed Guardian to Mary G. **CROSS** Orphan of Abraham **CROSS** deceased. Lem^l. G **DARDEN** (LS) WILLIAM **LEE** (LS) W G **DAUGHTY** (LS) Jn° R **NORFLEET** {Seal} [Wit:] T. **GARY**
[Back of bond:] I Certify that Henry **GILLIAM**, Isaac R. **HUNTER**, Henry **PUGH**, Kedar **BALLARD** William W **RIDDICK** John D. **PIPKIN**, Riddick **GATLING**, William L **BOOTH** Esquires Justices where present in Court when the Guardian within named was appointed and approved of the securities to the within Bond and concured in the appointment Teste J. **SUMNER** Clk.

[860] 40 $1000 Jesse **PILAND** John **BEEMAN** and Abraham W **PARKER** bound unto his Excellency John **OWEN** Esquire, Governor, Captain General and Commander in Chief of the State aforesaid in the full and just sum of one [?] thousand dollars Dollars, 17th day of November 1830. Jesse **PILAND** appointed guardian to James **PILAND** orphan of James **PILAND** deceased. Jesse **PILAND** {Seal} Jn°.. **BEEMAN** {Seal} Ab. W **PARKER** {Seal} [Wit:] S [?] T **GARY**
[Back of bond:] I Certify that Henry **GILLIAM**, Riddick **GATLING** and William L **BOOTH** Esquires Justices were present in Court when the Guardian within named was appointed and approved of the securities to the within Bond and Concurred in the appointment. Teste J. **SUMNER** Clk. [Right margin:] Jesse **PILAND**

Gates County, North Carolina Guardian Bonds 1829-1835

Guardian to James **PILAND** orphan November Term 1830

[861] <u>41</u> Jesse **PILAND** John **BEEMAN** and Abraham W **PARKER** bound unto John **OWEN** Esquire, Governor in and over the State in the sum of one thousand dollars 17th day of November Anno Domini one thousand eight hundred and ~~twenty~~ thirty. Jesse **PILAND** appointed Guardian to James **PILAND** orphan of James **PILAND** deceased. [Duplicate of p. 40; no signatures, no witness.] (LS) (LS) (LS)
[Back of bond:] I Certify that [Remainder of certificate is blank.]

[862] <u>42</u> Whitmell **STALLINGS** Nathan **CULLENS** & Jethro H **RIDDICK** bound unto Montford **STOKES** Esquire, Governor in and over the State in the sum of one thousand dollars 21st day of February Anno Domini one thousand eight hundred and ~~twenty~~ thirty one. Whitmell **STALLINGS** appointed Guardian to Willis **WALTON** Orphan of Henry **WALTON** deceased. Whit^l **STALLINGS** (LS) Nathan **CULLENS** (LS) Jet H **RIDDICK** (LS) [Wit:] Th^o **GARY**
[Back of bond:] I Certify that Joseph **RIDDICK** William W **COWPER** and Peter B **MINTON** Esquires Justices were present in Court when the Guardian within named was appointed and approved of the securities to the within Bond and concurred in the appointment &c. Teste J. **SUMNER** Clk.

[863] <u>43</u> Whitmell **STALLINGS** Nathan **CULLENS** & Jethro H **RIDDICK** bound unto Montford **STOKES** Esquire, Governor in and over the State in the sum of One thousand dollars 21st. day of February Anno Domini one thousand eight hundred and ~~twenty~~ thirty one. Whitmell **STALLINGS** appointed Guardian to Asa **WALTON** Orphan of Henry **WALTON** deceased. Whit^l **STALLINGS** (LS) Nathan **CULLENS** (LS) Jet H **RIDDICK** (LS) [Wit:] Th^o. **GARY**
[Back of bond:] I certify that Joseph **RIDDICK**, William W **COWPER** and Peter B **MINTON** Esquires Justices were present in Court when the Guardian within named was appointed, and approved of the securities to the within Bond and Concurred in the appointment &c. Teste J. **SUMNER** Clk.

[864] <u>44</u> Whitmell **STALLINGS** Nathan **CULLENS** & Jethro H **RIDDICK** bound unto Montford **STOKES** Esquire, Governor in and over the State in the sum of One thousand dollars 21st day of February Anno Domini one thousand eight hundred and ~~twenty~~ thirty one. Whitmell **STALLINGS** appointed Guardian to Daniel **WALTON** Orphan of Henry **WALTON** deceased. Whit^l **STALLINGS** (LS) Nathan **CULLENS** (LS) Jet H **RIDDICK** (LS) [Wit:] Th^o **GARY**
[Back of bond:] I certify that Joseph **RIDDICK** William W **COWPER** & Peter B **MINTON** Esquires Justices were present in Court when the Guardian within named was appointed, and approved of the securities to the within Bond & concured in the appointment &c. Teste J. **SUMNER** Clk.

[865] <u>45</u> Joseph **FREEMAN**, John **FREEMAN** & Nathl **EURE** bound unto Montford **STOKES** Esquire, Governor in and over the State in the sum of two thousand dollars 21st day of February Anno Domini one thousand eight hundred and ~~twenty~~ thirty one. Joseph **FREEMAN** appointed Guardian to David **FREEMAN** Orphan of [blank] deceased. Jo^s **FREEMAN** (LS) Jo^n [?] **FREEMAN** (LS) Nathl.. **EURE** (LS) [Wit:] Th^o **GARY**
[Back of bond:] I certify that Abraham **BEEMAN**, William W **COWPER** & Riddick **GATLING** Esquires Justices were present in Court when the Guardian within named was appointed, and approved of the securities to the within Bond and Concurred in the appointment &c. Teste J. **SUMNER** Clk.

[866] <u>46</u> Josiah **BRIGGS** Joseph **GORDON** & Charles **BRIGGS** bound unto Montford **STOKES** Esquire, Governor in and over the State in the sum of five hundred dollars 21st day of February Anno Domini one thousand eight hundred and ~~twenty~~ thirty one. Josiah **BRIGGS** appointed Guardian to Daniel **HURDLE** Orphan of Daniel **PEARCE** deceased. "deliver up to the said Daniel **PEARCE**..." Josiah **BRIGGS** (LS) Jos **GORDON** (LS) Charles **BRIGGS** (LS) [Wit:] [blank]
[Back of bond:] [Illegible.] Teste J **SUMNER** Clk

[867] <u>47</u> James **BOOTHE** William L **BOOTHE** & John **ODOM** bound unto Montford **STOKES** Esquire, Governor in and over the State in the sum of two hundred dollars 21st day of February Anno Domini one thousand eight hundred and ~~twenty~~ thirty one. James **BOOTHE** appointed Guardian to [Remainder of bond is

Gates County, North Carolina Guardian Bonds 1829-1835

blank.] (LS) (LS) (LS)
[Back of bond:] I Certify that Isaac R HUNTER, W^m LEE & John WALTON Esquires Justices were present in Court when the Guardian within named was appointed, and approved of the securities to the within Bond and Concurred in the appointment. Teste J. SUMNER Clk.

[868] 48 Martha SUMNER John GATLING & Riddick GATLING bound unto Montford STOKES Esquire, Governor in and over the State in the sum of three thousand dollars 22nd day of February Anno Domini one thousand eight hundred and ~~twenty~~ thirty one. Martha SUMNER appointed Guardian to Elizabeth SUMNER & Mary SUMNER Orphan of Charles E SUMNER deceased. Martha R. SUMNER (LS) John GATLING (LS) R GATLING (LS) [Wit:] Th^o GARY
[Back of bond:] I Certify That Henry GILLIAM Dempsey KNIGHT & W^m L BOOTHE Esquires Justices were present in Court when the Guardian within named was appointed, and approved of the securities to the within Bond and Concurred in the appointment &c. Teste J. SUMNER Clk.

[869] 49 [Entire bond is blank.]

[870] 50 William CLEAVES Henry GILLIAM and George KITTRELL bound unto his Excellency Montford STOKES Esquire, Governor, Captain General and Commander in Chief of the State aforesaid in the full and just sum of three thousand dollars Dollars, [sic] 21st day of February 1831. William CLEAVES appointed guardian to William D. PRUDEN orphan of Nathaniel PRUDEN deceased. W^m. CLEAVES {Seal} H.. GILLIAM {Seal} George KITTRELL {Seal} [Wit:] Th^o GARY
[Back of bond:] I Certify that Isaac R HUNTER, W^m LEE & John WALTON Esquires Justices were present in Court when the Guardian within named was appointed, and approved of the securities to the within Bond and Concurred in the appointment. Teste J. SUMNER Clk.

[871] 51 William CLEAVES Henry GILLIAM and George KITTRELL bound unto his Excellency Montford STOKES Esquire, Governor, Captain General and Commander in Chief of the State aforesaid in the full and just sum of five thousand dollars Dollars, 21st day of February 1831. William CLEAVES appointed guardian to Lewis W. PRUDEN ~~& William D. PRUDEN~~ orphan of Nathaniel PRUDEN deceased. W^m. CLEAVES {Seal} H.. GILLIAM {Seal} George KITTRELL {Seal} [Wit:] Th^o. GARY
[Back of bond:] I Certify that Isaac R HUNTER, W^m LEE & John WALTON Esquires Justices were present in Court when the Guardian within named was appointed, and approved of the securities to the within Bond and Concurred in the appointment &c. Teste J. SUMNER Clk.

[872] 52 William HINTON Henry BOND & John HINTON Senr. bound unto his Excellency Montford STOKES Esquire, Governor, Captain General and Commander in Chief of the State aforesaid in the full and just sum of Two thousand dollars Dollars, 22nd day of February 1831. William HINTON appointed guardian to Margaret BOND orphan of Richard BOND deceased. Wm HINTON {Seal} Henry BOND {Seal} John HINTON {Seal} [Wit:] Thomas [?] GARY
[Back of bond:] I Certify that William W. COWPER, Peter B. MINTON & W^m LEE Esquires Justices were present in Court when the Guardian within named was appointed and approved of the securities to the within Bond and Concurred in the appointment &c. Teste J. SUMNER Clk.

[873] 53 Abraham W PARKER Jno. BEEMAN and Jno. RIDDICK bound unto his Excellency Montford STOKES Esquire, Governor, Captain General and Commander in Chief of the State aforesaid in the full and just sum of four hundred Dollars, 22^d day of February 1831. Abraham W. PARKER appointed guardian to William JOHNSON orphan of Abraham BLADE deceased. Ab^r.. W. PARKER {Seal} Jno.. BEEMAN {Seal} John RIDDICK {Seal} [Wit:] Thomas [?] GARY
[Back of bond:] I certify that William W. COWPER, John WALTON & Abraham BEEMAN Esquires Justices were present in Court when the Guardian within named was appointed, and approved of the securities to the within Bond & Concurred in the appointment &c. Teste J. SUMNER Clk.

[874] 54 Henry BOND William HINTON & John HINTON bound unto his Excellency Montford STOKES Esquire, Governor, Captain General and Commander in Chief of the State aforesaid in the full and just sum of

Gates County, North Carolina Guardian Bonds 1829-1835

four thousand Dollars, 22nd day of February 1831. Henry **BOND** appointed guardian to James **BOND** orphan of Richard **BOND** deceased. Henry **BOND** {Seal} W **HINTON** {Seal} John **HINTON** {Seal} [Wit:] Th°. **GARY**
[Back of bond:] I Certify that William W. **COWPER**, Peter B **MINTON** & Abram **BEEMAN** Esquires Justices were present in Court when the Guardian within named was appointed and approved of the securities to the within Bond and Concurred in the appointment &c. Teste J. **SUMNER** Clk.

[875] 55 John **WALTON** Timothy **WALTON** senr & Benbury **WALTON** bound unto his Excellency Montford **STOKES** Esquire, Governor, Captain General and Commander in Chief of the State aforesaid in the full and just sum of one thousand dollars Dollars, 22^d day of February 1831. John **WALTON** appointed guardian to Ezekiel **TROTMAN** orphan of Riddick **TROTMAN** deceased. J°.. **WALTON** {Seal} Tim **WALTON** {Seal} B **WALTON** {Seal} [Wit:] Th°. **GARY**
[Back of bond:] I Certify that Peter B **MINTON** Abram **BEEMAN** & Mills **RIDDICK** Esquires Justices were present in Court when the Guardian within named was appointed, and approved of the securities to the within Bond & Concurred in the appointment &c. Teste J.. **SUMNER** Clk.

[876] 56 John **WALTON** Timothy **WALTON** & Benbury **WALTON** bound unto his Excellency Montford **STOKES** Esquire, Governor, Captain General and Commander in Chief of the State aforesaid in the full and just sum of one thousand Dollars, 22^d day of February 1831. John **WALTON** appointed guardian to Moses **TROTMAN** orphan of Riddick **TROTMAN** deceased. J°.. **WALTON** {Seal} Tim **WALTON** {Seal} B. **WALTON** {Seal} [Wit:] Th°. **GARY**
[Back of bond:] I Certify that Peter B **MINTON** Abram **BEEMAN** & Mills **RIDDICK** Esquires Justices were present in Court when the Guardian within named was appointed, and approved of the securities to the within Bond & Concurred in the appointment &c. Teste J. **SUMNER** Clk.

[877] 57 John **WALTON** Timothy **WALTON** & Benbury **WALTON** bound unto his Excellency Montford **STOKES** Esquire, Governor, Captain General and Commander in Chief of the State aforesaid in the full and just sum of one thousand Dollars, 22^d day of February 1831. John **WALTON** appointed guardian to Elisha ~~WALTON~~ **TROTMAN** orphan of Riddick **TROTMAN** deceased. J°.. **WALTON** {Seal} Tim **WALTON** {Seal} B. **WALTON** {Seal} [Wit:] Th°. **GARY**
[Back of bond:] I Certify that Peter B **MINTON** Abram **BEEMAN** & Mills **RIDDICK** Esquires Justices were present in Court when the Guardian within named was appointment [sic] and approved of the securities to the within Bond & Concurred in the appointment &c. Teste J. **SUMNER** Clk.

[878] 58 John **WALTON** Timothy **WALTON** & Benbury **WALTON** bound unto his Excellency Montford **STOKES** Esquire, Governor, Captain General and Commander in Chief of the State aforesaid in the full and just sum of one thousand Dollars, 22^d day of February 1831. John **WALTON** appointed guardian to Leah **HINTON** orphan of Robert **HINTON** deceased. J. **WALTON** {Seal} Tim **WALTON** {Seal} B. **WALTON** {Seal} [Wit:] Th°. **GARY**
[Back of bond:] I Certify that Peter B **MINTON** Abraham **BEEMAN** & Mills **RIDDICK** Esquires Justices were present in Court when the within Guardian was appointed and approved of the securities to the within Bond & Concurred in the appointment. Teste J. **SUMNER** Clk.

[879] 59 Willis **CROSS** Nathan **EURE** & Jacob **ODOM** bound unto his Excellency Montford **STOKES** Esquire, Governor, Captain General and Commander in Chief of the State aforesaid in the full and just sum of [blank] Dollars, 23rd day of February 1831. Willis **CROSS** appointed guardian to Jane **CROSS** orphan of [blank] deceased. Willis **CROSS** {Seal} Jacob **ODOM** {Seal} Nathl.. **EURE** {Seal} [Wit:] Th°. **GARY**
[Back of bond:] I Certify that Riddick **GATLING** John **WALTON** & Joseph **RIDDICK** Esquires Justices were present in Court when the within Guardian was appointed and approved of the securities to the within Bond & Concurred in the appointment &c. Teste J.. **SUMNER** Clk.

[880] 60 Nathl. **EURE**, John **BEEMAN** & Willis **CROSS** bound unto his Excellency Montford **STOKES** Esquire, Governor, Captain General and Commander in Chief of the State aforesaid in the full and just sum of two hundred Dollars, 23rd day of February 1831. Nathl. **EURE** appointed guardian to Cordey **WILLIAMS**

Gates County, North Carolina Guardian Bonds 1829-1835

orphan of William **WILLIAMS** deceased. Nathl.. **EURE** {Seal} Jn°.. **BEEMAN** {Seal} Willis **CROSS** {Seal} [Wit:] Th°. **GARY**
[Back of bond:] I Certify that William L **BOOTHE**, Wm W. **COWPER** & Henrey **GILLIAM** Esquires Justices were present in Court when the within Guardian was appointed and approved of the securities to the within Bond & Concurred in the appointment &c. Teste J. **SUMNER** Clk.

[881] 61 Nathl. **EURE**, John **BEEMAN** & Willis **CROSS** bound unto his Excellency Montford **STOKES** Esquire, Governor, Captain General and Commander in Chief of the State aforesaid in the full and just sum of two hundred Dollars, 23rd day of February 1831. Nathl. **EURE** appointed guardian to Mary **WILLIAMS** orphan of William **WILLIAMS** deceased. Nathl.. **EURE** {Seal} Jn°.. **BEEMAN** {Seal} Willis **CROSS** {Seal} [Wit:] Th°. **GARY**
[Back of bond:] I Certify that William L **BOOTHE**, W^m. W. **COWPER** & Henry **GILLIAM** Esquires Justices were present in Court when the within Guardian was appointed, and approved of the securities to the within Bond & Concurred in the appointment &c. Teste J. **SUMNER** Clk.

[882] 62 Willis J. **RIDDICK** Henry **BOND** & James T. **FREEMAN** bound unto his Excellency Montford **STOKES** Esquire, Governor, Captain General and Commander in Chief of the State aforesaid in the full and just sum of one thousand Dollars, 23rd day of February 1831. Willis J. **RIDDICK** appointed guardian to Mary **HINTON** orphan of James **HINTON** deceased. Willis J **RIDDICK** {Seal} Henry **BOND** {Seal} Ja^s T **FREEMAN** {Seal} [Wit:] Th°. **GARY**
[Back of bond:] I Certify that John **WALTON** Riddick **GATLING** & Joseph **RIDDICK** Esquires Justices were present in Court in Court [sic] when the within Guardian was appointed, and approved of the securities to the within Bond & Concurred in the appointment &c. Teste J. **SUMNER** Clk.

[883] 63 Willis J. **RIDDICK** Henry **BOND** & James T. **FREEMAN** bound unto his Excellency Montford **STOKES** Esquire, Governor, Captain General and Commander in Chief of the State aforesaid in the full and just sum of one thousand Dollars, 23rd day of February 1831. Willis J. **RIDDICK** appointed guardian to Nancy **HINTON** orphan of James **HINTON** deceased. Willis J **RIDDICK** {Seal} Henry **BOND** {Seal} Ja^s T **FREEMAN** {Seal} [Wit:] Th°. **GARY**
[Back of bond:] I Certify that John **WALTON** Riddick **GATLING** & Joseph **RIDDICK** Esquires Justices were present in Court when the Guardian within named was appointed and approved of the securities to the within Bond & Concurred in the appointment &c. Teste J. **SUMNER** Clk.

[884] 64 Willis J. **RIDDICK** Henry **BOND** & James T. **FREEMAN** bound unto his Excellency Montford **STOKES** Esquire, Governor, Captain General and Commander in Chief of the State aforesaid in the full and just sum of one thousand Dollars, 23rd day of February 1831. Willis J. **RIDDICK** appointed guardian to Sarah **HINTON** orphan of James **HINTON** deceased. Willis J. **RIDDICK** {Seal} Henry **BOND** {Seal} Ja^s T **FREEMAN** {Seal} [Wit:] Th°. **GARY**
[Back of bond:] I Certify that John **WALTON** Riddick **GATLING** & Joseph **RIDDICK** Esquires Justices were present in Court when the within Guardian was appointed and approved of the securities and Concurred in the appointment &c. Teste J. **SUMNER** Clk.

[885] 65 Willis J. **RIDDICK** Henry **BOND** & James T. **FREEMAN** bound unto his Excellency Montford **STOKES** Esquire, Governor, Captain General and Commander in Chief of the State aforesaid in the full and just sum of one thousand Dollars, 23rd day of February 1831. Willis J. **RIDDICK** appointed guardian to James **HINTON** Jr orphan of James **HINTON** sen^r. deceased. Willis J **RIDDICK** {Seal} Henry **BOND** {Seal} Ja^s T **FREEMAN** {Seal} [Wit:] Th°. **GARY**
[Back of bond:] I Certify that John **WALTON** Riddick **GATLING** & Joseph **RIDDICK** Esquires Justices were present in Court when the Guardian within named was appointed and approved of the securities to the within Bond and Concurred in the appointment &c. Teste J. **SUMNER** Clk.

[886] 66 Willis J. **RIDDICK** Henry **BOND** & James T. **FREEMAN** bound unto his Excellency Montford **STOKES** Esquire, Governor, Captain General and Commander in Chief of the State aforesaid in the full and just sum of one thousand Dollars, 23rd day of February 1831. Willis J. **RIDDICK** appointed guardian to Noah

Gates County, North Carolina Guardian Bonds 1829-1835

HINTON orphan of James HINTON deceased. Willis J RIDDICK {Seal} Henry BOND {Seal} Ja^s T FREEMAN {Seal} [Wit:] Th^o. GARY
[Back of bond:] I Certify that John WALTON Riddick GATLING & Joseph RIDDICK Esquires Justices were present in Court when [sic] within Guardian was appointed and approved of the securities & Concurred in the appointment &c. Teste J. SUMNER Clk.

[887] 67 Abraham W. PARKER John BEEMAN & Mills EURE bound unto his Excellency Montford STOKES Esquire, Governor, Captain General and Commander in Chief of the State aforesaid in the full and just sum of three thousand Dollars, 23rd day of February 1831. Abraham W PARKER appointed guardian to Emmey Armesia, Henry Mary & Mills EURE orphans of Lewis EURE deceased. Ab^r.. W PARKER {Seal} Jno. BEEMAN {Seal} Mills EURE {Seal} [Wit:] Thomas GARY
[Back of bond:] I Certify that W^m L BOOTHE, W^m. W COWPER & Henry GILLIAM Esquires Justices were present in Court when within Guardian was appointed and approved of the securities to the within Bond and Concurred in the appointment &c. Teste J. SUMNER Clk.

[888] 68 Abraham BEEMAN John BEEMAN & Mills EURE bound unto his Excellency Montford STOKES Esquire, Governor, Captain General and Commander in Chief of the State aforesaid in the full and just sum of two thousand Dollars, 23rd day of February 1831. Abraham BEEMAN appointed guardian to Susan Jane BEEMAN orphan of Israel BEEMAN deceased. A^m.. BEEMAN {Seal} Jno. BEEMAN {Seal} Mills EURE {Seal} [Wit:] Th^o. GARY
[Back of bond:] I Certify that Riddick GATLING John WALTON & Joseph RIDDICK Esquires Justices were present in Court when the within Guardian was appointed and approved of the securities and Concurred in the appointment &c. Teste J. SUMNER Clk.

[889] 69 Abraham BEEMAN John BEEMAN & Mills EURE bound unto his Excellency Montford STOKES Esquire, Governor, Captain General and Commander in Chief of the State aforesaid in the full and just sum of two thousand Dollars, 23rd day of February 1831. Abraham BEEMAN appointed guardian to Elisha HARRELL orphan of Elisha HARRELL deceased. A^m.. BEEMAN {Seal} Jno. BEEMAN {Seal} Mills EURE {Seal} [Wit:] Th^o. GARY
[Back of bond:] [Illegible.] J. SUMNER Clk.

[890] 70 Thomas SOUTHALL, John C. GORDON & ~~Tilley W CARR~~ Henry GILLIAM bound unto his Excellency Montford STOKES Esquire, Governor, Captain General and Commander in Chief of the State aforesaid in the full and just sum of Five hundred dollars Dollars, 16th day of May 1831. Thomas SOUTHALL appointed guardian to Mary SOUTHALL orphan of James SOUTHALL deceased. T. __ SOUTHALL {Seal} H. GILLIAM {Seal} Jno C GORDON {Seal} [Wit:] Th^o. GARY
[Back of bond:] I Certify that Henry GILLIAM Joseph RIDDICK W^m W COWPER & Whitmell STALLINGS Esquires Justices were present in Court when the Guardian within named was appointed and approved of the securities and Concurred in the appointment &c. Teste J. SUMNER Clk.

[891] 71 James M. RIDDICK Isaac R HUNTER, & Willis F RIDDICK bound unto his Excellency Montford STOKES Esquire, Governor, Captain General and Commander in Chief of the State aforesaid in the full and just sum of Five Hundred pounds [sic] Dollars, 16th day of May 1831. James M RIDDICK appointed guardian to Martha E BARNES & Mary A. BARNES orphans of William S. BARNES deceased. Ja^s. M. RIDDICK {Seal} W. F. RIDDICK {Seal} I R HUNTER {Seal} [Wit:] Th^o. GARY
[Back of bond:] I Certify that Mills RIDDICK, Isaac R HUNTER William LEE and William WALTON Esquires Justices were present in Court when the Guardian within named was appointed and approved of the securities and Concurred in the appointment &c. Teste J. SUMNER Clk.

[892] 72 Arthur WILLIAMS John WILLEY & Jonathan WILLIAMS bound unto his Excellency Montford STOKES Esquire, Governor, Captain General and Commander in Chief of the State aforesaid in the full and just sum of one thousand dollars Dollars, 16th day of May 1831. Arthur WILLIAMS appointed guardian to Mary WILLIAMS orphan of Jonathan WILLIAMS deceased. Arthur WILLIAMS {Seal} John WILLEY {Seal} Jonathan his X mark WILLIAMS {Seal} [Wit:] Th^o. GARY

Gates County, North Carolina Guardian Bonds 1829-1835

[Back of bond:] I certify that William W. COWPER, Riddick GATLING & William L BOOTHE Esquires Justices were present in Court when the Guardian within named was appointed and approved of the securities and Concurred in the appointment &c. Teste J. SUMNER Clk.

[893] 73 Sidney HURDLE Riddick GATLING & John GATLING bound unto his Excellency Montford STOKES Esquire, Governor, Captain General and Commander in Chief of the State aforesaid in the full and just sum of One thousand dollars Dollars, 17th day of May 1831. Sidney HURDLE appointed guardian to Sophia HURDLE & Lewis HURDLE orphan of Henry HURDLE deceased. Sidney HURDLE {Seal} R GATLING {Seal} Jno GATLING {Seal} [Wit:] Th°. GARY
[Back of bond:] I certify that Whitmell STALLINGS Joseph RIDDICK Isaac R HUNTER, George KITTRELL Henry GILLIAM John C. GORDON & W. L. BOOTHE Esquires Justices were present in Court when the Guardian within named was appointed and approved of the Securities and concurred in the appointment &c. Teste J. SUMNER Clk.

[894] 74 Henry G. WILLIAMS Levi ROGERS & Daniel WILLIAMS bound unto his Excellency Montford STOKES Esquire, Governor, Captain General and Commander in Chief of the State aforesaid in the full and just sum of Six hundred dollars Dollars, 21st day of November 1831. Henry G. WILLIAMS appointed guardian to Joseph SPEIGHT orphan of William SPEIGHT deceased. Hy. WILLIAMS {Seal} Levi ROGERS {Seal} Daniel WILLIAMS {Seal} [Wit:] Thomas _____
[Back of bond:] [Illegible.]

[895] 75 Nathaniel EURE Abraham W. PARKER and Willis CROSS bound unto his Excellency Montford STOKES Esquire, Governor, Captain General and Commander in Chief of the State aforesaid in the full and just sum of two thousand Dollars, 22d day of November 1831. Nathaniel EURE appointed guardian to Henry EURE, Armesia [?] EURE, Mary EURE & Mills EURE orphans of Lewis EURE deceased. Nathl.. EURE {Seal} Abr. W. PARKER {Seal} Willis CROSS {Seal} [Wit:] Tho. S [?] GARY
[Back of bond:] [Illegible.]

[896] 76 Edwin SMITH Hardy D [?] PARKER & George KITTRELL bound unto his Excellency Montford STOKES Esquire, Governor, Captain General and Commander in Chief of the State aforesaid in the full and just sum of Three thousand Dollars, 20th day of February 1832. Edwin SMITH appointed guardian to Henrietta COPELAND orphan of Henry COPELAND deceased. Edwin SMITH {Seal} Hardy D. PARKER {Seal} George KITTRELL {Seal} [Wit:] [Illegible.]
[Back of bond:] [Illegible.]

[897] 77 [Entire bond and certificate illegible.]

[898] 78 [Entire bond and certificate illegible.]

[899] 79 John ODOM [Illegible.] bound unto his Excellency Montford STOKES Esquire, Governor, Captain General and Commander in Chief of the State aforesaid in the full and just sum of One thousand dollars Dollars 20th day of February 1832. John ODOM appointed guardian to Priscillia [?] ODOM orphan of Benjamin ODOM deceased. John W. ODOM {Seal} [Illegible.] {Seal} Robert ROGERS [?] {Seal} [Wit:] [Illegible.]
[Back of bond:] [Illegible.]

[900] 80 [Entire bond and certificate illegible.]

[901] 81 [Entire bond and certificate illegible.]

[902] 82 [Entire bond and certificate illegible.]

[903] 83 [Entire bond and certificate illegible.]

Gates County, North Carolina Guardian Bonds 1829-1835

[904] 84 [Entire bond and certificate illegible.]

[905] 85 [Entire bond and certificate illegible.]

[906] 86 [Entire bond and certificate illegible.]

[907] 87 [Entire bond and certificate illegible.]

[908] 88 [Entire bond and certificate illegible.]

[909] 89 [Entire bond and certificate illegible.]

[910] 90 [Entire bond and certificate illegible.]

[911] 91 [Entire bond and certificate illegible.]

[912] 92 [Entire bond and certificate illegible.]

[913] 93 William **BOND** [Illegible] 21 [?] day of May 1832 [?]. William **BOND** appointed guardian to Elizabeth **BOND** orphan of Richard **BOND** deceased. William his + mark **BOND** {Seal} [Illegible.] {Seal} Henry **COSTEN** {Seal} [Remainder of bond and certificate illegible.]

[914] 94 [Illegible.] 21st day of May 1832. Thomas **HOGGARD** appointed guardian to Lavina **SMALL** orphan of Joseph **SMALL** deceased. Thos.. **HOGGARD** {Seal} Willis **CROSS** {Seal} [Illegible.] {Seal} [Remainder of bond and certificate illegible.]

[915] 95 Dempsey **GOODMAN** Willis **CROSS** & William **LEE** bound unto his Excellency Montford **STOKES** Esquire, Governor &c of the State aforesaid in the full and just sum of ___ Dollars this ___ day of May 1832. Dempsey S. **GOODMAN** appointed guardian to Louisa **JONES** orphan of Henry **JONES** dec^d. Dempsey S. **GOODMAN** {Seal} Willis **CROSS** {Seal} **WILLIAM LEE** {Seal} [Wit:] Tho.. S. **GARY**
[Back of bond:] I certify that Henry **GILLIAM** John C. **GORDON** Joseph **RIDDICK** & George **KITTRELL** Esquires Justices were present in Court when the Guardian within named was appointed and approved of the securities and Concurred in the appointment &c [?] Teste J. **SUM**___ ___

[916] 96 Dempsey **GOODMAN** Willis **CROSS** & William **LEE** bound unto his Excellency Montfort **STOKES** Esquire, Governor &c of the State aforesaid in the full and just sum of five [?] hundred dollars this 21st day of May Anno Dom 1832. Dempsey S **GOODMAN** appointed Guardian to Henry **JONES** orphan of Henry **JONES** dec^d. Dempsey S. **GOODMAN** {Seal} Willis **CROSS** {Seal} **WILLIAM LEE** {Seal} [Wit:] Tho.. S. **GARY**
[Back of bond:] I certify that Henry **GILLIAM** John C. **GORDON** Joseph **RIDDICK** & George **KITTRELL** Esquires Justices were present in Court when the Guardian within named was appointed and approved of the securities and concured in the appointment Teste J. **SUMNER** Clk

[917] 97 Christian **GWINNN** [sic] Rich^d H **BALLARD** Miles **BRIGGS** bound unto his Excellency Montford **STOKES** Esquire, Governor &c of the State aforesaid in the full and just sum of Two [?] hundred dollars this ___ day of May Anno Dom 1832. Christain **GWINN** appointed guardian to Thos. James & Edward **GWIN** orphans of [blank] [James **GWIN**] dec^d. Christian her + mark **GWINN** {Seal} R^d H **BALLARD** {Seal} Miles **BRIGGS** {Seal} [Wit:] Tho.. S. **GARY**
[Back of bond:] I certify that Henry **GILLIAM** John C. **GORDON** Joseph **RIDDICK** & George **KITTRELL** Esquires Justices were present in Court when the Guardian within named was appointed and approved of the securities and Concurred in the appointment &c Teste J. **SUMNER** Clk

[918] 98 Lassiter **RIDDICK** Jas R **RIDDICK** Henry **GILLIAM** bound unto his Excellency Montfort

Gates County, North Carolina Guardian Bonds 1829-1835

STOKES Esquire, Governor &c of the State aforesaid in the full and just sum of Three thousand dollars this 22nd day of May Anno Dom 1832. Lassiter RIDDICK appointed guardian to Mary Jane B. GATLING orphan of [blank] dec^d. Lassiter RIDDICK {Seal} J. R. RIDDICK {Seal} H. GILLIAM {Seal} [Wit:] Tho.. S. GARY
[Back of bond:] [Illegible.]

[919] 99 [Entire bond and certificate are illegible.]

[920] 100 John C. GORDON Noah HARRELL George COSTEN & Tilley W. CARR bound unto his Excellency Montfort STOKES Esquire, Governor &c of the State aforesaid in the full and just sum of Two [?] thousand dollars this 20th day of August Anno Dom 1832. John C. GORDON appointed guardian to Sarah Margaret LASSITER orphan of Henry LASSITER dec^d. Jno C. GORDON {Seal} Noah HARRELL {Seal} George _____ {Seal} ____ W. CARR {Seal} [Wit:] Tho.. S. GARY
[Back of bond:] [Illegible.]

[921] 101 Martha S. MELVIN [?] Joseph BROOKS & Noah HARRELL bound unto his Excellency Montfort STOKES Esquire, Governor &c of the State aforesaid in the full and just sum of one thousand [?] dollars this 20th [?] day of August Anno Dom 1832. Martha S. MELVIN appointed guardian to Henry, Mary Jane & Sally MELVIN orphan [sic] of Frederick H. MELVIN dec^d. Martha S MELVIN {Seal} Joseph BROOKS {Seal} Noah HARRELL {Seal} [Wit:] Tho S. GARY
[Back of bond:] [Illegible.] __appointed as within named and approved of the securities to the within Bond. Teste J SUMNER Clk

[922] 102 Mills EURE Nathan/i/el EURE & Demsey SPARKMAN bound unto his Excellency Montfort STOKES Esquire, Governor &c of the State aforesaid in the full and just sum of two hundred dollars this 20th day of August Anno Dom 1832. Mills EURE appointed guardian to Louisa W^m W LEE & Stephen [?] LEE orphans of Stephen LEE decd. _____ EURE {Seal} Nathl.. EURE {Seal} Dempsey SPARKMAN {Seal} [Wit:] Tho.. S. GARY
[Back of bond:] [Illegible.]

[923] 103 Reuben HARRELL [?] Jeptha FOWLKES & Edward R HUNTER bound unto his Excellency Montfort STOKES Esquire, Governor &c of the State aforesaid in the full and just sum of Five hundred Dollars this 19th day of November 1832. Reuben HARRELL appointed guardian to Daniel PARKER orphan of Abraham PARKER deceased. Reuben HARRELL {Seal} J. FOWLKES {Seal} E. R. HUNTER {Seal} [Wit:] Tho.. S. GARY
[Back of bond:] [Illegible.] Teste J SUMNER Clk.

[924] 104 Hardy D. PARKER, Barnes GOODMAN & Jesse WIGGINS bound unto his Excellency Montfort STOKES Esquire, Governor &c of the State aforesaid in the full and just sum of Five hundred Dollars this 20th day of November 1832. Hardy D PARKER appointed guardian to William PARKER orphan of Abraham PARKER deceased. [blank, or illegible.] {Seal} B.. GOODMAN {Seal} Jesse WIGGINS {Seal} [Wit:] Tho.. S. GARY
[Back of bond:] [Illegible.] Teste J SUMNER Clk.

[925] 105 Nathan NIXON Nathan CULLINS & Jethro H. RIDDICK bound unto his Excellency Montfort STOKES Esquire, Governor &c of the State aforesaid in the full and just sum of Two [?] thousand Dollars this 20th day of November 1832. Nathan NIXON appointed guardian to Mary Ann WALTON orphan of Timothy WALTON Senr [?] deceased. Nathan NIXON {Seal} Nathan CULLENS {Seal} Jet H RIDDICK {Seal} [Wit:] Tho.. S. GARY
[Back of bond:] I certify that William LEE William GOODMAN & Hardy D. PARKER Esquires Justices were present in Court when the Guardian was appointed as within named was appointed [sic] of the securities to the within Bond. Teste J. SUMNER Clk.

Gates County, North Carolina Guardian Bonds 1829-1835

[926] 106 Nathan **NIXON** Nathan **CULLINS** & Jethro H. **RIDDICK** bound unto his Excellency Montfort **STOKES** Esquire, Governor &c of the State aforesaid in the full and just sum of Two thousand Dollars this 20 day of November 1832. Nathan **NIXON** appointed guardian to Joseph G. **WALTON** orphan of Timothy **WALTON** sen^r deceased. Nathan **NIXON** {Seal} Nathan **CULLENS** {Seal} Jet H **RIDDICK** {Seal} [Wit:] Tho. S. **GARY**
[Back of bond:] I certify that William **LEE** William **GOODMAN** & Hardy D. **PARKER** Esquires Justices were present in Court when the Guardian was appointed as within named and approved of the securities to the within Bond. Teste J. **SUMNER** Clk.

[927] 107 Miles **HOWELL** John **WILLEY** & Nathaniel **EURE** bound unto his Excellency David L **SWAIN** Esquire, Governor &c of the State aforesaid in the full and just sum of eight hundred Dollars this 18th day of February 1833. Miles **HOWELL** appointed guardian to John **CROSS** orphan of Elisha **CROSS** deceased. Miles **HOWELL** {Seal} John **WILLEY** {Seal} Nathl.. **EURE** {Seal} [Wit:] Tho S. **GARY**
[Back of bond:] I certify that W^m W **COWPER** William **LEE** & John **WALTON** Esquires Justices were present in Court when the guardian was appointed as within named, and approved of the securities to the within Bond &c. Teste J. **SUMNER** Clk.

[928] 108 Miles **HOWELL** John **WILLY** & Nathl **EURE** bound unto his Excellency David L **SWAIN** Esquire, Governor &c of the State aforesaid in the full and just sum of eight hundred Dollars this 16 day of February 1833. Miles **HOWELL** appointed guardian to Alfred **CROSS** orphan of Elisha **CROSS** deceased. Miles **HOWELL** {Seal} John **WILLEY** {Seal} Nathl.. **EURE** {Seal} [Wit:] Tho.. S. **GARY**
[Back of bond:] I certify that that W^m W **COWPER** William **LEE** & John **WILLEY** Esquires Justices were present in Court when the Guardian was appointed as within named and approved of the securities to the within Bond &c. Teste J. **SUMNER** Clk.

[929] 109 Miles **HOWELL** John **WILLY** & Nathl **EURE** bound unto his Excellency David L **SWAIN** Esquire, Governor &c of the State aforesaid in the full and just sum of eight Hundred Dollars this 18th. day of February 1833. Miles **HOWELL** appointed guardian to Sally **CROSS** orphan of Elisha **CROSS** deceased. Miles **HOWELL** {Seal} John **WILLEY** {Seal} Nathl.. **EURE** {Seal} [Wit:] Tho. S. **GARY**
[Back of bond:] I certify that William W **COWPER** William **LEE** & John **WILLEY** Esquires Justices were present in Court when the guardian was appointed as within named and approved of the securities to the within bond &c Teste J. **SUMNER** Clk.

[930] 110 Miles **HOWELL** John **WILLY** & Nathl **EURE** bound unto his Excellency David L **SWAIN** Esquire, Governor &c of the State aforesaid in the full and just sum of eight hundred Dollars this 18th. day of February 1833. Miles **HOWELL** appointed guardian to Benjamin **CROSS** orphan of Elisha **CROSS** deceased. Miles **HOWELL** {Seal} John **WILLEY** {Seal} Nathl.. **EURE** {Seal} [Wit:] Tho. S. **GARY**
[Back of bond:] [Illegible.]

[931] 111 Dempsey **PARKER** Abram W. **PARKER** & Nathaniel **EURE** bound unto his Excellency David L **SWAIN** Esquire, Governor &c of the State aforesaid in the full and just sum of five thousand Dollars this 19 day of February 1833. Dempsey **PARKER** appointed guardian to Louisa **JONES** orphan of Henry **JONES** deceased. Demsey **PARKER** {Seal} A. W. **PARKER** {Seal} Nathl.. **EURE** {Seal} [Wit:] Tho.. S. **GARY**
[Back of bond:] I certify that William W. **COWPER** Henry **GILLIAM** & Whitmell **STALLINGS** Esquires Justices were present in Court when the guardian was appointed as within named and approved of the securities to the within Bond &c. Teste J. **SUMNER** Clk.

[932] 112 Dempsey **PARKER** Abram W **PARKER** & Nathaniel **EURE** bound unto his Excellency David L **SWAIN** Esquire, Governor &c of the State aforesaid in the full and just sum of Five thousand Dollars this 19 day of February 1833. Dempsey **PARKER** appointed guardian to Henry **JONES** orphan of Henry **JONES** deceased. Demsey **PARKER** {Seal} A. W. **PARKER** {Seal} Nathl.. **EURE** {Seal} [Wit:] Tho.. S. **GARY**
[Back of bond:] [Illegible.]

Gates County, North Carolina, Guardian Bonds 1829-1835

[933] 113 Henry **GILLIAM** Nathan **WARD** & Nathan **RIDDICK** bound unto his Excellency David L **SWAIN** Esquire, Governor &c of the State aforesaid in the full and just sum of eight hundred Dollars this 19th day of February Anno Dom 1833. Henry **GILLIAM** appointed guardian to Nathan Owen **WARD** orphan of Daniel **WARD** dec^d. [No signatures, witness nor certificate.]

[934] 114 James **BOOTHE** Willis J **RIDDICK** & W^m. **HINTON** bound unto his Excellency David L **SWAIN** Esquire, Governor &c of the State aforesaid in the full and just sum of three thousand dollars this 19th day of Feby. Anno Dom 1833. James **BOOTHE** appointed guardian to Sarah **HINTON** orphan of Frederick **HINTON** Jr. James **BOOTHE** {Seal} Willis J. **RIDDICK** {Seal} W **HINTON** {Seal} [Wit:] Tho.. S. **GARY**
[Back of bond:] [Illegible.]

[935] 115 James **PRUDEN** Lassiter **RIDDICK** & Ethel^d **CROSS** bound unto his Excellency David L **SWAIN** Esquire, Governor &c of the State aforesaid in the full and just sum of three thousand dollars this 19th day of Feby. Anno Dom 1833. James **PRUDEN** appointed guardian to Harriett B. **GATLING** orphan of E. B. **GATLING** dec^d. James **PRUDEN** {Seal} Lassiter **RIDDICK** {Seal} Etheldred **CROSS** {Seal} [Wit:] Tho.. S. **GARY**
[Back of bond:] I Certify that Mills **RIDDICK** Henry **COSTEN** & Whitmell **STALLINGS** Esquires Justices were present in Court when the guardian was appointed as within named and approved of the securities to the Bond &c. Teste J. **SUMNER** Clk.

[936] 116 Thomas **SAUNDERS** Henry **GILLIAM** and Richard **ODOM** bound unto his Excellency David L **SWAIN** Esquire, Governor &c of the State aforesaid in the full and just sum of Five thousand dollars this 19th day of Feby. Anno Dom 1833. Thomas **SAUNDERS** appointed guardian to Asa **ODOM** orphan of Asa **ODOM** deceased. T **SAUNDERS** {Seal} H: **GILLIAM** {Seal} Rich^d. **ODOM** {Seal} [Wit:] J. **SUMNER**
[Back of bond:] I Certify that William W. **COWPER** Abram W. **PARKER** & William **WALTON** Esquires Justices were present in Court when the guardian within named was appointed and approved of the securities to the within Bond &c. Teste J. **SUMNER** Clk.

[937] 117 Riddick **GATLING** John **GATLING** & Jas R **RIDDICK** bound unto his Excellency David L **SWAIN** Esquire, Governor &c of the State aforesaid in the full and just sum of four [?] thousand dollars this 20th day of February Anno Dom 1833. Riddick **GATLING** appointed guardian to Elizabeth **SUMNER** & Mary **SUMNER** orphans of Chs. E. **SUMNER** dec^d. [?] R **GATLING** {Seal} [blank] {Seal} J. R. **RIDDICK** {Seal} [Wit:] Tho.. S. **GARY**
[Back of bond:] I Certify that Joseph **RIDDICK** William W. **COWPER** & Whitmell **STALLINGS** Esquires Justices were present in Court when the guardian within named was appointed and approved of the securities to the within Bond. Teste J. **SUMNER** Clk.

[938] 118 John G. **LILES**, Andrew **HARRELL** & John **HOFLER** bound unto his Excellency David L **SWAIN** Esquire, Governor &c of the State aforesaid in the full and just sum of one hundred dollars this 20 day of February Anno Dom 1833. John G. **LILES** appointed Guardian to his daughter Margaret Ann **LILES** orphan of [blank] dec^d. John G. **LILES** {Seal} Andrew **HARRELL** {Seal} John **HOFLER** {Seal} [Wit:] Tho.. S. **GARY**
[Back of bond:] I Certify that William W. **COWPER** Abraham W. **PARKER** & Whitmell **STALLINGS** Esquires Justices were present in Court when the guardian within named was appointed and approved of the securities to the within Bond &c. Teste J. **SUMNER** Clk.

[939] 118½ [sic] Wright **HAYS** W^m E **PUGH** & Demsey **SPARKMAN** bound unto his Excellency David L **SWAIN** Esquire, Governor &c of the State aforesaid in the full and just sum of five hundred dollars this 20th day of February Anno Dom 1833. Wright **HAYS** appointed guardian to Robert **HARE** & Mary **HARE** orphan of John **HARE** ___ Wright **HAYS** {Seal} W^m. E **PUGH** {Seal} Dempsey **SPARKMAN** {Seal} [Wit:] Tho.. S. **GARY**
[Back of bond:] I Certify that William W. **COWPER** William **WALTON** and William L **BOOTHE** Esquires Justices were present in Court when the guardian within named was appointed and approved of the securities

Gates County, North Carolina, Guardian Bonds 1829-1835

to the within bond &c. Teste J. SUMNER Clk.

[940] 119 [Empty bond form.]

[941] (No. 9) 1 Noah **HINTON** Kedar **FELTON** & Joseph R. **BILLUPS** bound unto his excellency David L **SWAIN** Esquire, Governor of the State aforesaid in the full and just sum of One hundred Dollars this 21st day of May Anno Dom 1833. Noah **HINTON** appointed guardian to Elizabeth Louisa & John **LEWIS** orphans of John **LEWIS** deceased. Noah **HINTON** {Seal} Kedar **FELTON** {Seal} Jo^s R **BILLUPS** {Seal} [Wit:] Tho.. S. **GARY**
[Back of bond:] [Illegible.]

[942] 2 Jeptha **FOWLKES** Henry **GILLIAM** & W^m. **ELEY** bound unto his excellency David L **SWAIN** Esquire, Governor of the State aforesaid in the full and just sum of five hundred Dollars this 21st May day of May [sic] /Gatesville/ 1833. Jeptha **FOWLKES** appointed guardian to Elizabeth Louisa & Reuben [sic] orphans of Rewben **HINTON** deceased. J. **FOWLKES** {Seal} H. **GILLIAM** {Seal} William **ELEY** {Seal} [Wit:] Thomas S. **GARY**
[Back of bond:] I Certify that Mills **RIDDICK**, William W **COWPER** & Henry **COSTEN** Esquires Justices, were present in Court when the guardian within named was appointed and approved of the securities to the within Bond and Concurred in the appointment &c. Teste J. **SUMNER** Clk.

[943] 3 George **COSTEN** James **COSTEN** Isaac R. **HUNTER** bound unto his excellency David L **SWAIN** Esquire, Governor of the State aforesaid in the full and just sum of twelve thousand Dollars this 21st day of May 1833. George **COSTEN** appointed guardian to Isaac **HUNTER** Jr orphan of Isaac **HUNTER** deceased. George **COSTEN** {Seal} James **COSTEN** Senior {Seal} I R **HUNTER** {Seal} [Wit:] Tho. S. **GARY**
[Back of bond:] I Certify that Whitmel **STALLINGS** Joseph **RIDDICK** & William W. **COWPER** Esquires Justices, were present in Court when the guardian within named was appointed and approved of the securities to the within Bond and Concurred in the appointment &c. Teste J. **SUMNER** Clk.

[944] 4 Elizabeth **HAYS** Henry **GILLIAM** & James [?] **RIDDICK** bound unto his excellency David L **SWAIN** Esquire, Governor of the State aforesaid in the full and just sum of One thousand Dollars this 16th [?] day of August 1833. Eliz^a **HAYS** appointed guardian to Caroline **HAYS** orphan of Benjn [?] **HAYS** deceased. Elizabeth **HAYS** {Seal} H. **GILLIAM** {Seal} J R **RIDDICK** {Seal} [No witness, nor certificate.]

[945] 5 Joseph **HURDLE** Kedar **FELTON** Bushrod **RIDDICK** ___ ____ _____ bound unto his excellency David L **SWAIN** Esquire, Governor of the State aforesaid in the full and just sum of Two thousand Dollars this __ day of Augt. 1833. [blank] [Joseph **HURDLE**] appointed guardian to Mary & Caroline **SUTTON** orphan of George **SUTTON** deceased. Joseph **HURDLE** {Seal} Kedar **FELTON** {Seal} Bushrod **RIDDICK** {Seal} Levi his + mark **SUMNER** {Seal} [Wit:] H. **GILLIAM** [N.B. Names confirmed from Gates County Court Minutes.]
[Back of bond:] I Certify that Willis F. **RIDDICK** Thomas **SAUNDERS** Rid [?] **GATLING** Joseph **RIDDICK**, Wm **WALTON** John D **PIPKIN** Demsy **COSTON** W^m. **LEE** Barnes **GOODMAN** & Hardy D. **PARKER** Esqr^s. was present in Court when the the [sic] within Bond was Executed & approved of the Security & Concurred in the appointment Teste H. **GILLIAM** DC

[946] 6 Augt. Term 1833. Wright **HAYS** John **BOND** & Benbury WALTON & Timothy **HAYS** bound unto his excellency David L **SWAIN** Esquire, Governor of the State aforesaid in the full and just sum of two hundred Dollars this 20th.. day of August 1833. Wright **HAYS** appointed guardian to Nancy **BOND** orphan of Richard **BOND** Senr deceased. W^t. **HAYS** {Seal} Jno **BOND** {Seal} Timothy **HAYS** {Seal} [Wit:] H. **GILLIAM**
[Back of bond:] I Certify that Wm W. **COWPER** Henry **COSTEN** William **GOODMAN** & William **LEE** Esqr^s. was present in Court when the Guardian within named was appointed & approved the Security of the within Bond & Concurred in the appointment. Teste H. **GILLIAM** DC

[947] 7 [Illegible. Certificates no longer used until 1836.]

Gates County, North Carolina, Guardian Bonds 1829-1835

[948] 8 Willis F **RIDDICK** Thomas **TWINE** & Nathan **RIDDICK** bound unto his excellency David L **SWAIN** [?] Esquire, Governor of the State aforesaid in the full and just sum of ____ Thousand Dollars this ___ day of February 1834. Willis F. **RIDDICK** appointed guardian to Benjamin **HUNTER** Non Compos Mentos ~~orphan~~ of [blank] ~~deceased~~. Willis F. **RIDDICK** {Seal} Thomas **TWINE** {Seal} Nathan **RIDDICK** {Seal} [Wit:] H. **GILLIAM**

[949] 9 Seth W. **ROUNTREE** John **HINTON** Ser [?] James T **FREEMAN** bound unto his excellency David L **SWAIN** Esquire, Governor of the State aforesaid in the full and just sum of Two hundred Dollars this 19th [?] day of May 1834. Seth W **ROUNTREE** appointed guardian to Balinda **BAGLEY** orphan of Trotman **BAGLEY** deceased. Seth W **ROUNTREE** {Seal} Ja^s. T. **FREEMAN** {Seal} John **HINTON** {Seal} [Wit:] H. **GILLIAM**

[950] 10 Seth W. **ROUNTREE** John **HINTON** Senr James T **FREEMAN** bound unto his excellency David L **SWAIN** Esquire, Governor of the State aforesaid in the full and just sum of Two hundred Dollars this 19th day of May 1834. Seth W **ROUNTREE** appointed guardian to Matilda **BAGLEY** orphan of Trotman **BAGLEY** deceased. Seth W **ROUNTREE** {Seal} Ja^s. T. **FREEMAN** {Seal} John **HINTON** {Seal} [Wit:] H. **GILLIAM**

[951] 11 Daniel **WILLIAMS** Henry G **WILLIAMS** & Levi **ROGERS** bound unto his excellency David L **SWAIN** Esquire, Governor of the State aforesaid in the full and just sum of Four thousand Dollars Dollars [sic] this 19th day of May 1834. Daniel **WILLIAMS** appointed guardian to Lem^l. K. **FIELDS** orphan of Mills R. **FIELDS** deceased. Daniel **WILLIAMS** {Seal} H.. [?] **WILLIAMS** {Seal} Levi **ROGERS** {Seal} [Wit:] W^m W **STEDMAN**

[952] 12 Thos. B. **HUNTER** Thomas **TWINE** & Thos. **CASTEN** bound unto his excellency David L **SWAIN** Esquire, Governor of the State aforesaid in the full and just sum of Two thousand Dollars this 19th day of May 1834. Thos B **HUNTER** appointed guardian to Sarah A. **HUNTER** & Thos. Jefferson **HUNTER** his Children ~~orphan of~~ [blank] ~~deceased~~. T. B. **HUNTER** {Seal} Thomas **TWINE** {Seal} Thos K **CASTEN** {Seal} [Wit:] H. **GILLIAM**

[953] 13 [Beginning of bond illegible.] 20 day of May 1834. Henry **COSTON** appointed guardian to Noah, Elizabeth & Nancy **BOND** orphan of Richard **BOND** deceased. Henry **COSTEN** {Seal} George **COSTEN** {Seal} Jno **GATLING** {Seal} [Wit:] H. **GILLIAM**

[954] 14 Edward **BRIGGS** Rich^d. H. **PARKER** & John **WALTON** bound unto his excellency David L **SWAIN** Esquire, Governor of the State aforesaid in the full and just sum of Ten thousand Dollars Dollars this 20 day of May 1834. Edward **BRIGGS** appointed guardian to Ann E. **MANSARD** & Janet M. **MANSARD** orphan of John B. **MANSARD** deceased. Edward **BRIGGS** {Seal} Rich^d. H **PARKER** {Seal} J **WALTON** {Seal} [Wit:] H. **GILLIAM**

[955] 15 Fruzey **TAYLOR** Whitmel **STALLINGS** & Hance **HOFFLER** are held and firmly bound unto ~~his excellency~~ the State of N^o. Carolina ~~Esquire, Governor of the State aforesaid~~ in the full and just sum of Two hundred & fifty Dollars this 18th day of August 1834. Fruzy **TAYLOR** appointed guardian to Mary **TAYLOR** orphan of Robert ~~Joseph~~ **TAYLOR** deceased. Fruzy her X mark **TAYLOR** {Seal} Whitl **STALLINGS** {Seal} Hance **HOFLER** {Seal} [Wit:] H. **GILLIAM**

[956] 16 [Beginning of bond illegible.] are held and firmly bound unto ~~his excellency~~ the State of N^o. Carolina ~~Esquire, Governor of the State aforesaid~~ in the full and just sum of One thousand five hundred Dollars this 18th [?] day of August 1834. James T. **FREEMAN** appointed guardian to Edward David & Robert **TAYLOR** orphan of Robert **TAYLOR** deceased. Ja^s. T. **FREEMAN** {Seal} Willis J. **RIDDICK** {Seal} Seth W. **ROUNTREE** {Seal} [Wit:] H. **GILLIAM**

[957] 17 Jethro **HARRELL** Abraham W. **PARKER** & Elisha **HARRELL** are held and firmly bound unto ~~his excellency~~ the State of N^o. Carolina ~~Esquire, Governor of the State aforesaid~~ in the full and just sum of

Gates County, North Carolina, Guardian Bonds 1829-1835

Four hundred Dollars ~~Dollars~~ this 18th day of Augt 1834. Jethro **HARRELL** appointed guardian to John, Richard, & Lavinia **BRISCOE** ~~orphan~~ of orphans of Ebon **BRISCOE** deceased. Jethro **HARRELL** {Seal} A. W. **PARKER** {Seal} Elisha **HARRELL** {Seal} [Wit:] Wm W. **STEDMAN**

[958] 18 Whitmell **STALLINS**, Nathan **RIDDICK** & Jethro H. **RIDDICK** are held and firmly bound unto ~~his excellency~~ the State of No. Carolina ~~Esquire, Governor of the State aforesaid~~ in the full and just sum of Two thousand Dollars ~~Dollars~~ this 19th day of August 1834. Whitmell **STALLINGS** appointed guardian to Mary **TAYLOR** an Idiot ~~orphan of~~ [blank] ~~deceased~~. Whitl **STALLINGS** {Seal} Jet H. **RIDDICK** {Seal} Nathan **RIDDICK** {Seal} [Wit:] H. **GILLIAM**

[959] 19 Henry **GILLIAM** James R **RIDDICK**, & James **BOOTH** are held and firmly bound unto ~~his excellency~~ the State of No. Carolina ~~Esquire, Governor of the State aforesaid~~ in the full and just sum of Three Thousand Dollars ~~Dollars~~ this 20th day of August 1834. Henry **GILLIAM** appointed guardian to Louisa **JONES** orphan of Henry **JONES** deceased. H.. **GILLIAM** {Seal} J. R. **RIDDICK** {Seal} James **BOOTH** {Seal} [Wit:] Wm W. **STEDMAN**

[960] 20 James **BOOTH** Henrey **GILLIAM** & John **WALTON** are held and firmly bound unto ~~his excellency~~ the State of No. Carolina ~~Esquire, Governor of the State aforesaid~~ in the full and just sum of Two Thousand Dollars Dollars this 20th day of August 1834. James **BOOTH** appointed guardian to Robert **HARE** Wm **HARE** & Mary **HARE** orphans of John **HARE** deceased. James **BOOTHE** {Seal} H.. **GILLIAM** {Seal} J **WALTON** {Seal} [Wit:] Wm W. **STEDMAN**

[961] 21 James **SAVAGE** John **MATTHEWS** Henry **GILLIAM** & Jesse M **SAVAGE** are held and firmly bound unto ~~his excellency~~ the State of No. Carolina ~~Esquire, Governor of the State aforesaid~~ in the full and just sum of Six thousand Dollars Dollars this 17th day of November 1834. James **SAVAGE** appointed guardian to Mary **SAVAGE** orphan of Jesse **SAVAGE** deceased. James **SAVAGE** {Seal} John **MATTHEWS** {Seal} H: **GILLIAM** {Seal} Jesse M. **SAVAGE** {Seal} [Wit:] Wm W. **STEDMAN** [Names at beginning of this bond derived from Gates County Court Minutes.]

[962] 22 James **SAVAGE** John **MATTHEWS** Jesse M **SAVAGE** & H **GILLIAM** are held and firmly bound unto ~~his excellency~~ the State of No. Carolina ~~Esquire, Governor of the State aforesaid~~ in the full and just sum of Six thousand Dollars Dollars this 17th day of November 1834. James **SAVAGE** appointed guardian to Benjamin **SAVAGE** orphan of Jesse **SAVAGE** deceased. James **SAVAGE** {Seal} John **MATTHEWS** {Seal} H: **GILLIAM** {Seal} Jesse M. **SAVAGE** {Seal} [Wit:] Wm W. **STEDMAN**

[963] 23 Timo. **WALTON** John **WALTON** & Benbury **WALTON** are held and firmly bound unto ~~his excellency~~ the State of No. Carolina ~~Esquire, Governor of the State aforesaid~~ in the full and just sum of Three thousand Dollars this 18th day of November 1834. Timo. **WALTON** appointed guardian to Nathl. **JONES** orphan of Nathl. **JONES** deceased. Tim **WALTON** {Seal} J. **WALTON** {Seal} B. **WALTON** {Seal} [Wit:] H. **GILLIAM**

[964] 24 Willis F. **RIDDICK** Ed R. **HUNTER** Isaac R. **HUNTER** & James M. **RIDDICK** are held and firmly bound unto ~~his excellency~~ the State of No. Carolina ~~Esquire, Governor of the State aforesaid~~ in the full and just sum of Ten [?] thousand Dollars this 18th day of November 1834. Willis F. **RIDDICK** appointed guardian to Jacob B. **HUNTER** a lunatic orphan of Isaac **HUNTER** deceased. W F **RIDDICK** {Seal} E R **HUNTER** {Seal} I R **HUNTER** {Seal} Jas M. **RIDDICK** {Seal} [Wit:] H. **GILLIAM**

[965] 25 Hance **HOFFLER** James T **FREEMAN** & Noah **ROUNTREE** are held and firmly bound unto ~~his excellency~~ the State of No. Carolina ~~Esquire, Governor of the State aforesaid~~ in the full and just sum of Two thousand Dollars this 18th day of Nov 1834. Hance **HOFFLER** appointed guardian to Caroline **HAYS** orphan of Benj **HAYS** deceased. Hance **HOFLER** {Seal} Jas T. **FREEMAN** {Seal} Noah **ROUNTREE** {Seal} [Wit:] H. **GILLIAM**

[966] 26 John C **GORDON** Timo. **WALTON** & Benbury **WALTON** are held and firmly bound unto ~~his ex-~~

Gates County, North Carolina, Guardian Bonds 1829-1835

cellency the State of N°. Carolina Esquire, Governor of the State aforesaid in the full and just sum of Eight thousand Dollars this 18th day of Nov. 1834. John C GORDON appointed guardian to Israel BEEMAN orphan of John BEEMAN deceased. John C. GORDON {Seal} Tim WALTON {Seal} B. WALTON {Seal} [Wit:] H.. GILLIAM

[967] 27 John C GORDON Tim°. WALTON & Benbury WALTON are held and firmly bound unto his excellency the State of N°. Carolina Esquire, Governor of the State aforesaid in the full and just sum of Eight thousand Dollars this 18th day of Nov 1834. John C GORDON appointed guardian to William BEEMAN orphan of John BEEMAN deceased. John C. GORDON {Seal} Tim WALTON {Seal} B. WALTON {Seal} [Wit:] H. GILLIAM

[968] 28 Edwin SMITH Hardy D. PARKER & Allen SMITH are held and firmly bound unto his excellency the State of N°. Carolina Esquire, Governor of the State aforesaid in the full and just sum of Two thousand Dollars this 16th day of Feb'y. 1835. Edwin SMITH appointed guardian to Henritta [sic] [Heneretta] COPELAND orphan of Henry COPELAND deceased. E. SMITH {Seal} H. D. PARKER {Seal} Allen SMITH {Seal} [Wit:] [blank]

[969] 29 John W. ODAM Simon WALTERS & Henry WILLEY are held and firmly bound unto his excellency the State of N°. Carolina Esquire, Governor of the State aforesaid in the full and just sum of Fifteen hundred Dollars this 16th day of Feb'y. 1835. John W. ODAM appointed guardian to Prissilla ODAM orphan of Benj. ODAM deceased. John W. ODOM {Seal} H.. WILLEY {Seal} Simon WALTERS {Seal} [Wit:] H. GILLIAM

[970] 30 Jos GORDON Marmaduke NORFLEET John R NORFLEET are held and firmly bound unto his excellency the State of N°. Carolina Esquire, Governor of the State aforesaid in the full and just sum of Two thousand Dollars this 16th day of Feb'y. 1835. Jos GORDON appointed guardian to Isaac EASON orphan of Hardy EASON deceased. Jos GORDON {Seal} Marmaduke NORFLEET {Seal} Jno R. NORFLEET {Seal} [Wit:] [blank]

[971] 31 Jos GORDON Marmaduke NORFLEET & John R NORFLEET are held and firmly bound unto his excellency the State of N°. Carolina Esquire, Governor of the State aforesaid in the full and just sum of Two thousand Dollars Dollars this 16th day of Feb'y. 1835. Joseph GORDON appointed guardian to Solomon EASON orphan of Hardy EASON deceased. Jos GORDON {Seal} Marmaduke NORFLEET {Seal} Jno R. NORFLEET {Seal} [Wit:] [blank]

[972] 32 Joseph GORDON Marmaduke NORFLEET & John R NORFLEET are held and firmly bound unto his excellency the State of N°. Carolina Esquire, Governor of the State aforesaid in the full and just sum of Two thousand Dollars this 16 day of Feb'y. 1835. Jos. GORDON appointed guardian to Whitmel EASON orphan of Hardy EASON deceased. Jos GORDON {Seal} Marmaduke NORFLEET {Seal} Jno R. NORFLEET {Seal} [Wit:] [blank]

[973] 33 Joseph GORDON Marmaduke NORFLEET & John R NORFLEET are held and firmly bound unto his excellency the State of N°. Carolina Esquire, Governor of the State aforesaid in the full and just sum of Two thousand Dollars this 16 day of Feb'y. 1835. Joseph GORDON appointed guardian to Eletia EASON orphan of Hardy EASON deceased. Jos GORDON {Seal} Marmaduke NORFLEET {Seal} Jno R. NORFLEET {Seal} [Wit:] [blank]

[974] 34 John WILLEY Riddick GATLING & Henry WILLEY are held and firmly bound unto his excellency the State of N°. Carolina Esquire, Governor of the State aforesaid in the full and just sum of Three thousand Dollars this 16 day of Feb'y. 1835. John WILLEY appointed guardian to Mary WILLIAMS orphan of Jonathan WILLIAMS deceased. John WILLEY {Seal} R GATLING {Seal} H. WILLEY {Seal} [Wit:] H. GILLIAM

[975] 35 Henry G WILLIAMS H. GILLIAM & Hardy D. PARKER are held and firmly bound unto his

Gates County, North Carolina, Guardian Bonds 1829-1835

excellency the State of N°. Carolina Esquire, Governor of the State aforesaid in the full and just sum of One [?] thousand Dollars Dollars this 17th day of Febry 1835. Henry G **WILLIAMS** appointed guardian to Joseph **SPEIGHT** orphan of Wm **SPEIGHT** deceased. H G **WILLIAMS** {Seal} H **GILLIAM** {Seal} H. D. **PARKER** {Seal} [Wit:] Wm.. **STEDMAN** Jr. [?]

[976] 36 Willis J. **RIDDICK** James R. **RIDDICK** & James T. **FREEMAN** are held and firmly bound unto his excellency the State of N°. Carolina Esquire, Governor of the State aforesaid in the full and just sum of Five hundred Dollars Dollars this 17th day of Febry 1835. Willis J. **RIDDICK** appointed guardian to Sally **HINTON** orphan of James **HINTON** deceased. Willis J **RIDDICK** {Seal} J. R. **RIDDICK** {Seal} Jas. T. **FREEMAN** {Seal} [Wit:] H. **GILLIAM**

[977] 37 Willis J. **RIDDICK** James R. **RIDDICK** & Jas. T. **FREEMAN** are held and firmly bound unto his excellency the State of N°. Carolina Esquire, Governor of the State aforesaid in the full and just sum of Five hundred Dollars Dollars this 17th day of Febry 1835. Willis J. **RIDDICK** appointed guardian to James **HINTON** orphan of James **HINTON** deceased. Willis J **RIDDICK** {Seal} J. R. **RIDDICK** {Seal} Jas. T. **FREEMAN** {Seal} [Wit:] H. **GILLIAM**

[978] 38 Willis J. **RIDDICK** James R. **RIDDICK** & Jas. T. **FREEMAN** are held and firmly bound unto his excellency the State of N°. Carolina Esquire, Governor of the State aforesaid in the full and just sum of Five hundred Dollars Dollars this 17 day of Febry 1835. Willis J. **RIDDICK** appointed guardian to Noah **HINTON** orphan of James **HINTON** deceased. Willis J **RIDDICK** {Seal} J. R. **RIDDICK** {Seal} Jas. T. **FREEMAN** {Seal} [Wit:] H.. **GILLIAM**

[979] 39 John **WALTON** Tim°. **WALTON** & Benbury **WALTON** are held and firmly bound unto his excellency the State of N°. Carolina Esquire, Governor of the State aforesaid in the full and just sum of Two thousand Dollars this 17th day of Febry 1835. John **WALTON** appointed guardian to Leah **HINTON** orphan of Robert **HINTON** deceased. J.. **WALTON** {Seal} Tim **WALTON** {Seal} B. **WALTON** {Seal} [Wit:] H.. **GILLIAM**

[980] 40 Thomas **HOGGARD** Wm H **SAVAGE** & Willis **CROSS** are held and firmly bound unto his excellency the State of N°. Carolina Esquire, Governor of the State aforesaid in the full and just sum of Two hundred pounds [sic] Dollars this 18 day of May 1835. Thomas **HOGGARD** appointed guardian to Lavinia **SMITH** orphan of Joseph **SMITH** deceased. Thos.. **HOGGARD** {Seal} Wm.. H. **SAVAGE** {Seal} Willis **CROSS** {Seal} [Wit:] [blank]

[981] 41 Abram **SMITH** Richard **ODOM** and Thomas **HOGGARD** are held and firmly bound unto his excellency State of N Carolina Esquire, Governor of the State aforesaid in the full and just sum of two thousand Dollars Dollars this 18th day of May 1835. Abram **SMITH** appointed guardian to Jos **LANDING** orphan of William **LANDING** deceased. Abm.. **SMITH** {Seal} Thos.. **HOGGARD** {Seal} Richd. **ODOM** {Seal} [Wit:] Wm W. **STEDMAN**

[982] 42 Mary **BENTON** James **MORGAN** & Whitmel **JONES** are held and firmly bound unto his excellency State of N° Carolina Esquire, Governor of the State aforesaid in the full and just sum of Four hundred Dollars Dollars this 16 day of Nov 1835. Mary **BENTON** appointed guardian to Jordan **BENTON** orphan of [blank] deceased. Mary her + mark **BENTON** {Seal} James **MORGAN** {Seal} Whit his ± mark **JONES** {Seal} [Wit:] H.. **GILLIAM**

[983] 43 Guy **HOBBS**, Nathan **RIDDICK** & Abel **ROGERSON** are held and firmly bound unto his excellency State of N°. Carolina Esquire, Governor of the State aforesaid in the full and just sum of three thousand Dollars Dollars this 17 day of November 1835. Guy **HOBBS** appointed guardian to Mary **KING** orphan of William **KING** deceased. Guy **HOBBS** {Seal} Nathan **RIDDICK** {Seal} Abel **ROGERSON** {Seal} [Wit:] H. **GILLIAM**

[984] 44 Nathan **NIXON** Nathan **RIDDICK** & Abel **ROGERSON** are held and firmly bound unto his ex-

Gates County, North Carolina, Guardian Bonds 1829-1835

~~cellency~~ State of No. Carolina ~~Esquire, Governor of the State aforesaid~~ in the full and just sum of Four hundred Dollars Dollars to be paid to /sd State/ this 17th day of November 1835. Nathan **NIXON** appointed guardian to Jos **WALTON** orphan of Tim° **WALTON** deceased. N.. **NIXON** {Seal} Nathan **RIDDICK** {Seal} Abel **ROGERSON** {Seal} [Wit:] H. **GILLIAM**

[985] 45 Nathan **NIXON** Nathan **RIDDICK** & Abel **ROGERSON** are held and firmly bound unto ~~his excellency~~ State of No Carolina ~~Esquire, Governor of the State aforesaid~~ in the full and just sum of Four hundred Dollars Dollars this 17th day of Nov 1835. Nathan **NIXON** appointed guardian to Mary Ann **WALTON** orphan of Tim° **WALTON** deceased. N.. **NIXON** {Seal} Nathan **RIDDICK** {Seal} Abel **ROGERSON** {Seal} [Wit:] H. **GILLIAM**

1835-1836

[986] 1 State of North Carolina. GATES COUNTY. KNOW ALL MEN BY THESE PRESENTS, That we Mills **ROBERTS**, Riddick **GATLING** & Ja^s. R. **RIDDICK** are held and firmly bound unto the State of North-Carolina, in the just and full sum of three thousand Dollars lawful money of the State aforesaid, for which payment well and truly to be made we bind ourselves, our heirs, executors and administrators, jointly and severally, firmly by these presents. Sealed with our Seals and dated this 17th. day of November Anno Domini one thousand eight hundred and thirty five.
WHEREAS Mills **ROBERTS** hath been this day by the Worshipful Court of said County, appointed Guardian to John **RIDDICK** Orphan of James W. **RIDDICK** deceased.
THE CONDITION OF THE ABOVE OBLIGATION IS SUCH, That if the said Mills **ROBERTS** Guardian aforesaid, shall well and truly discharge his Guardianship by taking care of and improving all the Estate belonging to the said orphan, and shall also settle his Guardian Accounts with the Court of said County, as is required by Law, and that he will deliver up to the said John **RIDDICK** Orphan, aforesaid, when he shall attain to lawful age, all such Estate as he ought of right to be possessed of, or sooner if required, agreeable to the true intent and meaning of an Act of the General Assembly in such case made and provided—then, in that case, the above Obligation to be void and of no effect.—otherwise to be and remain in full force and virtue. Mills **ROBERTS** (LS) R **GATLING** (LS) J. R. **RIDDICK** (LS) Signed and Sealed in presence of} H. **GILLIAM**

[987] 2 Mills **ROBERTS** Riddick **GATLING** & Ja^s. R. **RIDDICK** bound unto the State of North-Carolina, in the sum of three thousand Dollars 17 day of Nov one thousand eight hundred and thirty Five. Mills **ROBERTS** appointed Guardian to Emaly **RIDDICK** Orphan of James W. **RIDDICK** deceased. Mills **ROBERTS** (LS) R **GATLING** (LS) J. R. **RIDDICK** (LS) [Wit:] H. **GILLIAM**

[988] 3 James **PRUDEN** Richard **ODOM** & H **GILLIAM** bound unto the State of North-Carolina, in the sum of Three thousand Dollars 17th day of Nov. one thousand eight hundred and thirty Five. James **PRUDEN** appointed Guardian to Richard B. **GATLING** Orphan of Ethel^d B **GATLING** deceased. Ja^s. **PRUDEN** (LS) H. **GILLIAM** (LS) Rich^d. **ODOM** (LS) [Wit:] R.. **GATLING**

[989] 4 John **FELTON** Senr. Noah **HINTON** & Abel **ROGERSON** bound unto the State of North-Carolina, in the sum of Seven thousand Dollars 16 day of Febry. one thousand eight hundred and thirty Six. John **FELTON** Senr appointed Guardian to Sarah **HINTON** Orphan of Fre^d. **HINTON** deceased. John **FELTON** (LS) Noah **HINTON** (LS) Abel **ROGERSON** (LS) [Wit:] H. **GILLIAM**
[Back of bond:] I certify that John **WILLEY** Whitmel **STALL**___ & Joseph **RIDDICK** Esquires Justices were present when the guardian within named was appointed & approoved of the securities to the within Bond & concur___ in the appointment &c Test W. G. **DAUGHTRY** Clk

[990] 5 Thomas **TWINE** Geo^r **COSTEN** & Thos **COSTEN** bound unto the State of North-Carolina, in the sum of Three thousand Dollars 16th day of Feb^{ry}. one thousand eight hundred and thirty Six. Thomas **TWINE** appointed Guardian to Sally Ann **HUNTER** Orphan of Thos B **HUNTER** deceased. Thomas **TWINE** (LS) George **COSTEN** (LS) Thos. R **COSTEN** (LS) [Wit:] W. G. **DAUGHTRY**

Gates County, North Carolina, Guardian Bonds 1835-1836

[Back of bond:] I certify that W^m.. W. **COWPER** Henry **COSTEN** & W^m L [?] **BOOTHE** Esqui<u>rs</u> Justices were prese__ in court when the guardian within named was appointed and appro<u>o</u>ved of the securities to the within bond & concu<u>r</u>ed in the appointment. Test W. G. **DAUGHTRY** Cl_

[991] <u>6</u> Henry **GILLIAM** Marmaduke **NORFLEET** & W^m G **DAUGHTRY** bound unto the State of North-Carolina, in the sum of one thousand [blank] 16 day of Feby. one thousand eight hundred and thirty Six. Henry **GILLIAM** appointed Guardian to Mary Harriett Eliza /& Martha **PARK__** / Orphans of Ab **PARKER** deceased. H. **GILLIAM** (LS) W. G. **DAUGHTRY** (LS) Marmaduke **NORFLEET** (LS) [Wit:] J.. **RIDDICK**
[Back of bond:] I certify that Joseph **RIDDICK** Henry **COSTEN** & John **WILLY** Esquires Justices were present in court when the guardian within named was appointed and approved of the securities to the within bond, and concured in the appointment Test W. G. **DAUGHTRY** Clk

[992] <u>7</u> Bur<u>re</u>ll **BROTHERS** W^m.. L **REED** & W H **HARRELL** bound unto the State of North-Carolina, in the sum of Six thousand dollars 17 day of Nov. one thousand eight hundred and ~~thirty~~ 41 [sic] Burwell **BROTHERS** appointed Guardian to Ric^d **BROTHERS** Orphan of Wm **BROTHERS** deceased. B. **BROTHERS** (LS) W L **REED** (LS) W^m. H. **HARRELL** (LS) [No witness, nor certificate.]

[993] <u>8</u> Thomas **SAUNDERS** Henry **GILLIAM** & Riddick **GATLING** bound unto the State of North-Carolina, in the sum of Five thousand Dollars 17th day of Feb^ry. one thousand eight hundred and thirty Six. Thomas **SAUNDERS** appointed Guardian to Asa **ODAM** Orphan of Asa **ODAM** deceased. T. **SAUNDERS** (LS) H. **GILLIAM** (LS) R **GATLING** (LS) [Wit:] W. G. **DAUGHTRY**
[Back of bond:] I certify that John **WILLEY** Riddick **GATLING** & W^m L **BOOTHE** Esqui<u>rs</u> Justices were present when the within named guardian was appointed and approved of the securities to the within bond and Concured in the appointment Test W. G. **DAUGHTRY** Clk

[994] <u>9</u> Joseph **GORDON** & Henry **GILLIAM** bound unto the State of North-Carolina, in the sum of Four thousand Dollars 17th day of Feb^ry. one thousand eight hundred and thirty Six. Joseph **GORDON** appointed Guardian to George Jas. Thos. Barsheba & Eliza. **GRANB__** Orpha<u>n</u> of James **GRANBERY** deceased. Jos **GORDON** (LS) H.. **GILLIAM** (LS) [blank] (LS) [Wit:] W. G. **DAUGHTRY**
[Back of bond:] I certify that John **WILLEY** Riddick **GATLING** & W^m L **BOOTHE** Esqui<u>rs</u> Justices were present when the within named guardian was appointed and approved of the securities to the within bond and Concured in the appointment Test W. G. **DAUGHTRY** Clk
   [This bond has been filmed twice, but with different certificates on the backs. The following certificate appears on the back of the second copy:] "I certify that W^m. W. **COWPER** John **WILLEY** T **SAUNDERS**, David **PARKER** W. **STALLINGS** Riddick **GATLING** & A. W. **PARKER** Esquires Justices were present when the within guardian named was appointed and approved of the security to the within Bond & concured in the appointment Test W. G. **DAUGHTRY** Clk"

[995] <u>10</u> Peter **EURE** Nathl **EURE** & He<u>n</u>ery **CARTER** bound unto the State of North-Carolina, in the sum of Five hundred Dollars 17 day of Feb^ry. one thousand eight hundred and thirty Six. Peter **EURE** appointed Guardian to Oliver & Sarah **GRANT** Orphan of John **GRANT** deceased. Peter **EURE** (LS) Nathl.. **EURE** (LS) Henry **CARTER** (LS) [Wit:] W. G. **DAUGHTRY**
[Back of bond:] I Certify that W^m.. W. **COWPER** John **WILLEY** & W^m L **BOOTHE** were present when the within guardian was appointed and approved of the securities to the within Bond & concured in the appointment. Test. W G **DAUGHTRY** Clk

[996] <u>11</u> John C **GORDEN** Noah **HARRELL** & George **COSTEN** bound unto the State of North-Carolina, in the sum of Fifteen thousand dollars 16 day of May one thousand eight hundred and thirty Six. John C **GORDON** appointed Guardian to Timothy **LASSITER** Orphan of Henry **LASITER** [sic] deceased. John C. **GORDON** (LS) Noah **HARRELL** (LS) George **COSTEN** (LS) [Wit:] W. G. **DAUGHTRY**
[Back of bond:] I certify that John **WALTON** William **GOODMAN** & William **LEE** Esqrs we [sic] present when the within named Guardian was appointed and approved of the securities & concured in the appointment Test W G **DAUGHTRY** Clk

Gates County, North Carolina, Guardian Bonds 1835-1836

[997] 12 John C **GORDEN** Noah **HARRELL** & George **COSTEN** bound unto the State of North-Carolina, in the sum of Fifteen thousand dollars 16 day of May one thousand eight hundred and thirty six. John C **GORDON** appointed Guardian to Sarah M. **LASITER** [sic] Orphan of Henry **LASSITER** deceased. . John C. **GORDON** (LS) Noah **HARRELL** (LS) George **COSTEN** (LS) [Wit:] W. G. **DAUGHTRY**
[Back of bond:] I certify that John **WALTON** William **GOODM__** & William **LEE** Esqrs were present when the within Guardian was appointed and approoved of the securities & concured in the appointment. Test W G **DAUGHTRY** Clk

[998] 13 Riddick **GATLING** Whitmel **STALLINGS** & W^m. H **GOODMAN** bound unto the State of North-Carolina, in the sum of Twenty Thousand Dollars 17th day of May one thousand eight hundred and thirty 6. [sic] Riddick **GATLING** appointed Guardian to Mary & Elizabeth **SUM/NER/** Orphans of Charles **SUMNER** deceased. R **GATLING** (LS) W^m.. H **GOODMAN** (LS) Whit^l **STALLINGS** (LS) [Wit:] W. G. **DAUGHTRY**
[Back of bond:] I certify that David **PARKER** Joseph **RIDDIC_** & John C **GORDON** were present when the within named guardian was appointed and approoved of the securities and concu___ in the appointment. Test W. G. **DAUGHTRY** Clk

[999] 14 Joseph **GORDEN**, Marmaduke **NORFLEET** & Henry **GILLIAM** bound unto the State of North-Carolina, in the sum of Two thousand dollars 17 day of May one thousand eight hundred and thirty 6. Joseph **GORDEN** appointed Guardian to Sophia & David **BRINKLEY** Orphan of Miles **BRINKLEY** deceased. Jos **GORDON** (LS) M. **NORFLEET** (LS) H. **GILLIAM** (LS) [Wit:] W. G. **DAUGHTRY**
[Back of bond:] I certify That Joseph **RIDDICK** David **PARKER** & Jesse R **KEY** Esq^{rs} were present when the within named guardian was appointed and approoved of the securities & concured in the appointment Test W G **DAUGHTRY** Clk

[1000] 15 William H **GOODMAN** Riddick **GATLING** & W^m.. G **DAUGHTRY** bound unto the State of North-Carolina, in the sum of Ten Thousand dollars 17 day of May one thousand eight hundred and thirty 6. W H **GOODMAN** appointed Guardian to Henry, Mariah & Penninah **GOOD/MAN/** Orphans of Lemuel **GOODMAN** deceased. W^m.. H **GOODMAN** (LS) R **GATLING** (LS) W G **DAUGHTRY** (LS) [Wit:] D. **PARKER**
[Back of bond:] I Certify that W. W. **COWPER** Joseph **RIDDICK** & Lemuel **RIDDICK** Esqrs were present when the within named guardian was appointed, approoved of the securities & concured in the appointment Test W G **DAUGHTRY** Clk

[1001] 16 Isaac S **HARRELL** Henry **BOND** Thomas **COSTEN** & William H **HARRELL** bound unto the State of North-Carolina, in the sum of five thousand dollars 15th day of August one thousand eight hundred and thirty Six. Isaac S **HARRELL** appointed Guardian to Sarah **HINTON** Orphan of W^m. **HINTON** deceased. I. S. **HARRELL** (LS) Henry **BOND** (LS) T. R. C**ASTEN** (LS) W^m.. H. **HARRELL** (LS) [Wit:] W. G. **DAUGHTRY**
[Back of bond:] I certify that Henry **COSTEN** David **PARKER** Whitmel **STALLINGS** Jesse R **KEY** & Joseph **RIDDICK** Esqrs were present when the within named guardian was appoi__ed, approoved of the securities and concured in the appointment Test W G **DAUGHTRY** Clk

[1002] 17 Isaac S **HARRELL** Henry **BOND** Thomas **COSTEN** & W^m H **HARRELL** bound unto the State of North-Carolina, in the sum of ~~Ten~~ [?] five thousand dollars 15th day of August one thousand eight hundred and thirty six. Isaac S **HARRELL** appointed Guardian to Louisa **HINTON** Orphan of Wm **HINTON** deceased. I. S. **HARRELL** (LS) Henry **BOND** (LS) Thos. R. **COSTEN** (LS) W^m.. H. **HARRELL** (LS) [Wit:] W. G. **DAUGHTRY**
[Back of bond:] I certify that Henry **COSTEN** D. **PARKER** Whit **STALLINGS** Jesse R **KEY**, & Joseph **RIDDICK** Esqrs were present when the within named Guardian was appointed, approoved of the securities and concured in the appointmt. Test W G **DAUGHTRY** Clk

[1003] 18 Isaac S **HARRELL** Henry **BOND** Thomas **COSTEN** & W^m H **HARRELL** bound unto the State of North-Carolina, in the sum of Five thousand dollars [blank] day of August one thousand eight hundred and

Gates County, North Carolina, Guardian Bonds 1835-1836

thirty 6. Isaac S HARRELL appointed Guardian to Deannah HINTON Orphan of Wm HINTON deceased. I. S. HARRELL (LS) Henry BOND (LS) Thos. R. COSTON (LS) W^m.. H. HARRELL (LS) [Wit:] W. G. DAUGHTRY
[Back of bond:] I certify that Henry COSTEN David PARKER Whitmel STALLINGS Jesse R KEY, & Joseph RIDDICK /Esqrs/ were present when the within named Guardian was appointed, approved of the securities & concured in the appointment. Test W G DAUGHTRY Clk

[1004] 19 Henery GILLIAM Ja^s R RIDDICK & Jas [?] H RIDDICK bound unto the State of North-Carolina, in the sum of Five hundred Dollars 16th day of Augt. one thousand eight hundred and thirty [blank] Henry GILLIAM appointed Guardian to William HARE Orphan of John HARE deceased. H. GILLIAM (LS) J. R. RIDDICK (LS) Jas H RIDDICK [No witness.]
[Back of bond:] I certify that John C GORDON T SAUNDERS & Joseph RIDDICK Esquires were present when the within Guardian was appointed approved of the securities and concured in the appointment Test W G DAUGHTRY Clk

[1005] 20 Allen SMITH Lassiter RIDDICK & James R RIDDICK bound unto the State of North-Carolina, in the sum of Five thousand dollars 21st. day of November one thousand eight hundred and thirty Six. Allen SMITH appointed Guardian to Thomas MATTHEWS Orphan of John MATTHEWS deceased. Allen SMITH (LS) Lassiter RIDDICK (LS) J. R. RIDDICK (LS) [Wit:] W. G. DAUGHTRY
[Back of bond:] I certify that John C GORDON Riddick GATLING Jos RIDDICK & Willis F RIDDICK esquires were present when the within named Guardian was appointed approved of the securities and concured in the apointment Test W G DAUGHTRY Clk

[1006] 21 Lassiter RIDDICK Jas R RIDDICK & Joseph RIDDICK bound unto the State of North-Carolina, in the sum of Six thousand dollars 21st. day of Novr one thousand eight hundred and thirty six. Lassiter RIDDICK appointed Guardian to Harriet B GATLING Orphan of Etheldred B GATLING deceased. Lassiter RIDDICK (LS) J. R. RIDDICK (LS) Jo RIDDICK (LS) [Wit:] W. G. DAUGHTRY [Lower left corner of bond, in a different hand:] "Riddick GATLING Leml RIDDICK Willis F RIDDICK"
[Back of bond:] I do hereby Certify that Riddick GATLING Lemuel RIDDICK & Willis F RIDDICK Esq^rs were present when the within named Guardian was appointed approved of the securities & concured in the appointment Test W. G. DAUGHTRY Clk

[1007] 22 James BRIGGS Miles BRIGGS & Edward BRIGGS bound unto the State of North-Carolina, in the sum of Three Thousand dollars 22 day of Novr. one thousand eight hundred and thirty six. James BRIGGS appointed Guardian to Henrietta BRIGGS Orphan of Henrietta [sic] BRIGGS deceased. James BRIGGS (LS) Miles BRIGGS (LS) Edward BRIGGS (LS) [Wit:] W. G. DAUGHTRY
[Back of bond:] I do hereby certify that John C GORDON Lemuel RIDDICK & John WILLEY Esqrs. were present when the within named guardian was appointed approved of the securites and concured in the appointment. Test W. G. DAUGHTRY Clk ["Henry BRIGGS deceased" per Gates County Court Minutes.]

[1008] 23 Jonas HINTON Willis J RIDDICK & Absalom BLANCHED [sic] bound unto the State of North-Carolina, in the sum of One thousand dollars 22 day of Novr. one thousand eight hundred and thirty six. Jonas HINTON appointed Guardian to Richard BLANCHARD Orphan of [blank] deceased. Jonas HINTON (LS) Willis J RIDDICK (LS) Absalom BLANCHARD (LS) [Wit:] W. G. DAUGHTRY
[Back of bond:] I do hereby certify that John C GORDON John WILLEY & Lemuel RIDDICK Esqrs. were present when the within named guardian was appointed, approved of the securities and concured in the appointment Test W. G. DAUGHTRY

[1009] 24 Leah HOFFLER Mills ROBERTS & Jas T FREEMAN bound unto the State of North-Carolina, in the sum of One Thousand dollars 22 day of Novr. one thousand eight hundred and thirty six. Leah HOFFLER appointed Guardian to Penelope HOFFLER Orphan of Garrett HOFFLER deceased. Leah her X mark HOFFER [sic] (LS) Ja^s T FREEMAN (LS) Mills ROBERTS (LS)) [Wit:] W G DAUGHTRY
[Back of bond:] I do hereby certify that John C GORDON Esqr. John WILLEY Esqr. & Lemuel RIDDICK Esqr. were present when the within named Guardian was appointed, approved of the securities and concured

in the appointment Test W G **DAUGHTRY** Clk.

[1010] 25 Leah **HOFFLER** Mills **ROBERTS** & Jas T **FREEMAN** bound unto the State of North-Carolina, in the sum of One Thousand dollars 22 day of Novr. one thousand eight hundred and thirty six. Leah **HOFFLER** appointed Guardian to James R **HOFFER** [sic] Orphan of Garrett **HOFFLER** deceased. Leah her X mark **HOFFLER** (LS) Ja^s T **FREEMAN** (LS) Mills **ROBERTS** (LS)) [Wit:] W G **DAUGHTRY**
[Back of bond:] I do hereby Certify that John C **GORDON** John **WILLEY** & Lemuel **RIDDICK** Esq^{rs}. were present when the within named guardian was appointed, approoved of the securities and concured in the appointment Test W. G. **DAUGHTRY** Clk.

[1011] 26 Leah **HOFFLER** Mills **ROBERTS** & Jas T **FREEMAN** bound unto the State of North-Carolina, in the sum of One thousand dollars 22 day of Novr. one thousand eight hundred and thirty six. Leah **HOFFLER** appointed Guardian to Emily **HOFFLER** Orphan of Garrett **HOFFLER** deceased. Leah her X mark **HOFFLER** (LS) Ja^s T **FREEMAN** (LS) Mills **ROBERTS** (LS)) [Wit:] W G **DAUGHTRY**
[Back of bond:] I do hereby certify that John C **GORDON** John **WILLEY** & Lemuel **RIDDICK** Esqrs were present when the within named Guardian was appointed, approoved of the securites and concured in the appointment Test W. G. **DAUGHTRY** Clk.

[1012] 27 Leah **HOFFLER** Mills **ROBERTS** & Jas T **FREEMAN** bound unto the State of North-Carolina, in the sum of One thousand dollars 22 day of Novr. one thousand eight hundred and thirty six. Leah **HOFFLER** appointed Guardian to Leah **HOFFLER** Orphan of Garrett **HOFFLER** deceased. Leah her X mark **HOFFER** [sic] (LS) Ja^s T **FREEMAN** (LS) Mills **ROBERTS** (LS)) [Wit:] W. G. **DAUGHTRY**
[Back of bond:] I do hereby Certify that John C **GORDON** John **WILLEY** & Lemuel **RIDDICK** Esq^{rs}. were present when the within named Guardian was appointed, approoved of the securities and concured in the appointment. Test W. G. **DAUGHTRY** Clk.

END OF BOOK

DECEDENT INDEX

ARNOLD
William 101-103,207-209,518
AUSTIN
Richard 99,100
AUSTINE
Richard 144
BABB
Christerpher 826, 827
Christopher 737, 740
John 224-226, 372,373
BAGLEY
Trotman 949,950
BALLARD
Jethro 28
Thomas 484,485
Thomas W. 48-50
BARNES
Benjamin 22,25,26, 112,113
James 114-116,221 222
Richard 123-126, 154,155,162-165, 361,576
Thomas 259-262, 486-488
William S. 559, 682,891
BARR
William 548
BEEMAN
David 54
Israel 617,755,888
John 966,967
BENTON
Jesse B. 284,285, 423,424,602
Jethro 689,765, 799,830,850-854
BLADE
Abraham 873
BLADES
Esther 699
BOND
Richard 587,588, 770-772,814-817, 872,874,913,953

BOND
Richard, Sr. 575, 946
Thomas 340,448
BOYCE
Jonathan 273-276, 460-462,582-584, 778,779,800-802
BRADY
Luton 473
BRIGGS
Benjamin 705
Henry 1007
BRINKLEY
Elisha 301-305, 400,401,437-439, 674,747,748,828
John 87,91-95,219, 220,492,493
Miles 999
William 182-184, 348,454,455,526, 539,547,734,769,838
William, Sr. 150
BRISCOE
Ebon 957
BROTHERS
John 690,721
William 556
Wm. 992
BROWN
Jesse 536,695
CALLUM
Hezekiah 691
CARTER
James 30-33,398, 399,651
William 557
COPELAND
Henry 562,563, 664,665,805,896,968
COPLAND
Henry 804
COSTAN
James 410-412
COSTEN
Isaac 636,637
James 77-82,550
COSTON
Isaac 344,345,384, 385

COSTON
James 762,763
COWPER
John 46,417,527
CRAFFORD
William, Jr. 111
William, Sr. 110, 143
CROSS
Abel 27
Abraham 858,859
Elisha 1,652,685, 818-821,823, 927-930
James 541,675-678
John 135-141, 503-507,577,578, 757,758
Taylor 542,743
DAVIS
John 848
DUKE
Daniel 560
EASON
Frederick 741,856, 857
Hardy 970-973
ELLEN
Thomas 146
ELLIOT
Solomon 223
ELLIS
Shadrick 107
EURE
Lewis 887,895
FELTON
Charles 793
Noah 242-248,289, 290-292,394,395, 456-459,592-594,782
FIELDS
Mills R. 951
FIGG
James 392,393,524
FRANKLIN
Jonas 798
FREEMAN
William 11
GATLING
E. B. 935
Etheld. B. 988

GATLING
Etheldred B. 661, 662,663,669-672, 1006
James 551
Miles 71-75
GOODMAN
Lemuel 839,1000
William 186-189, 432,548,600,722
GRANBERY
James 994
John 325,326,367, 368
GRANT
John 995
GREEN
Aaron 614,797
GREGORY
Richard B. 724
GRIFFIN
Thomas 529,761, 811
GWIN
James 917
HARE
Elisha 198-201, 381,382,595
John 341,342,501, 502,564,768,939, 960,1004
Joseph 716
HARRELL
Elisha 277-281, 425-428,645,646, 756,889
Noah 3,12,558
Samuel 35
HARVEY
Charles W. 217
George A. 696,698
HAYES
Hance 227-231
HAYS
Benj. 965
Benjn. 944
HAYSE
Hance 429-431, 615,616,754
HILL
David 265,266,

DECEDENT INDEX

HILL
David 479,480,515
HINES
Moses 24
HINTON
Fred 989
James 621-625, 773-777,882-884, 886,976-978
James, Sr. 885
Rewben 942
Robert 644,878, 979
William 643
Wm. 1001-1003
HOBBS
Aaron 19-21, 322-324
HOFFLER
Garrett 1009-1012
James 530-532
HOFLER
Thomas 283
HUDGINS
Joseph 825
Josiah J. 847
HUNTER
Elisha 620
Isaac 686,718,719, 943,964
Isaac, Jr. 364-366, 610-612
Thos. B. 990
William 62,63,409, 693,694
HURDLE
Henry 175,176, 476,477,746,893
Kedar 706
Thomas 298,300, 449,481
William 252,253, 286,287,478,500, 519,520
JAMESON
William P. 552
JOHNSON
Esther 699
JONES
Benjamin 794
Britton 627
Demsey O. 314,472

JONES
Henry 915,916, 931,932,959
Nathl. 963
Whitmell 720
KING
William 983
KITTRELL
William 680
KNIGHT
James 446,447
LANDING
William 849,981
LANGSTON
Isaac 319-321, 443-445,604-607
Uriah 549
LASITER
Henry 808-810,996
LASSITER
Aaron 272
Henry 648-650, 920,997
Timothy 29
LEE
Stephen 922
LEWIS
Jno. 831,832
John 177-181, 293-297,450-453, 596-599,759,760, 941
Luten 129,130
Luton 195-197, 263,264,313,396, 397,433,586,673
Mills 362,363,608, 609
MANSARD
John B. 954
MATHIAS
William 47,383, 618,749
MATTHEWS
Andrew 553-555
John 1005
MELVIN
Frederick H. 921
MILLER
Robert 156-161, 329-333
MILTEAR
James 190,191

MINOR
Nicholas 238-240, 537,538
Nicolas 357
MOORE
Malichi 4
ODAM
Asa 993
Benj. 969
Ira 806,807
ODOM
Asa 561,784,936
Benjamin 407,408, 516,517,521,589, 590,591,727,728,899
Demsey 44,45,202
Ira 653,654
John 121,122,404
OUTLAW
George 299,312, 413
John 666-668
PARKER
Ab. 991
Abraham 923,924
David 370,371,725, 726
Edward 628
Elisha 17,18,241
James 282
Jesse 58
John 8-10,66-68, 379,380,710-713
John Swan 88-90
Joseph 540
Josiah 751,787
William 185,402
PEARCE
Daniel 866
PHELPS
Demsey 60,61
PILAND
Elisha 836
James 860,861
POWELL
Charles 127,128, 142
Daniel 751,785
Jacob S. 218,267, 268
John 709
PRUDEN
Nathaniel 254-258,

PRUDEN
Nathaniel 315-318,337-339, 343,434,435,508, 509,510,573,574, 633,634,735,736, 803,870,871
RIDDICK
Edward 64,65,498, 499
James W. 986,987
John 701-704
Lassiter 55-57,147, 148,149,213,214, 418-420
Micajah 543,545, 766,767
Thomas 840
ROGERS
Philip 349
Phillip 403
ROUNTREE
James 792
Miles 76,153,166, 406
Seth 38-43,269,416
SAUNDERS
Brian 752,753
Briant 104,105,822
Bryant 346,347, 474,475,603,604
Henry 51-53
Robert 118-120, 494-497,744,745
SAVAGE
Caleb 697
Jesse 961,962
SCEARS
Henry E. 59,106
SKINN
Stephen 470
SKINN__
Stephn 469
SKINNER
Stephen 471,780, 781
SMALL
Joseph 914
Moses H. 656-660
SMITH
Joseph 980
Thomas 2
SOUTHALL

DECEDENT INDEX

SOUTHALL
 James 626,890
SPEIGHT
 Francis 108,109
 Henry 738,739
 William 647,894
 Wm. 975
SPIVEY
 Abraham 85,86
 Jacob 13-16,83, 96-98,405,568
STAPLES
 John 601
SUMNER
 Charles 998
 Charles E. 868
 Chs. E. 937
 Jacob 84
 Jethro W. 837
SUTTON
 George 723, 833-835,945
TAYLOR
 Nathaniel 681,700
 Robert 955,956
TROTMAN
 Elisha 249-251, 511-513,533,534
 Noah 374-376,523, 613,683,786
 Riddick 306-311, 463-468,638-642, 788-791,843-846, 875-877
VOLLINTINE
 Joseph 69,70
WALTERS
 Isaac 215,216,414, 415,566,567,783
 William 36,37
WALTON
 Henry 862-864
 Jacob 684
 James 436
 Timo. 984,985
 Timothy 841,842
 Timothy, Sr. 925, 926
WARD
 Allen 546,635
 Daniel 933
 Henry 629-631, 812,813

WIGGINS
 James 688,714
 John 377,378
WILLIAMS
 Demsey 151,152
 Elisha 192-194, 390,391,535
 Halon 353-356, 569-572,729,730
 Jethro 5,6,7,482, 483,585
 Jonathan 892,974
 Seth 655
 William 880,881

FEMALE INDEX

Adeline
BARNES 559
Agatha
BRINKLEY 150, 348,526,539,769
TROTMAN 250,251,308,467, 512,639,788,843
Agathy
BRINKLEY 769
Alce
BRIGGS 705
Almira
WARD 546,635
Amanda
BOIT 818
CROSS 652
Ann
BOND 340
MATTHEWS 554
PARKER 711
Ann E.
MANSARD 954
Ann Eliza M.
COWPER 350
Ann Elizabeth
ROUNTREE 792
Armesa
BRINKLEY 93, 219
Armesia
BRINKLEY 492
EURE 887,895
Balinda
BAGLEY 949
Barsheba
GRANBERY 994
Bethaney
PARKER 327
Betsey
MULLIN 522
PARKER 17
Betty (of color)
JOHNSON 679
Carolina Virginia
COWPER 351
Caroline
HAYS 944,965
RIDDICK 840
SUTTON 834,945

Caroline Matilda
SUTTON 723
Catharine
GREGORY 687
POWELL 267
SMITH 2
Celah (See also Sealy)
LEWIS 831
Celia
LEWIS 294,796
PRUDEN 258,803
Celia M.
PRUDEN 574
Charity
ARLINE 172,528
BARNES 22
KITTRELL 680
Chloe
LASSITER 523
Christain
GWINN 917
Christian
BRINKLEY 302, 674
GWINN 917
GWINNN 917
HOBBS 19,322
LEWIS 197,433
PARKER 328,370
SMALL 660
Cinthia
BRINKLEY 184
Cloe
LASSITER 525
Cynthia
BRINKLEY 838
Dailey
BARR 548
Deannah
HINTON 1003
Deborah
WARD 630,813
Edith
GOODMAN 189, 432,600,722
Edney
PARKER 327,328, 370,371
Eletia
EASON 973
Eliz.

Eliz.
HARVEY 696
Eliza.
BENTON 799
BRINKLEY 301, 400
CROSS 858
GRANBERY 325, 326,994
HAYS 944
HOFFLER 531
HURDLE 519
PARKER 991
SMALL 656
Elizabeth
ARLINE 171
BARNES 116
BENTON 854
BOND 448,817, 913,953
BROTHERS 556
CROSS 542
EASON 741,856
GRANBERY 325, 326,367,368
GREGORY 687
HARVEY 696
HAYS 944
HINTON 942
HOBBS 21,323
LANDING 849
LEWIS 941
MINOR 239,537
ODOM 44
PARKER 8
RIDDICK 543,766, 767,840
SUMNER 206,235, 868,937,998
WIGGINS 714
WILLIAMS 7,359
Elizabeth B.
GATLING 669
Elizabeth G.
BOND 340
Elizabeth K.
WILLIAMS 483, 585
Elizabeth N.
EASON 855
Elizabeth P.

Elizabeth P.
ROGERS 241
Emaline
RIDDICK 543
Emaly
RIDDICK 987
Emila Eliza
RIDDICK 701
Emiley
TROTMAN 523, 683
Emily
BROTHERS 690
HOFFLER 1011
TROTMAN 523
Emily B.
GATLING 671
Emma
TROTMAN 375
Emmala
BROTHERS 721
Emmey
EURE 887
Esther
BLADES 699
COPELAND 565
JOHNSON 699
PHELPS 60
Evalina
JAMESON 552
SPEIGHT 738
SPIEGHT 738
Frances
SPEIGHT 109
Frances E.
GREGORY 724
Fruzey
TAYLOR 955
Fruzy
TAYLOR 955
Harriat
OUTLAW 312,413
Harriatt
OUTLAW 299
Harriett
PARKER 991
Harriet B.
GATLING 672, 1006
Harriett B.
GATLING 935

121

FEMALE INDEX

Heneretta
 COPELAND 968
Henrietta
 BRIGGS 1007
 COPELAND 664, 805,896
Henritta
 COPELAND 968
Holly (of color)
 JOHNSON 679
Jane
 CROSS 542,743, 879
 FELTON 289-292, 456-459,592-594,782
 GREGORY 687
 HARE 201,381
 RIDDICK 543
Jane B.
 GATLING 670
Jane R.
 RIDDICK 767
Janet M.
 MANSARD 954
Jincy
 GOODMAN 188
Julia
 BRIGGS 705
 BRINKLEY 92
 HUNTER 693
 OUTLAW 667
 RIDDICK 840
Keadey (Kiddy)
 PARKER 726
Kiddey
 BRINKLEY 401
Kiddy
 LEWIS 313
Lavina
 SMALL 914
Lavinia
 BRISCOE 957
 PARKER 710-713
 SMITH 980
Leah
 HINTON 643,644, 878,979
 HOFFER 1009, 1012
 HOFFLER 1009, 1010-1012
 ROUNTREE 41
Lena

Lena
 GREEN 421
Liddia (See also Lydia)
 SPIVEY 568
Louisa
 BROWN 536,695
 COPELAND 563
 HINTON 942,1002
 HUDGINS 825
 JONES 915,931, 959
 LEE 922
 LEWIS 941
 WARD 546
Lovey
 BRADY 59,106
Lucia
 MILTEAR 191
Lucindey
 BALLARD 28
Lucreatia
 FRANKLIN 798
Lydia (See also Liddia)
 SPIVEY 16,98,405
Macey
 WALTON 684
Marey
 WALTON 684
Margaret
 ARLINE 169,528
 BALLARD 829
 BARNES 259,486
 BENTON 799,853
 BOND 575,772, 872
 BRINKLEY 454
 CROSS 141,507, 579,758
 HARVEY 795
 LEWIS 181,363, 452,760
 MINOR 240,538
 ODOM 516
 WIGGINS 688
Margaret A.
 ODOM 589
Margaret Ann
 LILES 938
Margreat
 HARRELL 3
Margret

Margret
 HARRELL 12
 LEWIS 599,609
Maria
 GOODMAN 839
Maria
 LANGSTON 549
Mariah
 GOODMAN 1000
Martha
 BARNES 262
 DUKE 560
 KITTRELL 680
 KNIGHT 447
 LEWIS 397,586, 673
 PARKER 713,991
 PRUDEN 255,318, 337
 SOUTHALL 626
 STAPLES 601
 SUMNER 868
 WIGGINS 714
 WILLIAMS 360
Martha B.
 GATLING 661
Martha E.
 BARNES 891
 PRUDEN 508,632
Martha Eliza
 BARNES 559,682
Martha R.
 SUMNER 868
Mary
 BALLARD 48-50
 BEASLEY 53
 BENTON 982
 BRIGGS 705
 BRINKLEY 304, 438,747
 BROTHERS 484, 485,690
 DUKE 560
 EURE 887,895
 GREGORY 687
 HARE 939,960
 HARRELL 558
 HARVEY 795
 HINTON 621,773, 882
 KING 983
 LASSITER 810
 LASSITER 650

Mary
 PARKER 185,402, 991
 RIDDICK 57,420, 840
 ROGERS 349,403
 SAVAGE 707,961
 SOUTHALL 626, 890
 SUMNER 868,937, 998
 SUTTON 945
 TAYLOR 955,958
 TROTMAN 310
 WIGGINS 688
 WILLIAMS 356, 572,730,881,892,974
Mary A.
 BARNES 891
Mary Adaline
 BARNES 682
Mary B.
 CARTER 557
Mary E.
 RIDDICK 149
Mary G.
 CROSS 859
Mary Jane
 MELVIN 921
Mary Jane B.
 GATLING 918
Matilda
 BAGLEY 950
 MILTEAR 190
Mildred
 MATTHEWS 555
 PILAND 836
Miley
 BRINKLEY 87, 183
 GREEN 797
Milley
 BARNES 25,112
 BRINKLEY 547, 734
 CARTER 31
Millicent
 BRINKLEY 455
Mina
 BABB 224
Nancey
 MILLER 329
Nancy

FEMALE INDEX

Nancy
ARLINE 167
AUSTIN 100
BABB 826,827
BARNES 125,164
BLANCHARD 532
BOND 448,816, 946,953
HINTON 622, 774,883
HURDLE 706
JORDAN 742
LANGSTON 320, 445,607
LEWIS 130
MILLER 156
PARKER 89

Nansey
BEASLEY 51
BOND 340,448
CARTER 30
COSTEN 81
ELLIS 107
EURE 212
HURDLE 300,449
PHELPS 61

Oda
CRAFFORD 110

Ody
CRAFFORD 143

Parmela
CROSS 137

Patsey
LEWIS 196,264
WALTERS 34

Peggey
BARNES 26
LASSITER 29
LEWIS 296
WIGGINS 377

Peggy
BARNES 113
BRINKLEY 182

Penelope
HAYES 228
HOFFLER 1009
HURDLE 253,287
SUMNER 205,234
TROTMAN 463

Penina
TROTMAN 306

Peninah
COPELAND 562

Peninah
GOODMAN 839

Penninah
GOODMAN 1000

Permelia
LANGSTON 319, 443,605

Pleasant
COSTAN 412
COSTEN 80

Polley
COSTEN 79
CROSS 139
MILLER 157,330
PARKER 18
ROUNTREE 42
SPIVEY 15

Polly
CROSS 505
SPIVEY 97

Pricilla
HAYSE 429
LEWIS 396
ODOM 517,590, 727

Priscilla
LEWIS 263

Priscillia
ODOM 899

Prisscilla
HAYES 227

Prissilla
BRINKLEY 91-95
LEWIS 195
ODAM 969

Prudence
BARNES 154,155

Rachel
BRINKLEY 303, 437
HINES 24
KNIGHT 446,447
MILLER 161,333
PARKER 90

Rebecca
HARE 200,382, 595
TROTMAN 513, 534

Ruth
FELTON 248
LASSITER 272
RITTER 23

Ruthy
MILLER 160

Salley
HURDLE 298,481
LEWIS 293
ODOM 653
WILLIAMS 193

Salley B.
ODOM 561

Sally
BOND 814
BROWN 536,695
CROSS 821,929
HINTON 775,976
LEWIS 177
MELVIN 921
POWELL 751
RIDDICK 55-57
SPEIGHT 108

Sally Ann
HUNTER 990

Sally M.
LASSITER 809

Sarah
BABB 225,373, 826
BARNES 126,165
CROSS 685
GRANT 995
HINTON 623,884, 934,989,1001
LASSITER 649
MATTHEWS 553
OUTLAW 666
POWELL 785
RIDDICK 55-57, 702,840

Sarah A.
HUNTER 952

Sarah E.
FRANKLIN 798
ODAM 806

Sarah M.
LASITER 809, 997

Sarah Margaret
LASSITER 920

Sealy (See also Celia)
LEWIS 178

Selah
LEWIS 453,598
PRUDEN 435

Sena

Sena
EASON 741

Senah
EASON 857

Sidney
HURDLE 893

Sincy
GREEN 270

Sophia
BRINKLEY 999
HURDLE 176,477, 746,893
ODOM 654
SMALL 657
TROTMAN 374

Sophia A.
ODAM 807

Susan
BEEMAN 755
COPELAND 665, 804
COPLAND 804
JONES 336,491, 580
ODOM 202

Susan Jane
BEEMAN 888

Susanna
CROSS 27
ODOM 45
SMITH 34

Susannah
BEEMAN 617
PILAND 836
SPIEGHT 739

Tamer
GRIFFIN 529

Thamor
GRIFFIN 761

Thana
PARKER 725

Thaner
GRIFFIN 811

Thaney
PARKER 371

Theresa
PARKER 68

Zelia
GATLING 74

FEMALE INDEX

NICKNAMES

Ann=Nancy
Bethany=Thaney
Betsy=Elizabeth
Chitty=Chester
Fanny=Frances
Margaret=Peggy
Mary=Polly
Peggy=Margaret
Peninah=Penny
Penelope=Penny
Polly=Mary
Sarah=Sally
Thaney=Bethany
Treasy=Theresa

NAME INDEX

A

ARLINE
Charity 172,528
Elizabeth 171
James 170,528
Jesse 146,167-174,
372,373,386-389,
516,517,521,528,
589,590,591,727,
728-730
John 173,528
Margaret 169,528
Mary 168,528
Nancy 167
ARNOLD
Edward 101,208,
518
John 102,209,518
William 101-103,
207-209,518
AUSTIN
James 99
Nancy 100
Richard 99,100
AUSTINE
Richard 144

B

B
Thomas 53
BABB
Christerpher 826,
827
Christopher 737,
740
John 224-226,372,
373,827
Mina 224
Nancy 826,827
Sarah 225,373,826
Uriah 740
William 224-226,
372,373,737
BAGLEY
Balinda 949
Matilda 950
Trotman 13-16,
38-43,949,950
BAKER
Jn. B. 598
Jno. B. 217,350,
351,352,416,539,
542,596,597,599,
620,687,724
John B. 217,313,
350-352,414,415,
558,596-599,687,

BAKER
John B.
696,698,699,724,
725,726,737-741,
754-758,794,824,
827,828,832
BALLARD
Alfred 628
B. B. 267
Ben. 620-626,655,
657,658
Benj. B. 267,268,
829
Benja. 656,659,
660
Benjamin 616,617,
838
Benjamin B. 681,
688,689,701-704,
707,708,811,
818-821,823
Bn. B. 268
Henry 526
James 49
James A. 484
Jethro 28,48,595
John B. 259
K. 46,149,267,268,
383,437-439,446,
447,469-473,527,
618,628,656-660
Kedar 3-7,24,28,
36-43,46,47,55-57,
60-65,69,70,101-103,
114-116,121-141,
149-152,198-206,
210,215-220,223,
224-236,238-241,
254-282,284-292,
298-300,303-313,
329-336,344-347,
383,437-439,446,
447,469,470-473,
508-510,519,520,
523-532,536-538,
542,550,556,558,
560,562-565,610,
611,612,618,656,
657-660,681-686,
722,859
Lucindey 28
Margaret 829
Mary 48-50
R. H. 526,527,595
Rd. H. 917
Richard H. 527,595
Richd. H. 917
Thomas 50,484,
485

BALLARD
Thomas W. 48-50
BARNES
Adeline 559
Benjamin 22,25,26,
112,113,115,222
Charity 22
Elizabeth 116
James 3,114-116,
124,163,221,222
Jas. 3
Jesse 259-262,
486-488
Jethro 154,361,576
Jos. J. 628
Joseph 114,221
Margaret 259,486
Martha 262
Martha E. 891
Martha Eliza 559,
682
Mary A. 891
Mary Adaline 682
Milley 25,112
Nancy 125,164
Peggey 26
Peggy 113
Pipkin 123,162
Prudence 154,155
R. 95
Ricd. 94
Richard 77-88,91,
92,123-126,154,155,
162-165,261,361,
488,576
Richd. 89,90,93
Sarah 126,165
Thomas 22,25,26,
51-53,259-262,
486-488
W. 123-126
W. S. 103,221,
222,313
William 103,
123-126,221,313,431
William S. 221,
222,286,287,425,
426,429,432,484,
485,559,682,891
Wm. 102,325
Wm. S. 101,102,
326,430,500
BARNS
William 101
BARR
Briton O. 548
Britton 548
Dailey 548
Isaac 548

BARR
James 548
William 548
BEASLEY
Mary 53
Nansey 51
William 52
BEEMAN
A. 504
Ab. 707
Abm. 501,708
Abraham 29,34,54,
66-68,71-76,107,108,
109,117-120,127,
128-134,143,
145,151-153,
162-166,190-197,
211-214,217,
219-222,273-281,
299,319,322-324,
337-340,425-428,
443-445,475-477,
545,601-603,645,
646,691,692,696,
698,699,710-715,
717,725,726,738,
739-746,748,749,
754-758,762-764,
766-769,778-781,
799,805,824,827,
832,838,839,843,
844-846,856-858,
865,873,878,888,
889
Abram 301,302,
315-318,320,321,
346,347,349-361,
364-369,374,375,
415,425,426,460,
461,462,474,486,
487,488,494-497,
503,505-507,543,
546,588,600,617,
718,719,874-877
Am. 54,66-68,129,
130,274-281,346,
347,425-428,443,
444,445,474-477,
502,617,645,646,
707,708,718,719,
746,755,756,858,
888,889
David 54
Israel 617,755,
888,966
Jno. 596-599,603,
604-607,617,645,
646,715,755,756,
759,760,849,858,

NAME INDEX

BEEMAN
Jno. 860,873,880, 881,887-889
John 596-599, 603-607,617,645, 646,715,755,756, 758-760,849,858, 860,861,880,881, 887-889,966,967
Susan 755
Susan Jane 888
Susannah 617
William 967
BEIMAN
Am. 273
William 270
BENTON
Eliza 799
Elizabeth 854
Jesse 284,285,689, 799,852
Jesse B. 35,76,104, 105,284,285,423, 424,602
Jethro 689,765, 799,830,850-854
Jno. 830
Jno. T. 28,182-184, 299,303-305, 307-311,325,326
John 765,851
John B. 284,423
John T. 28, 182-184,299,306, 327,328,337-340, 349
Jordan 982
Lemuel 799,850
Margaret 799,853
Mary 982
Seth 731-733
William 602
William S. 285, 424,689
Wm. S. 689
BERIMAN
William 271
BERRIMAN
William 270
BERRYMAN
William 271
BILLUPS
Jos. R. 941
Joseph R. 941
BIRD (See also BYRD)
William 174,403
Wm. 146
BLADE
Abraham 873
BLADES

BLADES
Esther 699
BLANCHARD
Absalom 1008
B. 60,61,536
Benjamin 60,61, 536
Isaac 530
John 536
Nancy 532
Richard 530,1008
William, Jr. 723
Wm., Jr. 723
BLANCHED
Absalom 1008
BLANSHARD
John 536
William 36,37
Wm. 36
BOIT
Amanda 818
BOND
Ann 340
Elisha H. 60,61
Elizabeth 448,817, 913,953
Elizabeth G. 340
Henry 272,340,448, 463-468,558,587, 588,638-644, 661-663,770-777, 788-791,872,874, 882-886,1001, 1002,1003
James 588,771,874
Jno. 946
John 334,587,770, 946
Margaret 575,772, 872
Nancy 448,816, 946,953
Nansey 340,448
Noah 815,953
Richard 369,409,436, 558,587,588, 770-772,814-817, 872,874,913,953
Richard, Sr. 575, 946
Richd. 409,436, 558
Sally 814
Thomas 62,76, 96-98,227-231, 340,448
Thos. 62,76,96-98, 227-231
William 369,913

BOOTH
James 146,227-231, 429-431,516,517, 521,528,589,615, 616,636,637,785, 959,960
James, Sr. 100
William 825
William L. 859,860
BOOTHE
James 100,146, 227-231,429-431, 589-591,615,616, 636,637,727-730, 754,785,867,934,960
Jas. 516,517,521, 528,589-591,727-730
W. L. 893
William L. 867, 880,881,892,939
Wm. L. 825,868, 887,990,993-995
BOYCE
Elisha 276
James 275,462, 584,779,802
John 273,460,582, 778,800
Jonathan 273-276, 460-462,582-584, 778,779,800-802
William 142,274, 461,583,801
BRADY
James, Sr. 59
Lovey 59,106
Luton 473
Mills 59,106
BRIGGS
Alce 705
Benjamin 348,526, 705
Charles 866
Edward 547,734, 954,1007
Henrietta 1007
James 734,1007
Josiah 866
Julia 705
Mary 705
Miles 917,1007
Richard 547,734
Richd. 547,734
BRINK___
William 103
BRINKLEY (See also BRINKY)
Agatha 150,348, 526,539,769
Agathy 769
Armesa 93,219

BRINKLEY
Armesia 492
Arthur 95
Benjamin 94,220, 493
Calvin 305,439, 748,828
Christian 302,674
Cinthia 184
Cynthia 838
David 999
Elisha 301-305, 400,401,437-439, 674,747,748,828
Eliza 301,400
Henry 207-209, 238,301,302
James 83,300,409, 421,422,449,635, 674,693-695
Jethro 91,219,220, 492,493
John 87,91-95,219, 220,303-305,437, 438,439,492,493, 747-749
Julia 92
Kiddey 401
Margaret 454
Mary 304,438,747
Miles 999
Miley 87,183
Milley 547,734
Millicent 455
Peggy 182
Prissilla 91-95
Rachel 303,437
Sophia 999
W. 207-209,238
William 87,91-95, 101-103,150,182, 183,184,207-209, 238,348,454,455, 526,539,547,734, 769,838
William, Sr. 150
Wm. 87,91-94,101, 102,147,148,150
BRINKLY
Henry 207,208, 301,302
James 83,635,674, 693-695
Jethro 493
Jno. 747-749
John 303-305,437, John 438,439
BRINKY
Henry 209,238
Wm. 95
BRISCOE

NAME INDEX

BRISCOE
Ebon 957
John 957
Lavinia 957
Richard 957
BROOKS
Joseph 921
BROTHERS
B. 992
Burrell 992
Burwell 992
Elizabeth 556
Emily 690
Emmala 721
James 556
John 47,239,240,
690,721
Marmaduke 721
Mary 484,485,690
Ricd. 992
Richard 556
Robert 556
William 47,182,
183,184,239,240,
298,348,454,455,556
Wm. 298,348,992
BROWN
James 850-854
Jesse 536,695,858
Louisa 536,695
Sally 536,695
William 536,695
BUNCH
Willis 706
BURTON
Hutchins G. 661,
662-678,680-723
BYRD (See also BIRD)
William 99,100,
151,152,174,313,
349,403,433
William B. 100

C

CALLUM
Hezekiah 691
Willis 691
CARR
T. W. 721,829
Tilley W. 721,890,
920
Tilly W. 829
_____ W. 920
CARTER
Alexande 398
Alexander 30-33,
398,399,450-452
Henery 995
Henry 32,398,995

CARTER
James 30-33,398,
399,651
Lewis 30-33
Mary B. 557
Milley 31
Nansey 30
William 557
CASTEN (See also COSTAN,COSTEN, COSTON)
T. R. 1001
Thos. 952
Thos. K. 952
CAWPER (See also COWPER)
William W. 738,
739,740
CLEAVES
William 337-339,
434,435,482,483,
508-510,535,563,
632-634,680,735,
736,870,871
Wm. 337-339,
434,435,482,483,
508-510,535,563,
632-634,680,735,
736,870,871
COPELAND
Elisha 565
Esther 565
Heneretta 968
Henrietta 664,805,
896
Henritta 968
Henry 167-173,
361-363,528,562,
563,565,664,665,
805,896,968
James 565
Jesse 565
John 565
Louisa 563
Peninah 562
Susan 665,804
COPLAND
Henry 804
Susan 804
COSTAN (See also CASTEN,COSTON)
Henry 410
James 410-412
Pleasant 412
COSTEN
David 636
Geor. 990
George 550,620,
636,637,648-650,
686,691,692,701,
702-704,762-764,

COSTEN
George 808-810,
814-817,920,943,
953,990,996,997
Henry 77,550,913,
935,942,946,953,
990,991,1001-1003
Isaac 29,344,345,
384,385,550,636,
637
Isac 636
James 77-82,344,
345,384,385,410,
411,412,550,620,
636,637,648-650,
691,692,701-704,
808-810,943
James Hinsey 692
James, Sr. 762,764,
943
Jas. 814-817
Jas., Sr. 763
Marmaduke 82
Nansey 81
Pleasant 80
Polley 79
Thomas 637,1001,
1002,1003
Thos. 990
Thos. R. 990,1002
COSTON
David 345,384
Demsy 945
George 762-764
Henry 762,953
Isaac 344,345,384,
385
James 344,345,
384,385,762-764
James Kinsey 764
Thomas 344,385
Thos. R. 1003
COWPER (See also CAWPER)
Ann Eliza M. 350
Carolina Virginia
351
John 46,417,527
John James 352
W. W. 1000
William 46,417,
527
William W. 561,
740,843-845,848,
862-865,872-874,
892,929,931,936,
937-939,942,943
Wills 46,325,326,
344-347,350-352,
367,368,377-380,
400,401,417-420,

COWPER
Wills 511-513,
527,687
Wm. W. 561,
738-740,826,827,
880,881,887,890,
927,928,946,990,
994,995
CRAFFORD
John O. 111
Oda 110
Ody 143
William, Jr. 111
William, Sr. 110,
143
CROSS
Abel 27
Abm. 111-113,121,
122,129,130,154,
155,175-181,402,
404,407,408,563,
585,722,743,746,
784
Abraham 111-113,
121,122,129,130,
154,155,175-181,
402,404,407,408,
585,600-603,632,
706,709,720-723,
743,746,770-777,
784,797,858,859
Abram 561,563,
582-587,604-609,
633,634,645
Alfred 685,820,928
Amanda 652
Benja. 823
Benjamin 676,685,
930
David 542,549
Elisha 1,121,122,
145,259-262,404,
486-491,652,685,
818-821,823,927,
928-930
Eliza. 858
Elizabeth 542
Etheld. 935
Etheldred 743,836,
935
Hardy 136,361,
503,576
James 145,369,
541,675-678
Jane 542,743,879
Jno. 1
John 1,135-141,
503-507,577-579,
685,757,758,819,
927
Margaret 141,507,

NAME INDEX

CROSS
Margaret 579,758
Mary G. 859
Parmela 137
Polley 139
Polly 505
Richard 1,135,145, 369,541
Riddick 22,25,26, 108-111,129,130, 143,675
Ridk. 129,130,143
Sally 821,929
Samuel 154,155, 563
Sarah 685
Susanna 27
Taylor 112,113, 185,259-262,542,743
Taylor C. R. 112, 113
Washington 677
William 138,504, 577
Willis 542,549, 580,743,818-821, 823,879-881,895, 914-916,980
CULLEN
Nathan 23
CULLENS
Nathan 322-324, 414,415,519,520, 546,558,566-568, 700,783,795,862, 863,864,925,926
CULLINS
Nathan 23,299,405, 406,414,415,519,520

D

DARDEN
Leml. G. 859
Lemuel G. 859
Saml. 117-120
Samuel 117-120
DAUGHTER
Nathaniel 689
DAUGHTIE (See also DOUGHTIE)
Wm. G. 859
DAUGHTRY
W. G. 679,989,990, 991,993-1012
Wm. G. 991,1000
DAUGHTY
W. G. 859
DAVIS
John 283,848
Thomas 848

DOUGHTIE (See also DAUGHTIE)
Nathl. 689
DUKE
Abraham 24
Albert 560
Daniel 560
David 560
Elisha 560
James 560
John 560
Martha 560
Mary 560

E

EASON
Charles 855-857
Eletia 973
Elizabeth 741,856
Elizabeth N. 855
Frederick 741,856, 857
Hardy 970-973
Isaac 970
Sena 741
Senah 857
Solomon 971
Whitmel 972
ELEY
William 942
Wm. 942
ELLEN
John 146,174
Thomas 146
ELLIOT
Lemuel 223
Solomon 223
ELLIS
Nansey 107
Shadrick 107
EURE
---- 922
Armesia 887,895
Blake 288,514
Charles 66-68
Demsey 699
Demsy 699
Elisha 211,212, 236,647
Emmey 887
Henry 514,887,895
Hillory 514
Hillory H. 288
Hy. H. 514
Levi 30-33,131,
EURE
Levi 132-134, 425-428,443-445
Lewis 106,135, 136-139,140,141,

EURE
Lewis 211,212, 273-281,315-321, 346,347,347,440, 441,443,444,445, 460-462,474,475, 489-491,514,542, 582-584,602-607, 682,684,685,697, 717,752,753, 778-781,887, 895
Mary 887,895
Mills 17,18,34,44, 45,51-54,182-184, 211,213-216,227- 231,319-321,346, 347,349,361,370, 371-377,402-409, 421-428,441,450, 451,452,453,460, 461-463,474,475, 554,577-581,603, 604-607,615,645, 646,648-651,720, 721,800-802,887, 888,889,895,922
Nansey 212
Nathan 879
Nathaniel 651,737, 738-740,744,745, 750,800-802,826, 895,922,927,931, 932
Nathiel 827
Nathl. 651,737, 738-740,744,745, 750,800-802,826, 827,865,879-881, 895,922,927-932, 995
Peter 288,514,651, 995
Samuel 107,236
Samuell 107
Stephen 273-281, 460-462,580-584
Uriah, Sr. 211,212
Whitmel 211,212
Whitmell 211
EVANS
Samuel 679

F

FELTON
Charles 793
David 459
David F. 244,289
David T. 592
Elisha 247,292,458

FELTON
Jane 289-292,456, 457-459,592-594,782
John 793,989
John, Sr. 989
Kedar 941,945
Micajah 243,395
Noah 242-248,289, 290-292,394,395, 456-459,592-594,782
Ruth 248
Samuel 782
Samuel H. 246, 291,457,594
Shaderick 394
Shadrach 242
FIELD
Frederic 272
Frederick 272
Mills R. 19-21,64, 65,84,153,210
FIELDS
Leml. K. 951
Mills R. 951
FIGG
James 392,393, 524,831,832
John 392,524
FOSTER
Joel 13-16
FOWLKES
J. 923,942
Jeptha 923,942
FRANKLIN
John A. 798
John P. 798
Jonas 219,220,798
Lucreatia 798
Micajah D. 798
Nathan P. 798
Sarah E. 798
FRANKLING
Jonas 219
FREEMAN
David 442,581, 750,865
James 11
James T. 848,882, 883-886,949,950, 956,965,976
Jas. T. 848,882, 883-886,949,950, 956,965,976-978, 1009-1012
Jno. 581,750
John 581,750,865
Jon. 865
Jos. 442,581-584, 750,865
Joseph 442,581, 582-584,750,865

NAME INDEX

FREEMAN
Thomas 11
Thos. 11
Timothy 11,13-16, 38-43,76,84,190, 191,322-324,478, 479-481
Timy. 11,13-16, 38-43,76,84,190, 322-324, 478-481
William 11

G

GARY
S. T. 860
T. 859
Tho. 862-865, 868,870,871,874, 875-886,888-893
Tho. S. 895,915, 916,918,920-932, 934,935,937-941, 943
Thomas 844,845, 872,873,887
Thomas S. 942
Thos. 846,847
Thos. S. 917

GATLIN
James 203-206, 242-253,265,266, 488
Jas. 487,488,500

GATLING
Arthur 73
E. B. 602,935
Edward 71
Elizabeth B. 669
Emily B. 671
Etheld. B. 988
Etheldred B. 602, 661-663,669-672, 1006
Harriet B. 672, 1006
Harriett B. 935
James 2-7,9,10,12, 19-26,28-34,71-75, 85-87,91-95,99,106, 114-120,147-149, 154,155,167,169, 170-173,175-181, 185-197,263,264, 267,268,288-299, 350-361,378-380, 383-401,410-413, 417,427,428,430, 431,454-468,474, 475-477,482,483,

GATLING
James 501-507,518,523-532, 535,551
Jane B. 670
Jas. 119,120,484, 485,486,489-491, 498,499,503,505, 506-513
Jno. 143,175,176, 476,477,551,552, 746,893,953
Jno., Jr. 551
John 22,25,26,54, 71-75,108-110,143, 175,176,476,477, 868,893,937
John B. 662
John, Jr. 551,552
John, Sr. 551,552, 746
Joseph 72
Martha B. 661
Mary Jane B. 918
Miles 71-75
R. 494-497,551, 552,608,609,798, 822,868,893,937, 974,986-988,993, 998,1000
Richard 663
Richard B. 988
Rid. 945
Riddick 362,363, 494-497,551,552, 608,609,798,822, 848,859,860,865, 868,879,882-886, 888,892,893,937, 974,986,987,993, 994,998,1000,1005, 1006
William 551
William, Jr. 737
Wm. 737
Zelia 74

GILLIAM (See also GUILIAM, GUILLIAM)
H. 283,314, 374-376,413,448, 469-473,523, 632-634,673,680, 684,707-709,715, 735,736,754-756, 780,781,784,785, 798,803,811,824, 828,839,849,870, 871,890,918,936, 942,944-946,948, 949,950,952-956,

GILLIAM
H. 958-967,969, 974-979,982-989, 991,993,994,999, 1004
Henery 1004
Henrey 880,960
Henry 283,312, 314,341-343,362, 363,374-376, 378, 379,380,390-397, 413,416,418-420, 446-449,469-473, 519,520,523,551, 558,576,586-599, 616,617,632-634, 638-644,647,673, 680,684,696,698, 699,707-715,724, 735,736,738-740, 742,743,746,748, 749,754-756,780, 781,784,785,798, 799,803,806-817, 822,825,827,836, 837,847,849,851, 852-854,859,860, 868,871,881,887, 890,893,915-918, 931,933,936,942, 944,959,961,991, 993,994,999

GOODM_
William 997

GOODMAN
B. 924
Barnes 284,285, 423,424,725,726, 765,924,945
David 440
Dempsey 915,916
Dempsey S. 577, 578,579,915,916
Demsey S. 577-579
Edith 189,432,600, 722
H. 162-165
Henry 1,4-8,13-16, 19-23,25-27,44,45, 51-53,58,69,70,88, 89-95,99,111-113, 142,186-189,722, 1000
Isaac 548
James 327,328, 370,371,544
Jincy 188
Joel 144,440,441
John 186,839
Leml. 186-189, 432,442,582-584,

GOODMAN
Leml. 600,633,634
Lemuel 186-189, 432,442,543,585, 600,615,632,638, 639-644,683,685, 686,691,692,710, 711-715,839,1000
Maria 839
Mariah 1000
Peninah 839
Penninah 1000
Richard H. 441
Richd. 839
W. H. 1000
Will 517
Will, of H. 162, 164,165
Willi, of H. 163
William 4-7,58,99, 135-141,151,152, 162-165,186-189, 348,432,503-507, 511,512,518,536, 548,551,576-579, 585,590-600,664, 665,669-672,722, 724,737,740,741, 744,745,750-753, 755-758,798-803, 805,925,926,946, 996
William H. 600, 722,839,1000
William Henry 839
William, of Henry 58
William, of Joel 144,440,441
Wm. 4-7,99,144, 151,152,301,302, 313,484-491,513, 515,516,521,522,644
Wm. H. 722,839, 998,1000

GORDAN
Joseph 724

GORDEN
John C. 996,997
Joseph 999

GORDON
James 550,686
Jno. C. 348,454, 455,626,656-658, 679,690,717,721, 890,920
John C. 329-333, 348,454,455,626, 656-660,679,690, 717,721,847,850, 851,890,893,915,

NAME INDEX

GORDON
John C. 916,917, 920,966,967,996, 997,998,1004,1005, 1007-1012
Jos. 3,35,55-57,87, 114-116,147,148, 150,221,222,242, 243-253,325,326, 329,330-333,364, 365-368,381,382, 394,395,413,469, 470-473,476,477, 537,538,556,557, 565,656-660,698, 717,724,780,781, 856,857,866,970, 971-973,994,999
Joseph 3,17,18,35, 55-57,87,114-116, 147,148,150,154, 155-168,202,221, 222,242-253,326, 329-333,364-368, 381,382,394,395, 413,469,471,473, 476,477,537,538, 547-549,554-557, 559,565,656-660, 698,717,855-857, 866,972,973,994

GRANBERY
Barsheba 994
Eliza. 325,326,994
Elizabeth 325,326, 367,368
George 994
George W. 325, 326,368
James 994
Jas. 994
John 325,326,367, 368
John J. 325
Thos. 994

GRANT
John 995
Oliver 995
Sarah 995

GREEN
Aaron 270,271, 421,422,614,797
Lena 421
Mathew 271
Matthew 422,614
Miley 797
Samuel 525
Sincy 270

GREGORY
Catharine 687
Elizabeth 687

GREGORY
Frances E. 724
Hosea 36,37
Jane 687
Jane A. 724
Joseph 687
Mary 687
Mary Ann 724
Richard B. 724
Richard John 724
Thomas 546

GRIFFIN
Tamer 529
Thamor 761
Thaner 811
Thomas 529,761, 811

GUILIAM (See also GILLIAM)
Henry 828

GUILLIAM
Henry 824,839

GWIN
Edward 917
James 917
John 156-161
Thos. 917

GWINN
Christain 917
Christian 917

GWINNN
Christian 917

H

HARE
Brian 716
Bryant 716
Edward 342,502, 564,768
Elisha 198-201, 381,382,595
Jacob 199
James 341,501
Jane 201,381
John 156-161, 198-201,341,342, 501,502,564,716, 768,939,960,1004
Joseph 716
Mary 939,960
Rebecca 200,382, 595
Robert 939,960
Thomas 198
Westley 716
William 1004
Wm. 960

HARREL
Abraham 782,783

HARRELL

HARRELL
A. 28,114-116,218, 223,242-247, 388,389,557,681, 741,778,779,792
Abm. 267,268
Abraham 28,114, 115,116,218,223, 242-247,329,335, 336,394,395,410, 492,493,537,538, 557,610-612,681, 682,683,685,690, 731-734,737-739, 741-745,755-760, 778,779,784,788, 789-792,795,796, 818-821,823,825, 836,837
Abram 327,328, 330-334,381-387, 394,395,398,399, 411,414,440,441, 446,447,508-510, 514,559,684,741
Andrew 938
Elijah 281,426,836, 847
Elisha 277-281, 425-428,645,646, 756,889,957
George 236,715
Henry 35
I. S. 1001-1003
Isaac S. 1001-1003
Jethro 957
Josiah 277,427,645
Lemuel 278
M. B. 741
Margreat 3
Margret 12
Mary 558
Moses 741
Noah 3,12,77-82, 210,535,558,718, 719,920,921,996,997
Peter 236,715
Reuben 293-297, 923
Samuel 3,35
Thomas 280,425
W. H. 992
William 35,242, 243-248,394,395,557
William H. 1001
Wm. H. 992,1001, 1002,1003

HARRISON
Jonathan 322-324

HARVEY
Charles 168

HARVEY
Charles W. 8-10, 13-16,60-65, 96-100,108-110, 121-126,129-141, 145,146,149,150, 156-161,169-173, 185,217
Chas. W. 149
Edmond B. 795
Eliz. 696
Elizabeth 696
Geo. A. 147,148, 217
George 696
George A. 217,696, 698,717
Jacob J. 696
James A. 698,717
James Gregory 217
Margaret 795
Mary 795
Mary Ann 696
William M. 149, 350,351,352,696,698
Wm. M. 350-352, 698
Wm. W. 149,696

HAYES
Asa 231
Hance 227-231
Henry 230
John 564
Joseph 655
Penelope 228
Prisscilla 227
Wright 229

HAYS
Benj. 965
Benjn. 944
Caroline 944,965
Docton 564
Eliza 944
Elizabeth 944
Timo. 751
Timothy 787,946
William 787
Wright 939,946
Wt. 946
Zac. 751
Zaccra 787

HAYSE
Asa 431,616,754
Benjamin 369
Docton 564
Hance 429-431, 615,616,754
John 564,768
Joseph 655
Pricilla 429
Timothy 787

NAME INDEX

HAYSE
William 787
Wright 430,615
Zackriah 787
HILL
David 265,266,
479,480,515
Joseph 265,479
Miles 38-43
Moses 266,480,515
Robert 682
HINES
Moses 24
Rachel 24
HINTON
Deannah 1003
Elizabeth 942
Fred. 989
Frederick, Jr. 934
James 621-625,773,
774-777,882-884,
886,976-978
James, Jr. 885
James, Sr. 885
John 532,575,742,
872,874,949,950
John, Sr. 742,872,
949,950
Jonas 1008
Leah 643,644,878,
979
Louisa 942,1002
Mary 621,773,882
Nancy 622,774,883
Noah 625,777,886,
941,978,989
Reuben 942
Reuben, Jr. 723
Rewben 942
Robert 644,878,
979
Rubin 540
Sally 775,976
Sarah 623,884,934,
989,1001
W. 770,874,934
William 143,575,
643,710-713,770,
771-777,872,874
Wm. 143,710-713,
771-774,776,777,
872,934,1001-1003
HOBBS
Aaron 19-21,322,
323,324
Christian 19,322
David 13-16,405,
566-568
Elizabeth 21,323
Guy 983
Jacob 20,324

HOFFER
James R. 1010
Leah 1009,1012
HOFFLER
Eliza 531
Emily 1011
Garret 751
Garrett 530-532,
742,1009-1012
Hance 751,848,
955,965
James 530-532
John 532,575,
666-668
Leah 1009-1012
Penelope 1009
Thomas 36,37
William 530,531,
751,848
HOFLER
G. 742,837
Garret 837
Garrett 530-532,
742,751
Hance 283,751,
837,848,955
Jno. 575,667,837
John 283,532,666,
668,837,938
Thomas 36,37,283
William 530,531,
666,751,848
HOGGARD
Thomas 914,980,
981
Thos. 914,980,981
HOWEL
Miles 826,827
HOWELL
Kinchen 525
Lemuel 768
Lemuel E. 768
Miles 652,685,818,
819-821,823,826,
827,927-930
HUDGIN_
Humphrey 313
HUDGINGS
Humphrey 100,
106,108,109,111,
113
Humphry 110
Hy. 101-103
Leven 601
HUDGINS
Humphrey 112,
118,119,143,145,
147-149,151,152,
195-197,254-258,
346,347,350-357,
359,360,364-372,

HUDGINS
Humphrey 376,
386-393,421-424,
426-429,434,443,
444,445,464-468,
479-481
Humphry 8-10,
36-43,46-50,66-68,
77-84,107,117,142,
146,174,192-194,
211,212,221-223,
300,344,345,348,
358,373,402-409,
412,413,417,430,
431,433,442,446,
447-463,469-478,
482,483,489-493,
498,499,511-513,
697
Humprey 120,144,
162-173,177-184
Humpry 1
Hy. 8-10,111,
192-197,386-393,
446,447,511-513
J. Pugh 343
Jesse 396,397,541
Joel 697
John P. 239,240,
263,264,343,540,
589-591
Joseph 825
Josiah J. 847
Leven 601
Louisa 825
W. 697,830
William 560,601,
655-660,682,684,
686,689,693-695,
697,710-715,717,
725-730,735,736,
773-777,780,781,
795,796,798,800,
801,802,824,827
Wm. 560,647,652,
653,654,830
Wm. J. 825
Wm. James 847
HUNTER
Benjamin 948
E. R. 539,543,682,
766,767,769,838,
923,964
Ed. R. 964
Edward R. 543,
682,766,767,769,
923
Edward S. 838
Elisha 63,409,620
Elisha H. 365,611,
620,718

HUNTER
I. 46
I. R. 210,221,222,
364-366,523,539,
543,545,682,690,
705,762-764,766,
767,769,838,891,
943,964
Isaac 12,46,62,63,
366,612,686,718,
719,943,964
Isaac, Jr. 12,62,
364-366,610-612,
943
Isaac R. 210,221,
222,364-366,523,
539,543,545,682,
690,705,762-764,
766,767,769,838,
859,867,870,871,
891,893,943,964
J. O. 690
Jacob B. 964
Jno. O. 838
John 694
John O. 690,705,
717,765,769
Julia 693
Riddick 698
Sally Ann 990
Sarah A. 952
T. B. 952
Thomas 364,610
Thomas B. 686
Thos. B. 952,990
Thos. Jefferson 952
Timothy 62
William 62,63,409,
693,694
HURDLE
Daniel 866
Eliza 519
Henry 175,176,
476,477,746,893
James 520
Joel 252,286,
478,500
Joseph 945
Kedar 706
Lewis 476,746,
893
Louis 175
Moses 515
Nancy 706
Nansey 300,449
Penelope 253,287
Salley 298,481
Sidney 893
Sophia 176,477,
746,893
Thomas 298,300,

NAME INDEX

HURDLE
Thomas 449,481
William 252,253, 286,287,478,500, 519,520

I

IREDELL
James 724-779, 781-783,785-797, 799-802
Jas. 780,784,798, 803

J

JAMESON
Evalina 552
William P. 552
JENKINS
Exum 653,654,806, 807
Winborne 24
JINKINS
Winburn 24
JOHNSON
Betty (of color) 679
Esther 699
Holly (of color) 679
William 699,873
JONES
Benjamin 627,794
Britton 627
Demsey O. 314, 472
Edward 314
Edward O. 472
Federick 63,409
Frederick 63,409
Hardy 335,490,580
Henry 334-336, 486-491,580,652, 653,654,685,744, 745,752,753,915, 916,931,932,959
Holloday 794
John 489,580, 675-678,720,731
Joseph 732
Joshua 627
Josiah 720
Kedar 794
Louisa 915,931, 959
Marmaduke 720 733
Nathaniel 675-678
Nathl. 963

JONES
Susan 336,491,580
Washington 627
Whit. 982
Whitmel 982
Whitmell 716,720
Whitmill 716,731, 732,733
JONS
Frederick 63
Henry 486-491
JORDAN
John 501,502,742
Nancy 742
William A. 742

K

KEY
Jesse R. 999,1001, 1002,1003
KING
Mary 983
William 983
KITTRELL
Abel 680
Charity 680
G. 4-7,37,139,140
Geo. 472,517,628, 629-631
Geoge 394,395,515
Geor. 470
Georg. 471
George 4-7,36,37, 135-141,167-173, 217,232-235,282, 284,285,288-297, 329-339,341-343, 348,364-373,377, 378-382,386-393, 396-401,407,408, 410-425,434,436, 437-439,442-453, 456-459,464-469, 473-477,479-483, 508-510,516,521, 522,529-535,566, 567-575,585,589, 592-594,610-612, 632-634,645,688, 690,710-714,718, 719,722,735,736, 746,750-760,782, 804,805,838,839, 843-846,858,870, 871,893,896,915, 916,917
Martha 680
Mary Ann 680
William 680
KITTRLL

KITTRLL
George 217
KNIGHT
Benjamin 446
Dempsey 101-103, 868
Demsey 101-103, 628-631,681-686, 688,690,700-705, 707-715,720,723, 727-737,740-743, 746,748,750,751, 754,785-794,798, 800-803,856,857
James 446,447
Martha 447
Rachel 446,447

L

LANDING
Elizabeth 849
Jos. 981
William 849,981
LANGSTON
Demsey 602
Isaac 319-321,443, 444,445,605-607
John 321,444,606, 818-823
Maria 549
Nancy 320,445,607
Permelia 319,443, 605
Uriah 549
LANGSTUN
Dempsey 602
LANK
Thomas 88-90
LASITER
Henry 808-810,996
James 808-810
Mary 810
Sally M. 809
Sarah M. 809,997
Timothy 808
LASSITER
Aaron 272
Abner 525
Chloe 525
Henry 12,29,63,77, 78-82,410-412,648, 649,650,920,997
James 29,77-82, 410-412,648-650, 691,692,808-810
Jas. 77-82
Mary 650
Peggey 29
Ruth 272
Sarah 649

LASSITER
Sarah Margaret 920
Timothy 29,648, 996
LEE
Isaac 117-120,162, 163-165
Louisa 922
Richard 104,105
Richard H. 104,105
Stephen 922
William 58,99,104, 105,144,224-226, 241,327,328,370, 371,372,432,440, 441,516,517,521, 576-579,688,722, 725,726,839,858, 891,915,916,925, 926-929,946,996,997
Willim 144
Willm. 58
Wm. 99,104,105, 440,441,859,867, 870-872,945
Wm. W. 922
LEWIS
Celah (See also Selah,Sealy) 831
Celia 294,796
Christian 197,433
David 23,293-297, 402,450-452,831,832
Elevey 402
Elizabeth 941
Elvey 177-181,185, 402
Elvy 177-181,185, 402
Exum 179,295,450, 596,831,832
Jno. 831,832
John 177-181,293, 294-297,362,450, 451-453,596-599, 608,759,760,941
Kiddy 313
Louisa 941
Luten 129,130
Luton 195-197, 263,264,313,396, 397,433,586,673
Margaret 181,363, 452,760
Margret 599,609
Martha 397,586, 673
Mills 59,175-181, 362,363,608,609
Nancy 130

NAME INDEX

LEWIS
Patsey 196,264
Peggey 296
Philip 129
Pricilla 396
Priscilla 263
Prissilla 195
Salley 293
Sally 177
Sealy (See also Celia, Selah) 178
Selah 453,598

LEWS
Exum 831,832

LILES
John G. 938
Margaret Ann 938

M

MANSARD
Ann E. 954
Janet M. 954
John B. 954

MARCH
J., Jr. 104,105
Jno. 288
John 104,105,288

MATHEWS (See also MATTHEWS, MATTHIS)
Etheld. 539,731, 732,733,795,799
Etheldr. 454,455, 554-556
Etheldred 341,342
John 799

MATHIAS (See also MATTHIAS)
James 47,383,618, 749
Jesse 47,91-95, 303-305,383,437, 438,439,492,493, 518,547,618,747, 748,749
William 47,383, 618,749

MATTHEWS
Andrew 553-555, 794
Ann 554
Ethed. 830
Ethedred 317
Etheld. 256
Etheldrd. 341,342
Etheldred 254-257, 315-321,454,455 554-556,680,731, 732,733,795,799, 830

MATTHEWS
Ethld. 680
Ethlded. 320
Ethldrd 315-319
Ethldred. 321
Jacob 554
Jno. 830
John 799,830, 850-854,961,962, 1005
Mildred 555
R. 794
Riddick 794
Sarah 553
Thomas 1005

MATTHIAS (See also MATHIAS)
Jesse 547

MATTHIS
Etheld. 254,255, 257

MELTEER (See also MILTEAR)
David L. 725,726

MELVIN
Federick H. 536
Frederic H. 536
Frederick H. 921
Frederick H. M. 536
Henry 921
Martha S. 921
Mary Jane 921
Sally 921

MILLER
Andrew 159,332
Nancey 329
Nancy 156
Polley 157,330
Rachel 161,333
Robert 156-161, 329-333
Ruthy 160
William 156-161

MILTEAR (See also MELTEER)
David L. 725,726
James 190,191
Lucia 191
Matilda 190

MINOR
David 238,357
Elizabeth 239,537
Margaret 240,538
Nicholas 238-240, 537,538
Nicolas 357
William 357
Wm. 357

MINTON
P. B. 629-631,843,

MINTON
P. B. 844-846
Peter 551,553, 557,560-563,565, 577-585,587,588, 615,616,648-652,
Peter B. 547,548, 552,556,564,600, 601-609,613,614, 635-644,681-686, 690,706,716,718, 719,762-771,784, 793,795,808-810, 832,833-835,843, 844-846,862-864, 872,874-878

MOORE
Malichi 4
Robert 142
William 4

MORGAN
A. C. 343,434,435, 573,574
Ab. 258
Abraham 258,377, 378-380,434,435, 553,592-594,709, 782
Abraham C. 343, 434,435
Abraham, Jr. 258
Abraham, Sr. 258
Abram 377-380
Abram C. 434,435, 573,574
Abram, Sr. 434,435
James 198-201, 381-383,484,485, 518,565,595,597, 618,627,749,982
Jas. 518

MULLIN
Bartholomew 522
Bartholmew 522
Betsey 522
James 522

MURDAUGH
James 545

N

NIXON
Barnaby 515
Barneba 515
N. 984,985
Nathan 841,842, 925,926,984,985
Reuben 500,841, 842

NORFLEET
Jno. R. 859,970,

NORFLEET
John R. 971-973
Kinchem 35
Kinchen 35,64,65, 114-116,203-206, 213,214,232-235, 418-420,696,855, 856,857
M. 999
Marmaduke 970, 971-973,991,999

O

ODAM
Asa 993
Benj. 969
Ira 806,807
John W. 969
Prissilla 969
Sarah E. 806
Sophia A. 807

ODOM
Asa 442,561,784, 936
Bengamin 131-134
Benjamin 131-134, 407,408,516,517, 521,589-591,727, 728,899
Demsey 44,45,202, 407
Elizabeth 44
Ira 653,654
Jacob 122,404,653, 654,879
John 121,122,404, 408,867,899
John W. 899,969
Margaret 516
Margaret A. 589
Noah 121,122,404
Pricilla 517,590, 727
Priscillia 899
Richard 121,561, 936,981,988
Richard T. 521, 591,728
Richd. 936,981,988
Rodon 185
Salley 653
Salley B. 561
Sophia 654
Susan 202
Susanna 45

OTLAW
John 238

OUTLAW
David 299,312, 413,546,666-668,

NAME INDEX

OUTLAW
David 684,701-704
George 299,312, 413
  Harriat 312,413
  Harriatt 299
  Jacob 668
  John 238,530,531, 666-668
  Julia 667
  Sarah 666
OWEN
Jno. 829-840
John 804-809,811, 812-828,841-854, 856-861

P

PARKER
A. W. 931,932,957, 994
  Ab. 751,991
  Ab. W. 860
  Abm. W. 699
  Abr. W. 738,739, 873,887,895
  Abraham 586,673, 699,923,924
  Abraham W. 860, 861,873,887,895, 938,957
  Abram 66,699,738, 739
  Abram W. 931, 932,936
  Alfred 628
  Ann 711
  Asa 282
  Bethaney 327
  Betsey 17
  Christian 328,370
  D. 1000,1002
  Daniel 923
  David 327,328, 370,371,540,725, 726,793,994,998, 999,1001,1003
  Dempsey 931,932
  Demsey 67,737, 800-802,931,932
  Edney 327,328, 370,371
  Edward 628
  Elisha 17,18,241
  Eliza 991
  Elizabeth 8
  H. D. 968,975
  Hardy 58
  Hardy D. 688,714, 804,805,896,924,

PARKER
Hardy D. 925,926, 945,968,975
  Harriett 991
  Humphrey 198-201
  Humprey 198-201
  Isaac 710
  James 282,540
  Jesse 10,58,380
  John 8-10,66-68, 379,380,710-713
  John H. 288
  John Swan 88-90
  John W. 709
  Joseph 540
  Josiah 751,787
  Keadey (Kiddy) 726
  Kindred 349,353, 354-356,358-360, 398,399,433
  Lavinia 710-713
  Martha 713,991
  Mary 185,402,991
  Miles 162-165, 186-189,494-497, 647,651,652,744, 745,822
  Myles 494-497, 522,647,651,652, 744,745,822
  Nancy 89
  Nathan G. 712
  Peter 282
  Polley 18
  Rachel 90
  Reuben 66-68,699
  Reubin 66-68
  Richd. H. 954
  Rob. 751
  Robert 88,541,787
  Thana 725
  Thaney 371
  Theresa 68
  Thomas 145,207, 208,209
  William 185,402, 924
PARKR
John H. 288
PEARCE
Daniel 866
PERRY
James 210
Robert 210
Robt. 210
PHELPS
Demsey 60,61
Esther 60
Nansey 61
PILAND

PILAND
Elisha 836
James 293-297, 398,399,450,451, 452,453,596-599, 759,760,796,860, 861
  Jesse 796,860,861
  John 836
  Mildred 836
  Mills 759,760,796, 836
  Peter 282
  Seth 282
  Susannah 836
PIPKIN
___ 237
Isaac 8-10,12,27, 29-33,44,45,66-70, 96-98,114-116, 121-130,135-141, 147-150,156-161, 186-191,198-201, 203-212,217,238, 239-241,269-271, 273-281,661-663, 669-672
  Jno. D. 661-663, 669-672,740
  John D. 661-663, 669-672,740,859, 945
POWELL
Catharine 267
Charles 127,128, 142
  Daniel 227-231, 751,785
  Gideon A. 218
  Jacob S. 28,87,218, 267,268
  Jacob T. 268
  John 128,709
  Patrick 127
  Sally 751
  Sarah 785
  Thomas 127,128
  William 709
PRUDEN
Celia 258,803
Celia M. 574
Charles 315,343
Charles N. 254, 434,573
  D. 254-257
  David 254-257
  Dorsey 338
  James 935,988
  Jas. 988
  John 554,555
  Lewis 317,339

PRUDEN
Lewis W. 510,634, 736,871
  Louis W. 257
  Martha 255,318, 337
  Martha E. 508,632
  Nathaniel 254-258, 315-318,337-339, 343,434,435,508, 509,510,573,574, 633,634,735,736, 803,870,871
  Nathl. 632-634
  Selah 435
  William D. 256, 316,509,735,870,871
  Wm. D. 633
PUGH
Henry 545,552, 557,560-565,618, 628-631,648-660, 682,683,685,690, 691-695,697,700, 705,706,716-719, 722,762-781,786, 832-835,838,839, 848,850,858,859
  Wm. E. 804-832, 836-840,939

Q

None

R

RAWLS
James 265,266,298
Jas. 265,266,298
Richard 1,8-11, 127,128,215,216
Richd. 1,8-11,127, 128,215,216
REED
W. L. 992
Wm. L. 992
RIDDI_
William W. 717
RIDDIC_
Joseph 998
RIDDICK
___ 550
Bushrod 945
Caroline 840
David 553,765
Edward 64,65,498, 499,543
Elizabeth 543,766, 767,840

NAME INDEX

RIDDICK
Emaline 543
Emaly 987
Emila Eliza 701
Henry 202-206, 315-318,498,499,562
I. S. 166,182-184
I. T. 265,266,269, 286,287,298,300, 478-481
Isaac 85,86,166, 182-184,265,266, 269,286,287,298, 300,549,555,559, 620-625,634
Isaac L. 478-481, 537,538
Isaac S. 556,613, 614,632,633,691, 692,697
Isaac T. 547,548
Isaiah 85,86,555, 683
J. 192-197,374, 376,511-513,529, 557,610-614,626, 761,780,781,803, 811,991
J. R. 798,833-835, 918,937,944,959, 976-978,986,987, 1004-1006
James 944
James C. 840
James M. 545,782, 891,964
James R. 833-835, 959,976-978,1005
James W. 608,609, 615,616,621-625, 710-713,723,814, 833-835,986,987
Jane 543
Jane R. 767
Jas. C. 840
Jas H. 1004
Jas. M. 782,891, 964
Jas. R. 798,918, 937,986,987,1004, 1006
Jas. W. 608,609, 615,616,621-625, 712,713,723,814, 815-817,822,833, 834,835
Jet. H. 533,534, 811-813,828,843, 844-846,862-864, 925,926,958
Jethro 812,813,

RIDDICK
Jethro 828
Jethro H. 533,534, 761,811,843-846, 862-864,925,926 958
Jno. 697,806,807, 873
Jo. 210,375,626, 647,653,654,1006
Job 210
John 344,345,484, 485,697,701-704, 806,807,873,986
Jos. 570-576,780, 781,803,840,1005
Joseph 1,35,48-53, 64,65,192,196,202, 207-210,215,216, 242-262,269,273, 274-281,293-297, 374-376,381-385, 433,511-514,519, 520,529,539,549, 553,557,559,566, 567-569,604-614, 626,627,636,637, 646,681,686,693, 694,695,700,705, 707,708,716,718, 719,724,742-746, 748,749,757-761, 782,783,793,797, 798-802,805-817, 822,825,827,840, 841,862-864,879, 882-886,888,890, 893,915-917,937, 943,945,989,991, 999,1000-1004,1006
Joseph, Jr. 193, 194,195,197
Julia 840
Lassiter 55-57,64, 147-149,213,214, 418-420,498,840, 847,850-854,918, 935,1005,1006
Leml. 1006
Lemuel 1000, 1006-1012
Mary 57,420,840
Mary Ann 704
Mary E. 149
Micajah 65,289, 290-292,499,543, 545,766,767
Mills 71-75,207, 208,209,224-226, 236,272,314-324, 341,342,442-445,

RIDDICK
Mills 470-473,500, 545,691,692,701, 702-704,707-709, 731-734,750-753, 757,758,765-767, 783-791,794,803, 828,875,876-878, 891,935,942
Nathan 13-16,83, 166,270,271,329, 330-333,374-376, 421,422,449,478, 479-481,533,534, 537,538,610-614, 683,684,693-695, 786,841,842,933, 948,958,983-985
Reuben 166,190, 191,215,216,223, 249-253,270,271, 286,287,511-513, 515
Ro. 12
Robert 12,19-21, 55,60-62,147,213, 418
Robert, Sr. 218
Robt. 19-21,60-62
Sally 55-57
Sarah 55-57,702, 840
Thomas 34,44,45, 55-57,64,65,110,148, 202,213,214,263, 264-266,337-339, 396,397,418-420, 429-431,436,498, 499,840
Thomas E. 766
Thos. 34,44,45, 55-57,110,202,213, 214,263,264,337, 338,339,396,397, 418-420,429-431, 436,498,499,541
W. F. 891,964
W. J. 770,771,774, 775-777
Will W. 305-312
William W. 11,17, 18,44,45,54,55,84, 153,175,176,192, 193-197,213,214, 254-258,301,302, 337-340,343,418, 419,420,432,433, 435,436,503-510, 518,524,527,533, 534,535,562,752, 797,818-821,823,

RIDDICK
William W. 859
Willis 545,761
Willis F. 891,945, 948,964,1005,1006
Willis J. 587,588, 621-625,770-777, 785,793,882-886, 934,956,976-978, 1008
Wm. W. 44,45,56, 57-59,84,104,105, 254-258,272,303, 304,314,343,418, 419,420,440,469, 492-498,501-510, 524-526,562,751,753
RIDICK
Nathan 610
RITTER
Ruth 23
ROBERTS
Mills 986,987, 1009-1012
RODGERS
Jonathan 241,714
Levi 729
ROGERS
Abel 513
Elizabeth P. 241
Enos 241
Jonathan 17,18, 403,714
Levi 353-356, 358-360,440,441, 569-574,689,727, 728-730,803,894, 951
Mary 349,403
Mills 403
Philip 100,349
Phillip 403
Robert 899
ROGERSON
Abel 500,511-513, 533,534,635,683, 797,983-985,989
ROUNT
Charles 49
ROUNTE
Solomon 677
ROUNTR
Solomon 675
ROUNTREE
Ann Elizabeth 792
Charles 48-50,76, 85,86,127,128,153, 166,406
Chas. 76,85,86, 127,128
James 40,301,302,

NAME INDEX

ROUNTREE
James 400,401, 414-416,792
Jas. 400,401,414, 415,416
Leah 41
Miles 48-50,76, 153,166,406
Nathan 676
Noah 39,269,400, 401,416,674,797, 965
Polley 42
Seth 38-43,269,416
Seth W. 269,416, 949,950,956
Simion 825
Simmons 655
Simonds 655,825
Solomon 655,675, 676-678,825
Thomas 38,797
Washington 43

S

SAUNDERS
Benja. 822
Benjamin 105,347, 475,604,753
Brian 752,753
Briant 104,105,822
Bryant 346,347, 474,475,603,604
Drew 119
Drew M. 496,744
Gilbert 120
Gilbert G. 497,745
Henry 51-53
James 104,346, 474,603,752
Jason 117,118,494, 778,779
Jesse 1
Jno. 647
John 562,647,664, 665,806,807,826, 827
Lawrence 51-53, 58,69,70
Robert 117-120, 494-497,744,745
T. 784,936,993, 994,1004
Thomas 784,936, 945,993

SAVAGE
Benj. 708
Benjamin 962
Caleb 697
Henry 131,386

SAVAGE
Humphry 697
James 132,387, 961,962
Jesse 24,106,131,
Jesse 132-134,386, 387-393,553,707, 708,961,962
Jesse M. 133,388, 961,962
John 134,389
Mary 707,961
Mary Ann 824
Prior 263,264,673
Pryer 263,264,396, 397,498,499,586, 673,824
Pryor 396,397, 498,499,586,824
Wm. H. 980

SCEARS
Henry E. 59,106

SEARS
William 59,362, 363,433,586
Wm. 59,586

SHERRAD
John 146

SKINN
Henry 470
Stephen 470

SKINN
Stephn 469

SKINNER
Henry 781
Joshua 471,780
Stephen 469,471, 780,781

SMALL
Andrew Jackson 659
Christian 660
Eliza 656
Joseph 914
Lavina 914
Moses 219
Moses H. 34,150, 219,220,656-660
Sophia 657
Thomas 658

SMITH
Abm. 981
Abram 981
Allen 968,1005
Catharine 2
Charles 2,341,342, 501,502
Charls. 2,341,342, 501,502
E. 664,665,968
Ed. 804,805

SMITH
Edwin 664,665, 804,805,896,968
Henry 549
J. C. 202
James 202,341, 342,501,502,564,768
John 34
Joseph 980
Lavinia 980
Richard 2
Susanna 34
Tho. 2
Thomas 2,44,45
Thos. 44,45
W. 407,408
Washington 407, 408

SOUTHALL
Daniel 11,13-16, 27,30-33,110-113, 626
James 626,890
Martha 626
Mary 626,890
T. 890
Thomas 890
Thomas J. 626

SPAGHT
John 494-497

SPARKMAN
Dempsey 922,939
Demsey 922,939
Lewis 107

SPEIGHT
Evalina 738
Frances 109
Francis 108,109
Henry 433,738,739
John 494-497
Joseph 647,894, 975
Moses 560
Sally 108
William 647,894
Wm. 975

SPIEGHT
Evalina 738
Susannah 739

SPIVEY
Abraham 85,86
Henry 14,96
Jacob 13-16,83, 96-98,405,568
Jesse 86
Liddia 568
Lydia 16,98,405
Polley 15
Polly 97
Thomas 13,83
Timothy 85,86,695

SPIVY
Timothy 85,86,695

STALL
Whitmel 989

STALLINGS
W. 994
Whit. 215,216, 301,302,400,401, 406,414,415, 519, 520,566-568,635, 1002
Whitl. 629-631, 674,681,693,694, 700,706,747,748, 783,786,792,812, 813,862-864,955, 958,998
Whitmel 215,216, 406,635,674,681, 706,786,943,955, 998,1001,1003
Whitmell 301,302, 400,401,414,415, 519,520,566-568, 693,694,700,747, 748,783,792,862, 863,864,890,893, 931,935,937,938, 958

STALLINS
Whimel 813
Whitmel 812
Whitmell 958

STAPLES
Edward 601
John 601
Joseph 601
Martha 601

STEADMAN
William W. 381, 382

STEDMAN
William W. 218, 567-581,586,601, 635,646,701-704, 706-708,720,721, 735,736,744,745, 782,783,792,794, 796,824,825,827, 836,837
Wm. 621-625
Wm., Jr. 975
Wm. W. 218,381, 382,550,566,573, 574,601,626,627, 794,951,957,959, 960-962,981

STOKES
Montford 862-868, 870-896,899,915
Montfort 916-918,

NAME INDEX

STOKES
Montfort 920-926
SUM__
J. 915
SUMNER
___ E. 301
B. 105,106,121, 122,123,126-141
B. B. 223
Ben. 95,103,109, 111,113,115,124, 125,143,144,146, 147-152,829
Ben. B. 222
Benj. 829
Benj. B. 221
Benja. 217,218
Benja. B. 219,220
Benjamin 98,99, 102,104,107,108, 110,153
Benjn. 96,97,100, 101
Bn. 88-91,112, 114,116
C. E. 348-401,413, 414-416,418-445, 474-481,484-491, 494-517,519-526, 528-538,540,542, 543,545,546,549, 550-555,557,560, 561-563,565-618, 620-627,635,638, 639-655,661-672, 674,680,682-686, 688-695,699-709, 714,717,730,743, 765-778,785,788, 789-791
Charles 998
Charles E. 608, 609,720,868
Chs. E. 282,283, 289,290-297,300, 302-333,344-347, 718,750,753,764, 794,937
Chs. Ed. 719-721, 725-729,731-733, 735-742,744-749, 752,755-763,779, 783,786,787,792, 793,797
David E. 108,109, 174,232,233-235,272
David Ed. 108,109
Edwin 204,233
Elizabeth 206,235, 868,937,998
J. 1-17,19-26,28,

SUMNER
J. 29-98,100,142, 145,190,191,210, 211,212,215,216, 263,264,270-272, 284-288,298,299, 322,334,335-343, 402-412,446-473, 482,483,492,493, 518,527,547,548, 556,558,564,608, 609,632,633,634, 636,637,656-660, 673,675,676-678, 681-686,688-746, 748-760,762-810, 812-829,832-846, 848-854,856-860, 862-868,870-893, 916,917,921,923, 924,929,931,935, 936-939,942,943
J. V. 117-120
J. W. 203-206, 232-235
Jacob 84
James B. 203-206, 232-235
Jethro 720,829
Jethro W. 203-206, 232-235,837
Jno. V. 188,192, 193-201,203-209, 213,214,224-236, 238-262,265-281, 741,795,799
John 837
John V. 154-187, 189,202,741,795, 799
Levi 84,945
Martha 868
Mary 868,937,998
Penelope 205,234
Thomas 203,232
SUTTON
Caroline 834,945
Caroline Matilda 723
George 723,833, 834,835,945
Joseph 723,835
Mary 945
Mary Ann 723,833
SWAIN
David L. 927-939, 941-946,948-952,954

T

TABER

TABER
William 666-668
Wm. 666-668
TAYLOR
David 956
Edward 956
Fruzey 955
Fruzy 955
Jesse 23,107
Joseph 681,955
Mary 955,958
Nathaniel 681,700
Robert 955,956
TROTMAN
Agatha 250,308, 467,512,639,788, 843
Drew 376,613,786
Elisha 249-251, 311,468,511-513, 533,534,642,791, 845,877
Emiley 523,683
Emily 523
Emma 375
Ezekiel 19-21,309, 465,523,640,789, 846,875
Jasper 249,511,533
Mary 310
Moses 466,641, 790,844,876
Noah 96-98,142, 374-376,523,613, 683,786
Penelope 463
Penina 306
Rebecca 251,513, 534
Riddick 306-311, 463-468,638-642, 788-791,843-846, 875-877
Sophia 374
TWINE
Thomas 384,385, 620,686,718,719, 948,952,990
Thomas, Jr. 384, 385

U

None

V

VANN
Demsey 334-336, 349,357
VOIG__

VOIG__
John 357
VOIGHT
John 303-305,357
VOIGT
John 526
VOLINTINE
Solomon 69,70
VOLLINTINE
Jonas 70
Joseph 69
Solomon 69,70
Solomon K. 69,70
Thomas 69

W

WALTERS
Bray 37
Charles 216,415, 567,783
Isaac 215,216,414, 415,566,567,783
Lewis 123-126
Patsey 34
Simon 215,414, 566,969
William 36,37
WALTON
Asa 863
B. 875-878,963, 966,967,979
Benbury 833-835, 875-878,946,963, 966,967,979
Daniel 864
Elisha 877
George 436
Henry 13-16,684, 862-864,
J. 306-311,340, 463-468,587,588, 615-617,638-644, 788-791,843-846, 878,954,960,963, 979
Jacob 684
James 436
Jesse 684
Jno. 478,528,538, 592,617,627
Jno. B. 192-197, 240,267,306-313, 436,463-468,478, 479-481,494,497, 499
Jo. 875-877
John 177-189,198, 199-201,306-311, 340,425,432,437, 438-441,463-468,

NAME INDEX

WALTON
John 533-535,537, 587-589,590,591, 593-599,613-617, 635-644,646,691, 692,710-713,718, 719,723,725-730, 762,763,766-779, 785-792,806,807, 812-817,822,827, 828,833-835,843, 844-846,856,857, 867,870,871,873, 875-879,882-886, 888,927,954,960, 963,979,996,997
John B. 2,11,12,27, 35,58-63,66-75,77, 78-83,117-120,142, 144,153,174,192, 193-197,210,218, 219-223,227-231, 236,239,242-253, 260-262,268,283, 286,287,306-312, 315-324,362,363, 435,463-468,492, 493,495,496,514
Jos. 984
Joseph G. 842,926
Macey 684
Marey 684
Mary Ann 841,925, 985
T. 153,190,191, 364-366,436,610-614
Tim. 88-90,96-98, 144,153,300,306, 307-312,405,406, 515-517,638-644, 788-791,875-878, 963,966,967,979
Tim., Jr. 83,223
Tim., Sr. 143
Timo. 314,325, 326,963,966,967, 979,984,985
Timothy 2,24,28, 36-43,46-59,71-76, 84-90,101-107,111, 112,113,146,282, 283-285,298,300, 327,328,364-366, 374-376,402-409, 427,428,434,436, 437-439,454-459, 482,483,521,522, 539,542,552,553, 555,557,610-614, 638-645,681,686, 688,689,693-695,

WALTON
Timothy 788-791, 841,842,876-878
Timothy, Jr. 83,96, 97,98,153,223,306, 307-312
Timothy, Sr. 153, 190,191,875,925,926
Timoy 429
Timy. 435,536,543, 554
W. 621-625,793
William 621-625, 793,891,936,939
Willis 862
Wm. 945

WARD
Allan 269,416,529
Allen 269,416,529, 546,635
Almira 546,635
Baker 635
Daniel 933
Deborah 630,813
Elisha 631
Henry 629-631, 812,813
Humphrey 629, 630,631,812,813
Humphry 812,813
Louisa 546
Nathan 249-253, 286,287,421,422, 449,500,519,520, 529,700,706,783, 792,828,933
Nathan Owen 933
Thomas 629,812

WELCH
David 248

WELTCH
David 248

WHITE
E. B. 855
Edmond B. 855
Edward B. 855
Jeremiah 88-90

WIGGINS
Elizabeth 714
James 688,714
Jesse 8-10,377, 378-380,688,924
John 377,378,688
Margaret 688
Martha 714
Mary 688
Peggey 377

WILLEY (See also WILLY)
H. 17,361,423,424, 456-459,969,974

WILLEY
Henry 969,974
Hillary 154,155, 175,176,232-235, 238,263-266
Hillery 314
Hillory 3-7,17-23, 25,26,96-98,100, 174,213,214,218, 224-226,241,268, 283,289,290-292, 361-363,423,424, 456-459,523,618, 691,692,709,724, 749,770-779,827
Hilory 267
John 757,758,824, 849-852,892,927, 928-930,974,989, 993-995,1007-1012

WILLIAMS
Arthur 892
Charles 152
Cordey 880
Daniel 194,391, 535,894,951
Demsey 151,152
Elijah 358
Elisha 192-194, 390,391,535
Elizabeth 7,359
Elizabeth K. 483, 585
Enoch 429-431
Gege 353,354
Geo. 186-189,224, 225,226,334-336
Geoge 355,356
George 106,144, 151,152,224-226, 334-336,353-356, 358-360
H. 951
H. G. 569-572,975
Halon 353-356, 569-572,729,730
Henry 192
Henry G. 569-572, 894,951,975
Henry L. 390
Hy. 894
James 6,482,524
Jas. 524
Jethro 5-7,355,482, 483,571,585,729
John 5,354
Jonathan 17,569, 570-572,688,892, 974
Jonathan, Jr. 17,18
Martha 360

WILLIAMS
Mary 356,572,730, 881,892,974
Reuben 151
Robert 655
Salley 193
Seth 655
Whitmell 353
Whitmill 569
William 880,881

WILLY (See also WILLEY)
John 928-930,991

WORRELL
Eli 847

X

None

Y

None

Z

None

INCOMPLETE NAMES

Abraham 811
George 920
Henry 841
James 850
Thomas 894

www.ingramcontent.com/pod-product-compliance
Lightning Source LLC
Chambersburg PA
CBHW042352070526
44585CB00028B/2903